《红楼梦》整本书阅读与研讨

吴泓 主编
张安群 编著

商务印书馆

图书在版编目(CIP)数据

《红楼梦》整本书阅读与研讨/吴泓主编;张安群编著.—北京:商务印书馆,2021(2023.8重印)
ISBN 978-7-100-20322-7

Ⅰ.①红… Ⅱ.①吴…②张… Ⅲ.①阅读课—高中—教学参考资料 Ⅳ.①G634.333

中国版本图书馆 CIP 数据核字(2021)第 170432 号

权利保留,侵权必究。

《红楼梦》整本书阅读与研讨

吴 泓 主编
张安群 编著

商 务 印 书 馆 出 版
(北京王府井大街36号 邮政编码100710)
商 务 印 书 馆 发 行
北京艺辉伊航图文有限公司印刷
ISBN 978-7-100-20322-7

2021年11月第1版　开本710×1000 1/16
2023年8月北京第3次印刷　印张18¼
定价:59.00元

目 录

梳理小说的艺术架构，理清人物的亲属关系
——《红楼梦》整本书阅读导读 1

第一章　基本解读 1

  总述 2
  主题一　人物图谱 3
  主题二　环境介绍 11
  主题三　情节线索 19
  主题四　儿女真情 29
  主题五　诗词韵文 41
  主题六　年节日常 58
  主题七　语言艺术 68

第二章　教学设计 81

  总述 82
  第一课　读回目梳理主线，知读法探索门径 83
  第二课　读前五回之神话，解判词曲文深意 94
  第三课　读四则现实故事，探前五章回意义 101
  第四课　读宝玉言行细节，赏人物描写艺术 108
  第五课　读宝黛钗之纠葛，悟爱情婚姻悲剧 115
  第六课　赏黛玉诗情诗境，悟女儿人性人生 123
  第七课　赏日常生活画卷，悟社会文化意蕴 130
  第八课　品语言雅俗繁简，赏笔墨悲欣浅深 139
  第九课　读续写之四十回，探艺术之辩证性 149
  第十课　探主题之多元丰富，悟思想之博大精深 157

第三章　教学思考　　　　　　　　　　　　　169

思考一　阅读《红楼梦》的五个方法　　　　170

思考二　教读《红楼梦》，关键在于"贴"　　177

思考三　教读《红楼梦》的四大困难与解决方法　　182

思考四　教读《红楼梦》的五个误区与避免方法　　189

第四章　学生阅读指导　　　　　　　　　　195

总述　　　　　　　　　　　　　　　　　　196

第一阶段　拟订计划，问题引导，通读全书　　197

第二阶段　阅读前言，梳理回目，鸟瞰全书　　200

第三阶段　章回分组，确定周期，精读章回　　202

第四阶段　结合学情，针对困惑，主题研读　　220

第五章　测试与评价　　　　　　　　　　　　225

第一部分　高考真题　　　　　　　　　　　226

第二部分　模拟检测　　　　　　　　　　　236

第三部分　参考答案　　　　　　　　　　　255

梳理小说的艺术架构，理清人物的亲属关系
——《红楼梦》整本书阅读导读

吴泓

如果说学术著作《乡土中国》所呈现出来的"特殊性"，在于作者运用了通俗易懂且极具逻辑严密性的语言，来对概念或命名进行科学、系统的阐述或论证，那么，长篇小说《红楼梦》所呈现出来的"特殊性"，则是因为书中的"人多、事多"，作者所构建出来的复杂的人物关系，以及纵横交错的"网状"结构形式。

《普通高中语文课程标准》（2017年版2020年修订）（简称"新课标"），在"整本书阅读与研讨"的"学习目标与内容"里提出"梳理小说的感人场景乃至整体的艺术架构，理清人物关系"[1]的具体要求；普通高中语文教科书在《红楼梦》整本书阅读单元也给出"抓住情节主线……体会小说纵横交错的结构特点""理清主要人物之间的关系……能更好地理解作品的内涵和主旨"[2]等"阅读指导"。这些要求和建议正好切合了这部长篇小说所呈现出来的"特殊性"，为我们"通读全书"并"读懂文本"提供了一把钥匙。

下面，围绕情节结构、人物关系这两方面，我们来谈一谈阅读《红楼梦》的具体方法及策略。

---

[1] 中华人民共和国教育部. 普通高中语文课程标准（2017年版2020年修订）[M]. 北京：人民教育出版社，2020：11.

[2] 中华人民共和国教育部. 普通高中教科书语文必修下册[M]. 北京：人民教育出版社，2019：138.

一、梳理小说的艺术架构，推动《红楼梦》整本书阅读的进程

与《三国演义》《水浒传》《西游记》单线发展的线性结构不同，《红楼梦》创造了一种更为错综复杂的结构形式。也正是这种不借旧套的结构形式，不仅让作品不落凡俗，也让作者对读者能否"解味"此书不无几分担心。

怎样让学生避免在开始阅读时就遭遇毫无头绪的窘境呢？第一步，要参考、借鉴并充分利用《红楼梦》在结构方面已有的研究成果；第二步，要编排好"通读全书"的日程，划分、梳理《红楼梦》各部分的内容并找到它们之间的关联；第三步，要确定探究、鉴赏的具体内容，或梳理场面，或探究事件，或分析群像，或聚焦评论一个或几个人物，等等。如此，才能让教师"导"有方向，让学生"研"有目标。在这里，我特别强调第三步的方法和步骤——先"聚类"，然后"条分"，最后要排出合理的学习顺序。唯有这样，才能确保"通读全书"学习任务的有效完成。

已有的对《红楼梦》结构的研究，首当推崇清代王希廉的梳理。他从传统文章学的角度将全书划分为"二十一段"：

第一回为一段，说作书之缘起……第二回为二段，叙宁、荣二府家世及林、甄、王、史各亲戚……三、四回为三段，叙宝钗、黛玉与宝玉聚会之因由。五回为四段，是一部《红楼梦》之纲领。六回至十六回为五段，结秦氏诲淫丧身之公案，叙熙凤作威造孽之开端……十七回至二十四回为六段，叙元妃沐恩省亲，宝玉姊妹等移住大观园，为荣府正盛之时。二十五回至三十二回为七段，是宝玉第一次受魇几死……惹出无限是非。三十三回至三十八回为八段，是宝玉第二次受责几死……值贾政出差，更无拘束。三十九回至四十四回为九段，叙刘姥姥、王凤姐得贾母欢心。四十五回至五十二回为十段，于诗酒赏心时，忽叙秋窗风雨，积雪冰寒……隐寓泰极必否、盛极必衰之意。五十三回至五十六回为十一段，叙宁、荣二府祭祠家宴，探春整顿大观园，气象一新，是极盛之时。五十七回至六十三上半回为第十二段，写园中人多，又生出许多唇舌事件，所谓兴一利，即有一弊也。六十三下半回至六十九回为第十三段，叙贾敬物故，贾琏纵欲，凤姐阴毒，了结尤二姐、尤三

姐公案。七十回至七十八回为第十四段，叙大观园中风波迭起，贾氏宗祠先灵悲叹，宁、荣二府将衰之兆。七十九回至八十五回为第十五段，叙薛蟠悔娶，迎春误嫁，一嫁一娶，均受其殃；及宝玉再入家塾，贾环又结仇怨，伏后文中举、串卖等事。八十六回至九十三回为第十六段，写薛家悍妇，贾府匪人，俱召败家之祸。九十四回至九十八回为第十七段，写花妖异兆，通灵走失，元妃薨逝，黛玉天亡，为荣府气运将终之象。九十九回至一百三回为第十八段，叙大观园离散一空，贾存周官箴败坏，并了结夏金桂公案。一百四回至一百十二回为第十九段，写宁、荣二府，一败涂地，不可收拾，及妙玉结局。一百十三回至一百十九回为第二十段，了结凤姐、宝玉、惜春、巧姐诸人及宁、荣二府事。一百二十回为第二十一段，总结《红楼梦》因缘始末。①

再当推崇当代学者周汝昌的看法。他认为，《红楼梦》采用的是"三线"和把"三春""三秋"作为全书"重大关目"的"大对称"结构法。

所谓"三线"，就是三条情节主线，即家亡、宝玉自传、人散。"家亡"一线起于第六回刘姥姥一进荣国府，结于第九十九回刘姥姥三进荣国府；"自传"一线起于第一回，结于第一百零八回（周汝昌推测《红楼梦》"原本"共一百零八回）；"人散"一线起于第十七至十八回兴建大观园，结于第九十（或九十二）回大观园毁于元宵节上。这之间，还有一个"诗格局"，起于第三十七回探春兴诗社，结于第七十六回黛玉、湘云、妙玉联诗。以上合称"四起四结"。所谓"三春""三秋"，"三春者，既指贾氏三姊妹，也指三个'春的标志'上元佳节。所谓始以'三春'，终以'三秋'，则是指以中秋佳节为'秋'的标志……一部《石头记》，一共写了三次过元宵节、三次过中秋节的正面特写的场面。这六节，构成全书的重大关目，也构成了一个奇特的大对称法。"②

此外，还有俞平伯以"在五十四、五十五之间"为上半部与下半部的"分界"③和周汝昌以第五十四回与五十五回之间为"分水岭"④的说法。

---

① 朱一玄.红楼梦资料汇编[M].天津：南开大学出版社，2012：578—579.
② 周汝昌.红楼梦与中华文化[M].北京：中华书局，2009：183.
③ 俞平伯.红楼小札[M].北京：中国青年出版社，2017：63.
④ 周汝昌.红楼梦新证[M].北京：中华书局，2016：759.

从上述专家学者的研究成果中，我们可以得到以下启发：王希廉"六回至十六回为五段，结秦氏淫丧身之公案……十七回至二十四回为六段，叙元妃沐恩省亲，宝玉姊妹等移住大观园"的说法，可以让我们有"由府入园"的前后划分；周汝昌的"诗格局"一线，能够给我们以青春诗意、聚散离合的启示；俞平伯的"分界"说、周汝昌的"分水岭"说，可以使我们找到由聚至散具体的划分界限。当然，在涉及《红楼梦》各部分更具体的内容，以及它们之间的相互关联时，我们在此无法获得更多的、更为详尽的指引。这就需要我们做更多、更细致的梳理工作。

具体到《红楼梦》各部分内容及其关联，我们又该怎样划分、梳理呢？我的设计是：首先可以将全书划分为入大观园前、入大观园后和出大观园后三大部分；然后将前两部分再划分出若干"段"；最后采用"金字塔结构法"对前两部分的每一段进行梳理，即教师给出回目范围，规定阅读时长，学生梳理、概括各回目内容并找到它们之间的相互关联。

在这里，我把入大观园前和入大观园后划分为六段，每段列出金字塔图，图后给出分析、评价，供参考。

第一段，阅读、梳理并概括前五回，时长两天（利用课内外时间，下同）。图导读-1供参考。

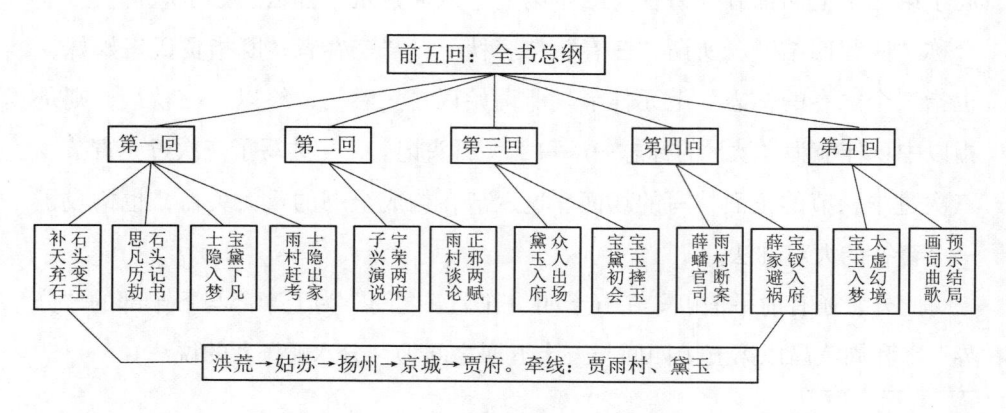

```
                         前五回：全书总纲
        ┌──────────┬──────────┬──────────┬──────────┐
       第一回      第二回     第三回     第四回     第五回
    ┌──┬──┬──┐  ┌──┬──┐  ┌──┬──┬──┐  ┌──┬──┬──┐  ┌──┬──┬──┐
    补 石 思 士  雨 子 宁  雨 黛 众  宝 薛 雨 薛  宝 太 画 预
    天 头 凡 宝  村 兴 荣  村 玉 人  玉 蟠 村 家  钗 虚 词 示
    弃 记 历 黛  赶 演 府  谈 出 出  会 官 断 入  入 梦 结 结
    石 变 劫 入  考 两 两  初 场 府  玉 司 案 府  府 境 歌 局
       玉    凡  家 说     论
                              洪荒→姑苏→扬州→京城→贾府。牵线：贾雨村、黛玉
```

图导读-1　前五回内容梳理

仅从前五回的内容便可以看出，作者对小说的安排、布局是用尽心思的。第一回，"你道此书从何而来"，说出了《红楼梦》的成书过程：女娲炼石补天，弃顽石一块未用，这石因遇上一僧一道变幻成美玉。"后来，又不知过了几世几劫"，空空道人见石上"字迹分明"，"从头一看，原来就是……历尽离合悲欢炎凉世态的一段故事"。这"原来"与"从何而来"前后呼应，便构成了全书总叙事前置性的回环。随即"且看石上是何故事"一句，才正式开启了《红楼梦》的叙事。第二回，借冷子兴之口，全面介绍了宁荣两府共五代的主要人物。第三回，以林黛玉进贾府，对贾府的方位、格局以及主要人物等再来一次正面的、全方位的描绘。第四回，用"葫芦案""护官符"，不只展现出更广阔、复杂的社会背景，还让最先衰落的薛家入住贾府，让女二号人物薛宝钗登场。第五回，用十四幅图画、十四首判词和十四支曲子，既概括了作者的写作意图，又将主要女性人物的命运和贾府的最后结局和盘透露给读者。总之，前五回，作者主要以贾雨村为"牵线"，对全书作了一个大分类、大梳理、大部署和大预言。

第二段，阅读、梳理并概括第六回至第十六回，时长两天。图导读-2供参考。

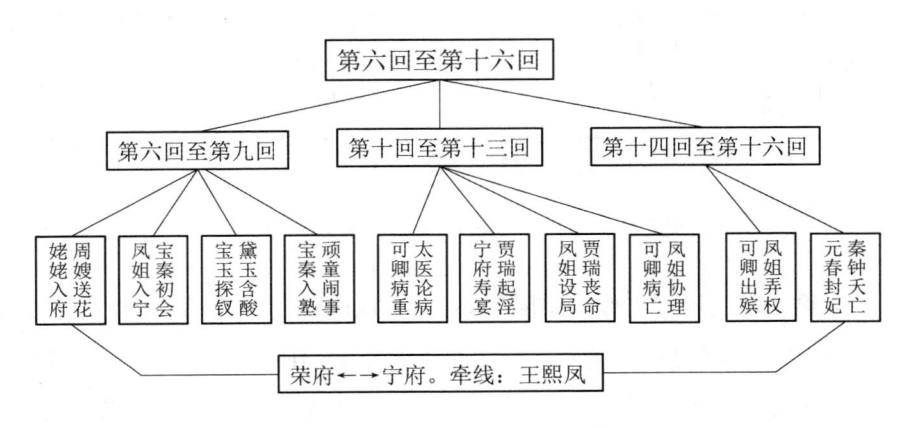

图导读-2　第六回至第十六回内容梳理

从第五回秦可卿判词"漫言不肖皆荣出,造衅开端实在宁"可以看出,王希廉"按第六回刘姥姥一进荣国府后,应即叙荣国府情事;乃转详于宁而略于荣者,缘贾府之败,造衅开端,实起于宁……所以首先细叙"①的评语极为精当。从宝玉随凤姐入宁府认识秦钟,到二人入学"顽童闹学堂",再到凤姐多次往返宁荣两府探视病重的秦氏及协理宁府丧事观之,作者记事的确重在宁府。然而,细察凤姐这条"牵线",我们还应该注意到:这当中,还附带着另外一条宝黛钗或两人、或三人在一起时情感互动的支线。如:周嫂送花,黛玉冷嘲;宝玉探钗,黛玉含酸;林如海病重,黛玉返回扬州;林父亡故,黛玉折返贾府;等等。只不过宝黛爱情在初始就被笼罩在这个家族衰败的阴影之下罢了。

第三段,阅读、梳理并概括第十七回至第二十四回,时长两天。图导读-3供参考。

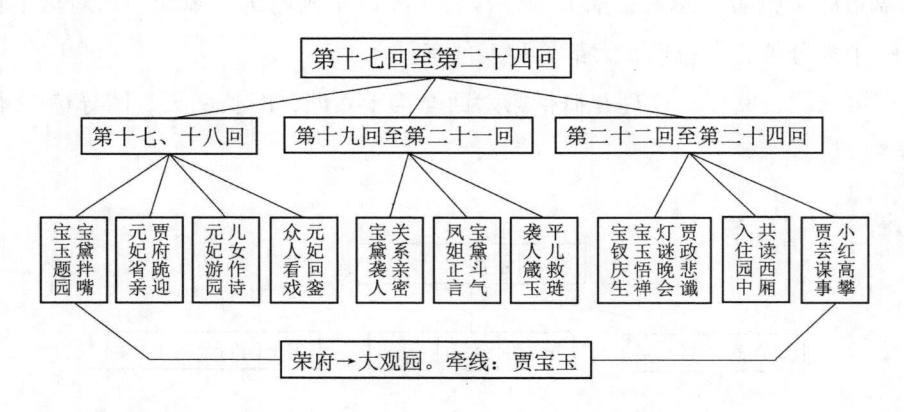

```
                          第十七回至第二十四回
         ┌──────────────────┼──────────────────┐
    第十七、十八回      第十九回至第二十一回   第二十二回至第二十四回
    ┌──┬──┬──┬──┐     ┌──┬──┬──┬──┐      ┌──┬──┬──┬──┬──┐
    宝 贾 元 儿 众       宝 关 凤 袭       宝 宝 贾 入 共 贾 小
    玉 府 妃 女 人       钗 系 姐 人       钗 玉 政 住 读 芸 红
    黛 跪 游 作 看       黛 亲 正 箴       庆 谜 悲 园 西 谋 高
    题 迎 幸 诗 戏       斗 密 言 玉       生 悟 会 中 厢 事 攀
    园              园                      禅 讖
                                         辰
    └───────────────荣府→大观园。牵线:贾宝玉──────────────┘
```

图导读-3　第十七回至第二十四回内容梳理

以人物活动的地点来作入园前与入园后的划分,这是曹雪芹的精心策划。从秦可卿病亡出殡的盛大场面,到元妃省亲的大热闹、大排场及大欢喜,前者为衰败的起始,后者为大喜过后的大悲大惧。前后悲欣交集而来,接踵而至,既极尽写出贾府"烈火烹油、鲜花着锦之盛",也预示或暗伏着"登高

---

① 朱一玄.红楼梦资料汇编[M].天津:南开大学出版社,2012:578.

必跌重""盛筵必散"的忧患。而这当中，由府入园，仍还附带着宝黛钗这条支线。而且，宝黛二人在共读《西厢》之后，一路磕磕绊绊，相互试探，情感很快向前发展。这些，在梳理时，不可不察。

第四段，阅读、梳理并概括第二十五回至第三十六回，时长三天。图导读-4供参考。

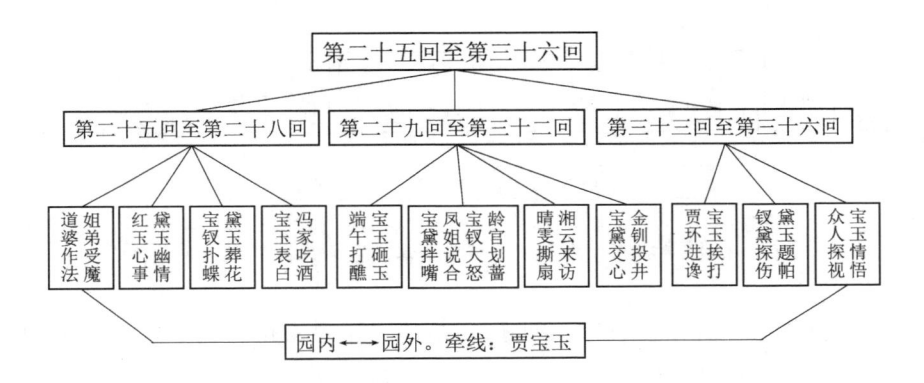

```
                    第二十五回至第三十六回
        ┌───────────────┼───────────────┐
  第二十五回至第二十八回  第二十九回至第三十二回  第三十三回至第三十六回
  ┌─┬─┬─┬─┐      ┌─┬─┬─┬─┐      ┌─┬─┬─┬─┐
  道 红 宝 宝      端 宝 凤 宝      晴 湘 宝 金   贾 宝 钗 黛 众 宝
  婆 玉 玉 玉      午 黛 姐 龄      雯 云 钗 钏   环 玉 黛 玉 人 玉
  姐 心 扑 葬 表   打 砸 说 官     撕 来 交 投   进 挨 探 题 探 情
  弟 幽 蝶 花 白   醮 玉 合 划     扇 访 心 井   谗 打 伤 帕 视 悟
  受 情           嘴 怒 蔷                                
  魔                                              
        └───────────────────────────────┘
              园内 ← → 园外。牵线：贾宝玉
```

图导读-4　第二十五回至第三十六回内容梳理

通观全书，宝黛爱情的发展经历了"前世情定—两小无猜—相互试探—情投意合—泪尽夭亡"几个阶段。而这一段，从黛玉"春困发幽情"，到第三十二回宝玉"你放心"三字的彼此交心，再到黛玉"题帕"，写出了两人从相互试探到情投意合。至此，宝黛之间已然形成了一种彼此相知、默契、信任的感情，置气、拌嘴也就再没有发生过。如：在第四十二回，宝玉看到黛玉头发凌乱，不明确提醒，只是用一个眼神暗示，黛玉便知道去对镜"抿了两抿"；第四十五回，宝玉连续三问，不待黛玉回答，也无需回答，彼此便心照不宣；第四十九回，黛玉将与宝钗的"闺蜜谈话"和盘托出，竟毫无保留；第五十二回，作者一笔带过写宝黛二人相互关切；等等。当然，在这一段中，宝玉受魔、宝玉挨打，和他当着母亲面撩拨金钏儿致使其投井，以及被买来唱戏的龄官拒绝等事，构成了他精神成长主线的前段，即所谓"各人各得眼泪罢了"的"情悟"阶段。

第五段，阅读、梳理并概括第三十七回至第五十四回，时长三天。图导读-5供参考。

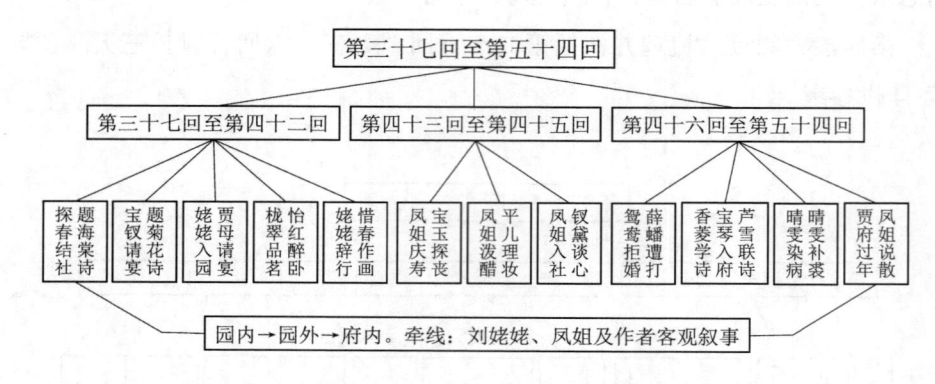

```
                          第三十七回至第五十四回
         ┌───────────────────────┼────────────────────────┐
    第三十七回至第四十二回      第四十三回至第四十五回      第四十六回至第五十四回
   ┌──┬──┬──┬──┬──┬──┐        ┌──┬──┬──┐              ┌──┬──┬──┬──┬──┬──┐
  探 宝 姥 贾 栊 惜         凤 宝 平 凤         鸳 薛 香 宝 芦 晴 晴 贾 凤
  春 钗 姥 母 翠 春         姐 玉 儿 钗         鸯 蟠 菱 琴 雪 雯 雯 府 姐
  海 请 菊 入 庵 请          庆 探 理 黛         拒 遭 学 入 联 染 补 过 说
  棠 菊 花 园 品 菊          寿 病 妆 入         婚 打 诗 府 诗 病 裘 年 散
  结 宴 行 宴 茗 作          长   醒 社         …
  社 诗 …   醉 画
  诗       卧
```
园内→园外→府内。牵线：刘姥姥、凤姐及作者客观叙事

图导读-5　第三十七回至第五十四回内容梳理

这一段可分三节。第一节起于探春结社。作者安排了刘姥姥入大观园，将园中儿女们的各处居所详写个遍；又让贾母"两宴大观园"，极力描绘出众人欢乐、喜庆、热闹的场面。中间穿插黛玉脱口而出《牡丹亭》《西厢记》中的诗句，和宝钗教导黛玉读书不可"移了性情"等事。第二节起于凤姐庆生。作者安排了贾琏私会鲍二家的，凤姐大闹一场并殃及平儿，以及众儿女邀请凤姐加入诗社等内容。中间穿插宝玉外出祭奠金钏儿，和钗黛从开始的敌对到此时推心置腹，成为"知己"。第三节起于贾赦逼婚。作者安排了鸳鸯拼死抗争、香菱向黛玉学诗和大观园再次掀起众人联诗的盛会，以及贾府祭宗祠、过除夕、闹元宵的奢华生活等内容。中间穿插薛蟠调情遭打、离家行商，宝琴、岫烟、李纹、李绮入园和袭人归家、晴雯补裘等事。真可谓千头万绪，令人应接不暇。

第六段，阅读、梳理并概括第五十五回至第七十六回，时长四天。图导读-6供参考。

```
┌─────────────────────────────┐
│    第五十五回至第七十六回 （1）│
└─────────────────────────────┘
        ↓              ↓
┌──────────────┐  ┌──────────────┐
│第五十五回至   │  │第五十八回至   │
│第五十七回     │  │第六十三回     │
└──────────────┘  └──────────────┘
```

探春宝钗理施政惠 | 甄家送入梦 | 紫鹃试玉 | 薛母问黛 | 撤裁戏班 | 藕官烧纸 | 莺儿编篮 | 春燕挨打 | 蕊官送硝 | 姨娘闹事 | 芳官惹事 | 司棋闹厨 | 宝玉瞒息事 | 平儿庆生 | 宝玉醉卧 | 湘云夜宴 | 群芳开宾天 | 贾敬

园内→府内。牵线：探春、宝玉、春燕等以及茯苓霜

```
┌─────────────────────────────┐
│    第五十五回至第七十六回 （2）│
└─────────────────────────────┘
        ↓              ↓
┌──────────────┐  ┌──────────────┐
│第六十四回至   │  │第七十回至     │
│第六十九回     │  │第七十六回     │
└──────────────┘  └──────────────┘
```

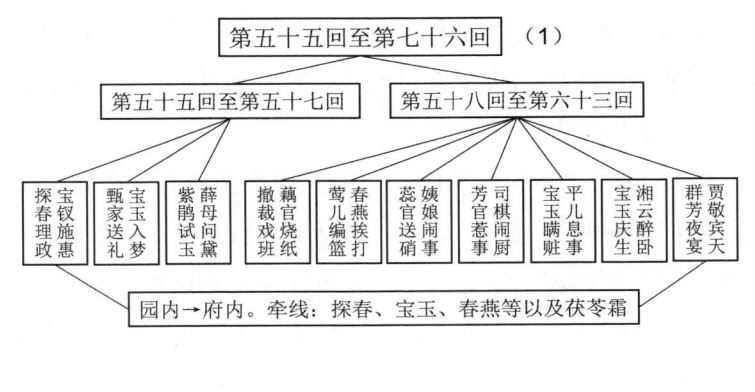

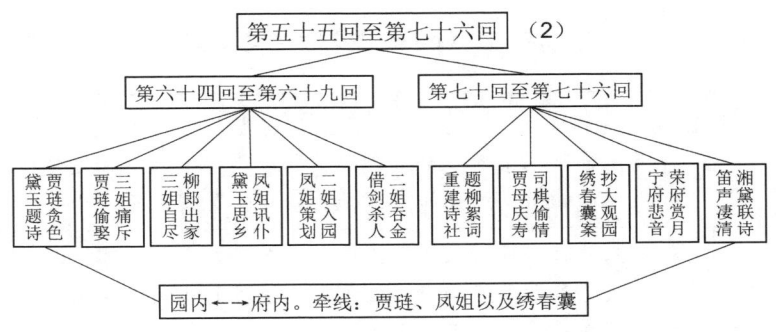

黛玉题诗 | 贾琏贪色 | 贾琏偷娶 | 三姐痛斥 | 三姐自尽 | 柳郎出家 | 黛玉思乡 | 凤姐讯仆 | 二姐入园 | 凤姐策划 | 借刀杀人 | 二姐吞金 | 重建诗社 | 题柳絮词 | 贾母庆寿 | 司棋偷情 | 绣春囊案 | 抄检大观园 | 宁府悲音 | 荣府赏月 | 笛声凄清 | 湘黛联诗

园内←→府内。牵线：贾琏、凤姐以及绣春囊

图导读-6　第五十五回至第七十六回内容梳理

  这一段可分四节。第一节起于凤姐染病。作者安排了探春兴利除弊，宝钗施小惠，以及紫鹃"试玉"，让众人都明白无法拆散宝黛二人，引发薛姨妈"慈爱"安慰痴"颦儿"（黛玉）。中间穿插了甄家前来送礼请安、甄贾宝玉在梦中相会，薛姨妈替薛蝌张罗与邢夫人侄女邢岫烟的婚事等。第二节起于撤裁戏班。笔锋转入以大小丫鬟、众伶人和奴仆为主的叙述，而后一贯而至宝玉庆生、"群芳开夜宴"的高潮，结尾转入乐极生悲的贾敬"宾天"。第三节起于贾琏贪色。作者安排了以下内容：贾琏偷娶尤二姐，遭尤三姐痛斥；尤三姐"横"剑自尽，柳湘莲痛失刚烈女；凤姐闻讯诓骗尤二姐入园，借刀杀人致使尤二姐"吞金自逝"。在这一段中，开头还嵌入黛玉题《五美吟》；中间嵌入黛玉思乡等。第四节起于重建诗社。作者安排了众儿女题柳絮词、贾母庆八旬寿辰，司棋与潘又安私会偷情并由此引发"抄检大观园"，

以及贾府中秋节"最后的晚餐"和黛玉、湘云、妙玉三人联诗的场景。当中又穿插了王子腾夫人来访、宝玉应付贾政检查"功课"、贾琏想取贾母"金银家伙"以应付支出等事。

对《红楼梦》后四十回内容的划分、梳理也大抵如此，在此从略。

用大约两周的时间，通读、梳理并概括完《红楼梦》，我们便可以确定出探究、鉴赏的主要内容。探究、鉴赏，可选某一类内容，也可选某一个具体的内容（见表导读-1）；可独立完成，也可小组合作完成。时长为一周。

表导读-1　探究、鉴赏的主要内容

类别	具体内容及回目
环境、布置	林黛玉进京入荣府（第三回），贾政携贾宝玉入园题字（第十七回至十八回），刘姥姥入园见各景点（第四十至四十一回）
人物群像	林黛玉进贾府见众人（第三回），贾母在大观园宴请、刘姥姥惊艳众人（第四十至四十一回），宝玉挨打（第三十三回），宝玉挨打后众人探伤（第三十四至三十五回）
重大场面	可卿出殡（第十四回），元妃省亲（第十七回至十八回），端午打平安醮（第二十九回）
重要事件	宝黛初遇（第三回），宝钗庆生（第二十二回），宝玉挨打（第三十三回），探春理政（第五十六回），尤二姐吞金（第六十八至六十九回），抄检大观园（第七十四回）……
	宝黛爱情：前世情定—两小无猜—相互试探—情投意合—泪尽天亡（回目略）
"三春三秋"	三次元宵节（第一回、第十七回至十八回、第五十三至五十四回），三次中秋节（第一回、第十一回、第七十五回）
诗社活动	海棠社（第三十七回），菊花社（第三十七至三十八回），赏雪社（第五十回），桃花社（第七十回），柳絮社（第七十回）
聚焦人物	宝、黛、钗三人，凤姐，探春，贾母，贾政，王夫人，袭人，晴雯，香菱等（回目略）
语言、主题	（略）

总之，学生通读、梳理、概括、探究、鉴赏等学习活动所用课时，"宜集中使用，便于学生静下心来，集中时间和精力，认真阅读一本书"①。

二、理清人物的亲属关系，找到打开《红楼梦》整本书阅读的钥匙

从总体上说，《红楼梦》写的是中国旧家庭里亲属之间的人情故事。作者想表达的也正是在"大家庭制度"下所滋生的种种"流弊"。因此，理清书中人物间的亲属关系，是我们进行《红楼梦》整本书阅读的关键，也是我们打开这扇巍峨之门的一把钥匙。

为了便于分辨和理解，我们将亲属关系分为"宗亲"和"姻亲"两类。在《红楼梦》中，宁、荣两府的贾姓男女，便是"宗亲"，贾府以外的王、史、林、薛等与之联姻者，则为"姻亲"。

我们先说"宗亲"。

宗亲又有直系和旁系之别。直系宗亲，是指同一个父系祖先、相互之间有一脉相承直接血缘关系的上下各代的亲属。如祖父母，父母，子女，孙子女、外孙子女，曾孙子女、曾外孙子女，等等。《红楼梦》介绍贾府的直系宗亲出现在第二回，对照原文，可作统计（见表导读-2）。

表导读-2 宁、荣两府五代直系宗亲

第一代	第二代	第三代	第四代	第五代
宁国公	贾代化	（子）贾敷		
		（子）贾敬	（子）贾珍［尤氏］	（子）贾蓉［秦可卿］
			（女）贾惜春（四姑娘）	

---

① 中华人民共和国教育部.普通高中语文课程标准（2017年版2020年修订）［M］.北京：人民教育出版社，2020：12.

续表

第一代	第二代	第三代	第四代	第五代
荣国公	贾代善 [贾母]	(子)贾赦 [邢夫人]	(子)贾琏[王熙凤]	(女)贾巧姐
			(女)贾迎春(二姑娘)	
		(子)贾政 [王夫人] [赵姨娘]	(子)贾珠[李纨]	(子)贾兰
			(女)贾元春(大姑娘)	
			(子)贾宝玉	
			(女)贾探春(三姑娘)	
			(子)贾环	
		(女)贾敏 [林如海]	(女)林黛玉	

注：[ ]内为配偶，( )内为说明性文字。

旁系宗亲的范围比较大。简单来说，除了直系宗亲，其余的都是旁系宗亲，如伯、叔、姑、舅、姨、侄子女、甥子女、堂兄弟姊妹、表兄弟姊妹等。

"君子之泽五世而斩"[1]。《红楼梦》第二回冷子兴演说的正是宁荣两门的五代；书中所讲述的兴衰故事，正好发生在第三代人、特别聚焦在第四代人身上。结合亲属关系远近分析，以及冷子兴详尽介绍贾府"如今的儿孙，竟一代不如一代"便可看出：这出生"奇异"、说话奇怪的宝玉，为何就能得到贾府上下如此之宠溺；迎、探、惜三春姐妹在贾府里的地位为何如此之凸显；母亲去世后便入住贾府的黛玉为何能得到贾母如此之疼惜。一个最主要的原因便是——这些人都是贾府的直系宗亲。再联系三位表姐妹——黛玉、宝钗、湘云与荣国府或与宝玉的亲疏关系来看：黛玉是贾敏的女儿（宝玉与之为姑舅表兄妹）、贾母的外孙女，属贾姓直系宗亲，最亲；宝钗（与宝玉为两姨表姐弟）、湘云（祖父与贾母是亲兄妹，关系又疏远一层）属非贾姓旁系宗亲，远不及黛玉。当然，如果从王夫人的角度看，则宝钗最亲。但这

---

[1] 杨伯峻.孟子译注[M].北京：中华书局，1960：193.

个问题我们先不作讨论，容后再说。

贾府的旁系宗亲也不少。如在第九回，作者提到贾府私塾中的"司塾"贾代儒和他的长孙贾瑞，写顽童闹学堂时介绍的"宁府中之正派玄孙"的贾蔷和"荣国府近派的重孙"的贾菌；在第二十四回，写宝玉初见其人竟"想不起是那一房的，叫什么名字"的贾芸；在第五十三回，即除夕之夜，贾府在祭祀宗祠时作者写下的"俟贾母拈香下拜，众人方一齐跪下，将五间大厅，三间抱厦，内外廊檐，阶上阶下……塞的无一隙空地"；等等。据此便可知道，贾府的旁系儿孙倒是人口繁密，人丁兴旺。至于这些儿孙可否振兴家业，则另当别论。

再说"姻亲"。

作者讲贾府的故事，其姻亲关系也至关重要。如在第二回开始就介绍了贾家与林家，"今如海年已四十……今只有嫡妻贾氏生得一女，乳名黛玉，年方五岁"。接着介绍贾家与史家，"自荣公死后，长子贾代善袭了官，娶的也是金陵世勋史侯家的小姐为妻"。再接着介绍贾家与王家，一是"这政老爹的夫人王氏，头胎生的公子，名唤贾珠……一病死了"，二是"若问那赦公，也有二子，长名贾琏，今已二十来往了，亲上作亲，娶的就是政老爹夫人王氏之内侄女，今已娶了二年"。若再算上"与荣国府贾政的夫人王氏，是一母所生的姊妹"（第四回）的薛姨妈，其女儿宝钗后来与宝玉成亲，那么，除了林家，这四大家族，也真是伏应了第四回那张"护官符"所显示的，"这四家皆连络有亲，一损皆损，一荣皆荣"。

那么，从这些"姻亲"关系中，我们又可以窥见怎样的端倪呢？

其一，以四大家族计。贾府的第二代与史家联姻，第三代与王家联姻，第四代也是与王家联姻。当然，在小说的后半段，还有与薛家联姻。不过这段联姻的结局是宝玉出家，宝钗守寡，婚姻关系形同虚设。再考察贾府第三、第四代男人，不是"一心想作神仙"的贾敬，就是只知道花天酒地的贾珍，不是不管理家事的贾赦和"不惯于俗务"的贾政，就是不喜正务的贾琏。由此便知，这宁荣两府的管家大权全都落到了姻亲女子的手上。

其二，从婚姻应从"父母之命"来看。作者写贾敏死，接着写林如海死

（第十四回），这就切断了黛玉与贾府的直接关系。写湘云父母早亡，也可作如是看。而且，作者正在写林黛玉进贾府，却又在这一回末尾处写薛家投奔贾府，言宝钗即将到来。而宝钗之母薛姨妈又正好是王夫人的胞妹。按我国古代家庭"男主外、女主内"的习俗便不难预测：宝玉与湘云的婚恋固不可能，但与黛玉的婚恋，其过程必定是困难重重（这下，贾府便有了"三王"，即王夫人、薛王氏和王熙凤），其结局也必然是沉痛、绝望的。

所以，我们读《红楼梦》，就一定要理清这些人物的亲疏关系。不然，读起书来，就很容易被这之后人物的"互动"搞得一头雾水。

《红楼梦》要写大家族生活，那就一定少不了人物之间的互动，而人物之间的互动必包括人与人之间的对话、行动等。然而，《红楼梦》里的人物互动，作者往往是"不写之写"，或者是"言在此而意在彼"，如不以亲属关系的"前后左右"观其微妙，便不能"解其中味"，窥其堂奥。这里，我先以两对人物互动的片段作说明，再以宝玉挨打后众人来探伤这一多人互动的场面描写作方法上的示范。

首先，我们看王夫人与王熙凤这对特殊姑侄的互动。

从生育有"不到二十岁就娶了妻生了子，一病死了"的贾珠和"第二胎生""生在大年初一"的元春，以及"次年又生了一位""如今长了七八岁"的宝玉等这些叙述来看，王夫人的年纪在五十岁上下（第三十三回自叙"已将五十岁"），嫁入贾府的时间有三十年左右。再从"那赦公，也有二子，长名贾琏，今已二十来往了，亲上作亲，娶的就是政老爹夫人王氏之内侄女，今已娶了二年"一句来看，王熙凤嫁入贾府也仅仅是两年前的事。如此一来，这样一对年龄悬殊、在荣府里都是当家媳妇的嫡亲姑侄——且如今王熙凤已是荣府事实上的"管家"——之间的互动就显得非常特殊，也表现得特别微妙。

我们看她们的第一次互动。黛玉初入贾府，王熙凤不仅"来迟了"，还在贾母和众人面前极力表演一番。以当时的情境，年长于王熙凤一辈的王夫人应该是洞若观火，她只应不经意"一笑"就够了。可作者却不这样写。书中写道：

说话时，已摆了茶果上来。熙凤亲为捧茶捧果。又见二舅母问他："月钱放过了不曾？"熙凤道："月钱已放完了。才刚带着人到后楼上找缎子，找了这半日，也并没有见昨日太太说的那样的，想是太太记错了？"王夫人道："有没有，什么要紧。"因又说道："该随手拿出两个来给你这妹妹去裁衣裳的，等晚上想着叫人再去拿罢，可别忘了。"熙凤道："这倒是我先料着了，知道妹妹不过这两日到的，我已预备下了，等太太回去过了目好送来。"王夫人一笑，点头不语。

既是"来迟"，依理王夫人当此一问应是王熙凤来迟的原因，可她却问"月钱放过了不曾"。我们不妨推测：会不会是王夫人觉得王熙凤在前边说"只管告诉我""也只管告诉我"的"表演"过于突出或越分了？发放月钱即掌管经济，王夫人问月钱发放一事，会不会是在暗示王熙凤——你虽名为贾府"管家"，但真正的主人还是我？所以，当王熙凤说了"等太太回去过了目"一句，王夫人便"一笑，点头不语"。这意味深长的"一笑"和"点头不语"，可以算作全书对这一对姑侄关系的基本定位：既默契十足，又界限分明。其实，在贾府里，谁才是最重要的当家人，读到"抄检大观园"一段时，我们自会明白。

其次，我们看王夫人与宝玉这位"未来媳妇"黛玉的互动。

中学生读《红楼梦》，不太关注王夫人这个人物形象。然而，这个人物，又确实在宝黛钗婚恋的过程中，在其他人的生活中起到关键甚至决定性的作用。王夫人对薛家入住贾府、对薛宝钗到来的态度，自不必说。王夫人对黛玉的到来，其态度又如何呢？我们不妨也来梳理和推求一番。

先看她们第一次单独互动。也是黛玉初入贾府的第三回，书中这样写黛玉入座：

王夫人却坐在西边下首……见黛玉来了，便往东让。黛玉心中料定这是贾政之位。因见挨炕一溜三张椅子上，也搭着半旧的弹墨椅袱，黛玉便向椅上坐了。王夫人再四携他上炕，他方挨王夫人坐了。

不要小瞧王夫人的让座。这实质上有考察她小姑子家女儿黛玉的家教礼数的意味。然而，这"心较比干多一窍"的黛玉，先是在"东边的三间耳房内""度其位次，便不上炕，只向东边椅子上坐了"，此时则"料定这是贾政之位。因见挨炕一溜三张椅子……便向椅上坐了"，而且，还是在"王夫人再四携他上炕，他方挨王夫人坐了"的。如我们再联系王夫人接下来"只是有一句话嘱咐你"，将宝玉说成是"孽根祸胎""混世魔王"等语，便不难推断：她对眼前这位与她儿子年龄相仿的小姑子的女儿，还是有所提防和戒备的。从让座之后她所说的话便可发现，她在极其委婉地警告黛玉：你可要离我那儿子远一点呢！可为什么竟会如此？我们只能既"往前"去推想，又"往后"去勾连——这被贾母说成是"和木头似的"（第三十五回）的王夫人，在嫁入贾府的日子里，眼见这"所疼者独有你母"（贾母语），而且与自己性情、爱好、审美等都大不同，或许还很不相投的贾敏，内心会涌出多少波澜？要知道，爱屋及乌的反面是"恨屋及乌"。昔日王夫人对贾敏的不理睬、不平衡等，会不会迁移到贾敏的女儿林黛玉的身上？而此时的王夫人是何种心思，我们还可以作进一步揣摩：一个"已将五十岁""只有这一个亲生的儿子"的她，在那个母以子贵的时代，与其说是在选择未来媳妇，不如说是在选择自己未来的生活。如此，便不难想象，王夫人的内心世界该有多么焦虑和警觉。只不过贾母尚在，历尽世事的她，会把这样曲折、隐秘的思虑埋藏得很深就是了。

再看黛玉不在场，却涉及她切身利益的王夫人与他人的互动。

其实，王夫人是否喜欢黛玉，我们"往前"推测便可知道。倘若再对"前中后"作一个分类，如从性情、爱好、审美等方面对贾府中的主要人物作一个类属性的划分：贾母，所疼爱或喜欢的人有贾敏、宝玉、凤姐、黛玉、晴雯等，王夫人，所喜爱或信任的人有凤姐、宝钗、袭人等，那么，这位心思极重的王夫人，在随后漫长的日子里，自然就会不断留心观察或打听黛玉的言语和行迹。于是，就有了第七十四回"抄检大观园"时王夫人问凤姐的一句话：

上次我们跟了老太太进园逛去，有一个水蛇腰、削肩膀、眉眼又有些像你林妹妹的，正在那里骂小丫头。我的心里很看不上那个轻狂样子，因同老太太走，我不曾说得。后来要问是谁，又偏忘了。今日对了坎儿，这丫头想必就是他了。

王夫人问凤姐晴雯的事，为何会牵扯出"像你林妹妹的"这句话？我们便可以推想，平日王夫人在潜意识里，对这位小姑子的女儿，该会有多么深恶痛绝！不然，何以说出"水蛇腰、削肩膀""那个轻狂样子"这般恶狠狠的话来？再"往后"推测，我们也不难想象，宝黛的婚恋又哪有未来可言？

最后，以宝玉挨打后众人来探伤这一多人互动的场面描写作方法上的示范。

考察多人互动的方法是：先列出顺序并统计人数，再辨别这些人的亲疏关系，然后察其言、观其色、视其行、推测其用意，以及揣测其他人的内心感受。我们不妨对这一段文字作一个列表（见表导读-3），以窥其奥秘。

表导读-3　众人探宝玉不同表现

语句排序	人物	表情、语言（针对对象）及行为动作	用意或他人感受
1	凤姐	也忙笑道："这不相干。这个小东道我还孝敬的起……说给厨房里，只管好生添补着做了，在我的帐上来领银子。"	
2	宝钗	一旁笑道："我来了这么几年，留神看起来，凤丫头凭他怎么巧，再巧不过老太太去。"	
3	贾母	听说，便答道："我如今老了，那里还巧什么。当日我像凤哥儿这么大年纪，比他还来得呢。他如今虽说不如我们，也就算好了，比你姨娘强远了。你姨娘可怜见的，不大说话，和木头似的，在公婆跟前就不大显好。凤儿嘴乖，怎么怨得人疼他。"	
4	宝玉	笑道："若这么说，不大说话的就不疼了？"	
5	贾母	道："不大说话的又有不大说话的可疼之处，嘴乖的也有一宗可嫌的，倒不如不说话的好。"	

续表

语句排序	人物	表情、语言（针对对象）及行为动作	用意或他人感受
6	宝玉	笑道："这就是了。我说大嫂子倒不大说话呢，老太太也是和凤姐姐的一样看待。若是单是会说话的可疼，这些姊妹里头也只是凤姐姐和林妹妹可疼了。"	
7	贾母	道："提起姊妹，不是我当着姨太太的面奉承，千真万真，从我们家四个女孩儿算起，全不如宝丫头。"	
8	薛姨妈	听说，忙笑道："这话是老太太说偏了。"	
9	王夫人	忙又笑道："老太太时常背地里和我说宝丫头好，这倒不是假话。"	
10	宝玉	勾着贾母原为赞林黛玉的，不想反赞起宝钗来，倒也意出望外，便看着宝钗一笑。	
11	宝钗	早扭过头去和袭人说话去了。	

这里，宝钗说话可算是讨了"两面光"，她既想讨好贾母，又想奉承凤姐。所以，作者说"世事洞明皆学问，人情练达即文章"。两千多年前的孔子说："视其所以，观其所由，察其所安。人焉廋哉？人焉廋哉？"也正是此理。

《红楼梦》人物互动的细节还有很多。有人就整理出不少属于亲属、子嗣、人事或情感等方面看似不经意却令人匪夷所思的细微处。如在荣府，贾政作为次子，又没袭爵，为什么居住在正位"荣禧堂"，而袭有爵位的长子贾赦却偏居荣府一隅？为什么贾母会居住在贾政院而非贾赦院？在整本书中，为什么再也没有写一个新的生命降生？假如有一位新生婴儿降生，会出现怎样的情形？在前七十回，王夫人和自己的大儿媳妇李纨，为什么就没说上过一句话？荣国府的"管家"为什么一定是王熙凤？宝黛的爱情、婚姻最后以败亡告终，除了家长包办婚姻制度的阻碍，还有没有别的原因？同是王家亲戚，为什么薛宝钗和王熙凤几乎就没有对话？书中多次写梦境，为什么在黛玉去世后，宝玉一次也没有梦见过她？诸如此类。作者在此书第一回说过一句很重要的话："细按则深有趣味"。什么是"细按"？就是仔细体察。而我们只有仔细体察这大家族、大家庭人与人之间微妙的关系，才能算"读懂文本"。

确实，《红楼梦》是一部对中国人的家族生活、生存状态、心理文化、思维方式等进行深层思考与剖析的巨作，也是一部用"工匠精神"编织"中国故事"的旷世杰作。张庆善曾说："《红楼梦》是我们这一辈子一定要读一读的书，或者说我们一辈子如果没有读《红楼梦》，如果不认识贾宝玉、林黛玉、薛宝钗、王熙凤等《红楼梦》中的人物，如果不走进《红楼梦》的艺术世界，那将是人生的一大遗憾！"[1]

那么，就让我们耐住性子，静下心来，走进这部大书，去感受它历久弥新的无穷魅力吧！

---

[1] 曹立波. 红楼十二钗评传［M］. 北京：人民文学出版社，2017：序3—4.

第一章 基本解读

总　述

　　面对统编教材高中语文必修下册"整本书阅读"这一学习任务群，教师普遍感到困惑的问题主要有：面对《红楼梦》这样的复杂文本，教师应该如何针对教学开展有效阅读？在有限的学时内，教师开展整本书教学的切入点在哪里？教师应该如何设计课堂活动，引导学生愿读、会读、读懂《红楼梦》？面对高考，教师应该如何开展关于《红楼梦》的有效测评？

　　要解决以上困惑，就要明确整本书阅读的教学思路——确定主题，对《红楼梦》进行全息式梳理，在梳理中整合文本资源，确定教学切入点，开展有趣的活动，设计有效的测评。

　　通过认真研读新课标，仔细揣摩教材，再结合《红楼梦》自身艺术特点，我们确定了七个主题："人物图谱""环境介绍""情节线索""儿女真情""诗词韵文""年节日常""语言艺术"。对这七个主题进行梳理、解读，旨在让学生找到阅读长篇章回体小说的普适角度，如"人物图谱""环境介绍""情节线索""语言艺术"，又让学生领略《红楼梦》独特的艺术价值，如"儿女真情""诗词韵文""年节日常"等。值得一提的是，"儿女真情""诗词韵文"等主题阅读又对提升学生的鉴赏能力和审美素养，传承中华民族优秀传统文化有着极为重要的意义。

　　"基本解读"的每一主题，包括总述和文本梳理。首先，阐述选择本主题的依据，简述主题内容，概述梳理这一主题的意义。然后，将主题进行细化，以思维导图或表格的形式，对整本书的相关文本，进行爬罗剔抉、梳理归纳，以辅助教师在确定内容和选择教学资源时贴近课标、贴近教材、贴近文本、贴近学生，把准教学边界和标高。

　　梳理与整合，为"整本书阅读"提供了方法指引。阅读《红楼梦》这样的长篇，尤其需要扎进文本，细心阅读，耐心梳理。

主题一　人物图谱

《红楼梦》广博的内容和深远的主题,是在四大家族人与人之间的互动与冲突中慢慢展现出来的。所以,梳理主要人物之间的关系,以及人物各自的经历、性格等,可以帮助我们了解复杂的社会环境,理解宝黛爱情、众人命运,以及家族盛衰的悲剧。

《红楼梦》难能可贵的是刻画了众多性格瑕瑜互见的人物形象,扭转了古典小说或戏曲描写人物扁平化的倾向。最为可贵的是,它还为女儿立传,描写了许多富有诗意的青春女儿。这不仅丰富了文学画廊中的典型形象,还以她们对自由平等的追求、对高洁人生的向往,烛照读者心灵,激发人们追求高雅自由的人生理想。

走近《红楼梦》的人物群像,梳理其生平言行,从肖像、语言、动作、心理描写或他人的衬托评价中,辩证理解人物复杂性格,这能帮助我们深入理解《红楼梦》的思想意蕴,带给我们审美愉悦和精神滋养。

一、主要人物关系梳理

《红楼梦》描写的人物众多,可以运用思维导图或表格的形式,从两大方面进行梳理:一是主要人物之间的关系,二是具体人物的生平经历及性情。

1. 贾府主要人物关系

《红楼梦》以贾府为中心,为我们织就了一个盘根错节的人物关系网。通过思维导图梳理主要人物关系,我们能更清晰地把握整本书的主要内容,见图1-1。

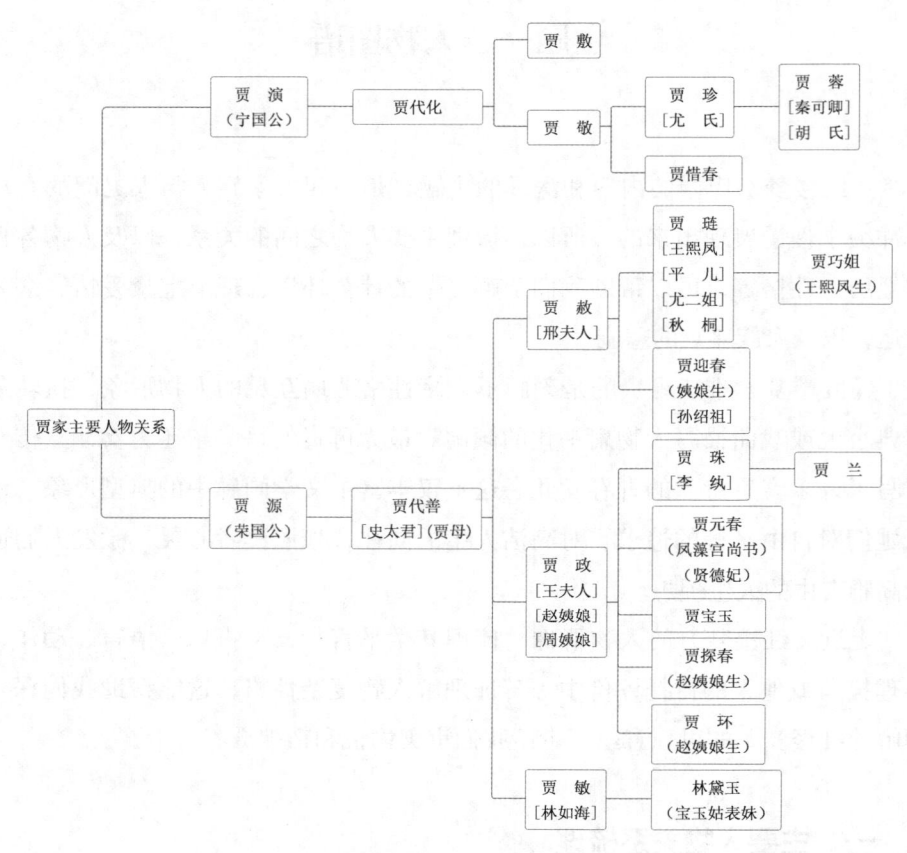

```
贾家主要人物关系
├─ 贾演（宁国公）─ 贾代化 ─┬─ 贾敷
│                          └─ 贾敬 ─┬─ 贾珍[尤氏] ─ 贾蓉[秦可卿][胡氏]
│                                   └─ 贾惜春
└─ 贾源（荣国公）─ 贾代善[史太君(贾母)] ─┬─ 贾赦[邢夫人] ─┬─ 贾琏[王熙凤][平儿][尤二姐][秋桐] ─ 贾巧姐（王熙凤生）
                                        │                └─ 贾迎春（姨娘生）[孙绍祖]
                                        ├─ 贾政[王夫人][赵姨娘][周姨娘] ─┬─ 贾珠[李纨] ─ 贾兰
                                        │                                ├─ 贾元春（凤藻宫尚书）（贤德妃）
                                        │                                ├─ 贾宝玉
                                        │                                ├─ 贾探春（赵姨娘生）
                                        │                                └─ 贾环（赵姨娘生）
                                        └─ 贾敏[林如海] ─ 林黛玉（宝玉姑表妹）
```

注：（ ）内为解释性文字，[ ] 内为人物的配偶。

图 1-1 贾府主要人物关系

《红楼梦》主要人物的性情命运及人物关系，是通过冷子兴演说荣国府（第二回）、林黛玉眼观贾府（第三回）、贾宝玉读判词曲文（第五回）等方式介绍的。冷子兴与贾雨村对谈，演说了宁荣两府五代的核心人物；林黛玉初进贾府带我们认识了主要女性人物，拜见舅舅则带我们了解了重要男性人物；贾宝玉梦游太虚幻境，看到金陵十二钗的簿册判词，听到《红楼梦》曲文，判词、曲文介绍和预示了众姐妹的性情和命运。我们可以结合这三处，绘制主要人物关系图谱。

小说在第六回交代，仅荣国府，"一宅人合算起来，人口虽不多，从上至下也有三四百丁",可见贾府人口多、代际关系复杂,初读时容易混淆。我们可以建议学生借用各代人物名字的偏旁进行区分,如贾演、贾源,水字辈,是小说叙述的第一代;贾代化、贾代善,人字辈,是第二代;贾敷、贾敬、贾赦、贾政、贾敏,文字辈,是第三代;贾珍、贾琏、贾珠、贾宝玉、贾环,玉字辈,是第四代;贾蓉、贾兰①,草字辈,是第五代。贾府烈火烹油、鲜花着锦的繁华五世而斩,人物也由聚至散,为我们奏响的是一曲末世悲歌。

2.其他家族主要人物关系

《红楼梦》还写了史、王、薛等大家族的许多人物,我们也可用思维导图的方式进行梳理,见图1-2。

其他几个大家族与贾府的关系,首先是通过葫芦僧乱判葫芦案(第四回)中门子呈给贾雨村的"护官符"介绍出来的,然后随着情节展开,人物陆续登场。因此,我们要在阅读中随文筛选,梳理整合。从图1-2中,可以清晰看到"这四家皆连络有亲,一损皆损,一荣皆荣,扶持遮饰,俱有照应"的关系。

---

① "兰"的繁体字为"蘭",有草字头。

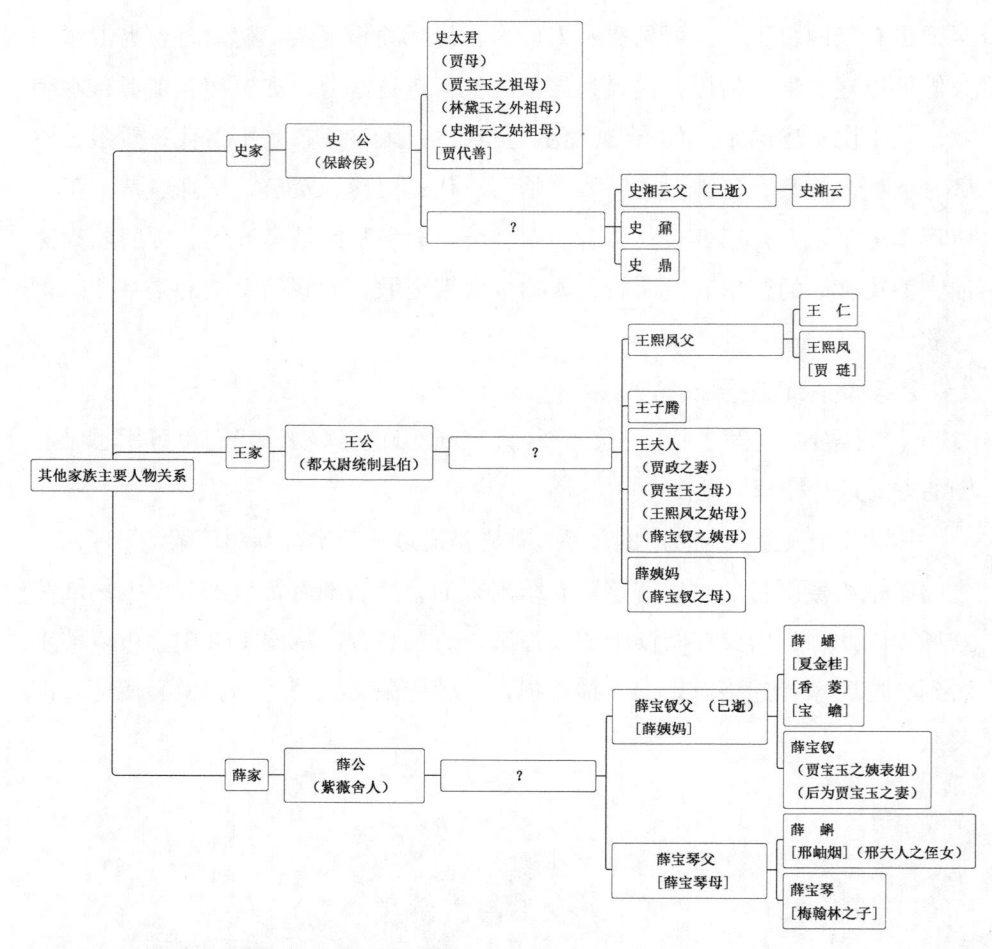

```
其他家族主要人物关系
├─ 史家 ── 史 公(保龄侯) ┬─ 史太君(贾母)(贾宝玉之祖母)(林黛玉之外祖母)(史湘云之姑祖母)[贾代善]
│                      └─ ? ┬─ 史湘云父(已逝) ── 史湘云
│                           ├─ 史 鼐
│                           └─ 史 鼎
├─ 王家 ── 王 公(都太尉统制县伯) ── ? ┬─ 王熙凤父 ┬─ 王 仁
│                                    │          └─ 王熙凤[贾琏]
│                                    ├─ 王子腾
│                                    ├─ 王夫人(贾政之妻)(贾宝玉之母)(王熙凤之姑母)(薛宝钗之姨母)
│                                    └─ 薛姨妈(薛宝钗之母)
└─ 薛家 ── 薛 公(紫薇舍人) ── ? ┬─ 薛宝钗父(已逝)[薛姨妈] ┬─ 薛 蟠[夏金桂][香菱][宝蟾]
                                │                          └─ 薛宝钗(贾宝玉之姨表姐)(后为贾宝玉之妻)
                                └─ 薛宝琴父[薛宝琴母] ┬─ 薛 蝌[邢岫烟](邢夫人之侄女)
                                                      └─ 薛宝琴[梅翰林之子]
```

注：（ ）内为解释性文字，[ ]内为人物的配偶。

图 1-2 其他家族主要人物关系

二、重要人物行状梳理

《红楼梦》着力刻画、具有典型意义的重要人物有几十个，我们对其行状进行梳理、整合，能更全面深入地理解人物的多元性格和主要思想。这里，我们选择三个有代表性的人物进行梳理，以作示范。

1. 贾宝玉

贾宝玉是宝黛钗情感纠葛的主角，是众女儿悲苦命运的呵护者，其"于国于家无望"也是家族衰颓的原因之一。梳理贾宝玉的行状（见图1-3），可以深入理解他的复杂性格和独特思想：其不合流俗的读书观、对俗世的厌弃，折射了他对封建正统思想的叛逆；其女儿观、生死观和对人对物的体贴，彰显了他对生命、对美、对诗意的呵护，对平等、自由、高洁人生的向往。

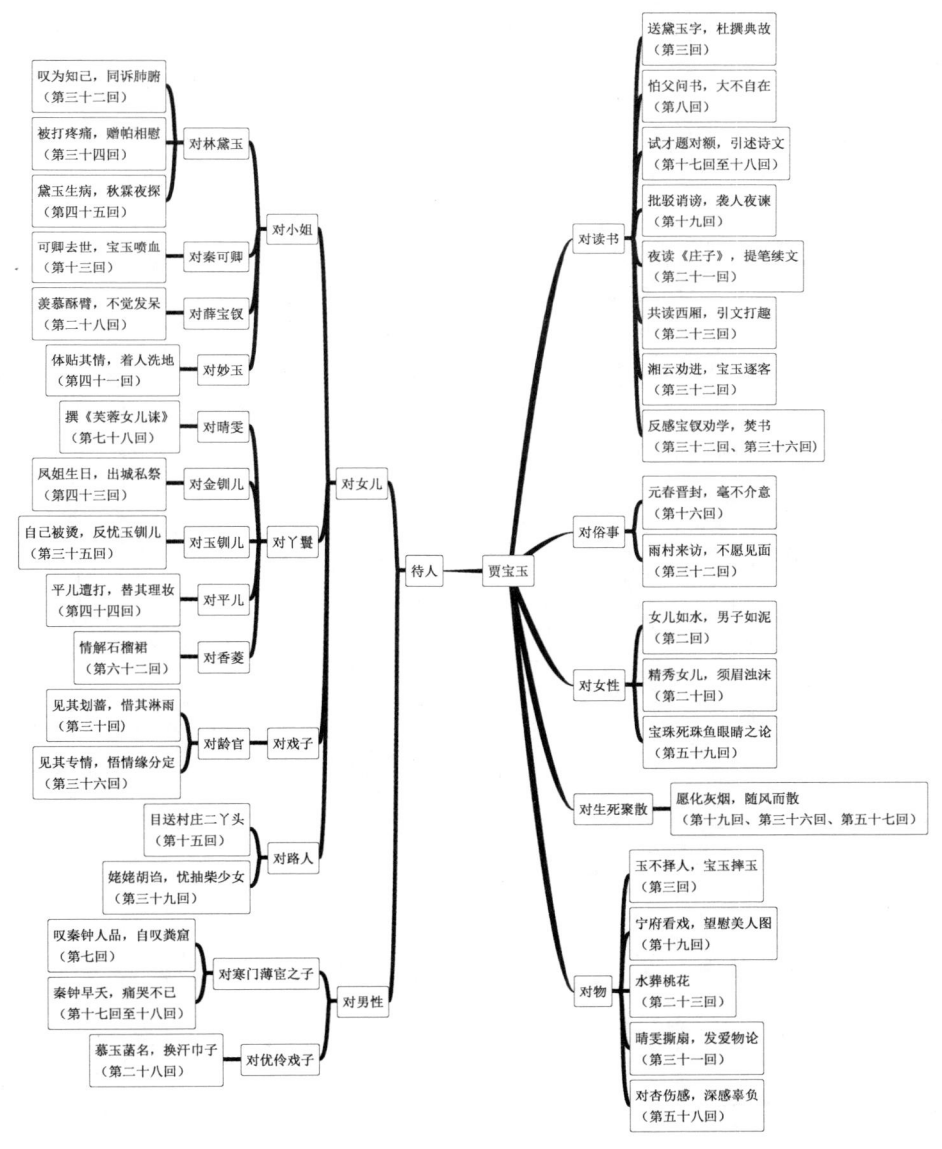

图 1-3　贾宝玉的行状

贾宝玉 待人：
- 对女儿
  - 对小姐
    - 对林黛玉：叹为知己，同诉肺腑（第三十二回）；被打疼痛，赠帕相慰（第三十四回）；黛玉生病，秋霖夜探（第四十五回）
    - 对秦可卿：可卿去世，宝玉喷血（第十三回）
    - 对薛宝钗：羡慕酥臂，不觉发呆（第二十八回）
    - 对妙玉：体贴其情，者人洗地（第四十一回）
    - 对晴雯：撰《芙蓉女儿诔》（第七十八回）
  - 对丫鬟
    - 对金钏儿：凤姐生日，出城私祭（第四十三回）
    - 对玉钏儿：自己被烫，反忧玉钏儿（第三十五回）
    - 对平儿：平儿遭打，替其理妆（第四十四回）
    - 对香菱：情解石榴裙（第六十二回）
  - 对戏子
    - 对龄官：见其划蔷，惜其淋雨（第三十回）；见其专情，悟情缘分定（第三十六回）
  - 对路人：目送村庄二丫头（第十五回）；姥姥胡诌，忧抽柴少女（第三十九回）
- 对男性
  - 对寒门薄宦之子：叹秦钟人品，自叹粪窟（第七回）；秦钟早夭，痛哭不已（第十七回至十八回）
  - 对优伶戏子：慕玉菡名，换汗巾子（第二十八回）
- 对读书：送黛玉字，杜撰典故（第三回）；怕父问书，大不自在（第八回）；试才题对额，引述诗文（第十七回至十八回）；批驳诮谤，袭人夜谏（第十九回）；夜读《庄子》，提笔续文（第二十一回）；共读西厢，引文打趣（第二十三回）；湘云劝进，宝玉逐客（第三十二回）；反感宝钗劝学，焚书（第三十二回、第三十六回）
- 对俗事：元春晋封，毫不介意（第十六回）；雨村来访，不愿见面（第三十二回）
- 对女性：女儿如水，男子如泥（第二回）；精秀女儿，须眉浊沫（第二十回）；宝珠死珠鱼眼睛之论（第五十九回）
- 对生死聚散：愿化灰烟，随风而散（第十九回、第三十六回、第五十七回）
- 对物：玉不择人，宝玉摔玉（第三回）；宁府看戏，望慰美人图（第十九回）；水溅桃花（第二十三回）；晴雯撕扇，发爱物论（第三十一回）；对杏伤感，深感辜负（第五十八回）

2. 王熙凤

王熙凤是贾府内务的具体掌管者，荣国府的经济收支、人际往来，众人的吃穿用度等，都是她一手打理。王熙凤是一个让人爱又让人恨的形象，她精明能干，擅长理家，八面玲珑，圆滑中有善良，口齿伶俐，幽默诙谐，杀伐果断，贪婪狠毒。从王熙凤的行状变化中（见图1-4），能清晰地看到贾府经济日渐掣肘、内部管理逐渐疲软，以及男性子孙日益奢靡淫滥的过程。

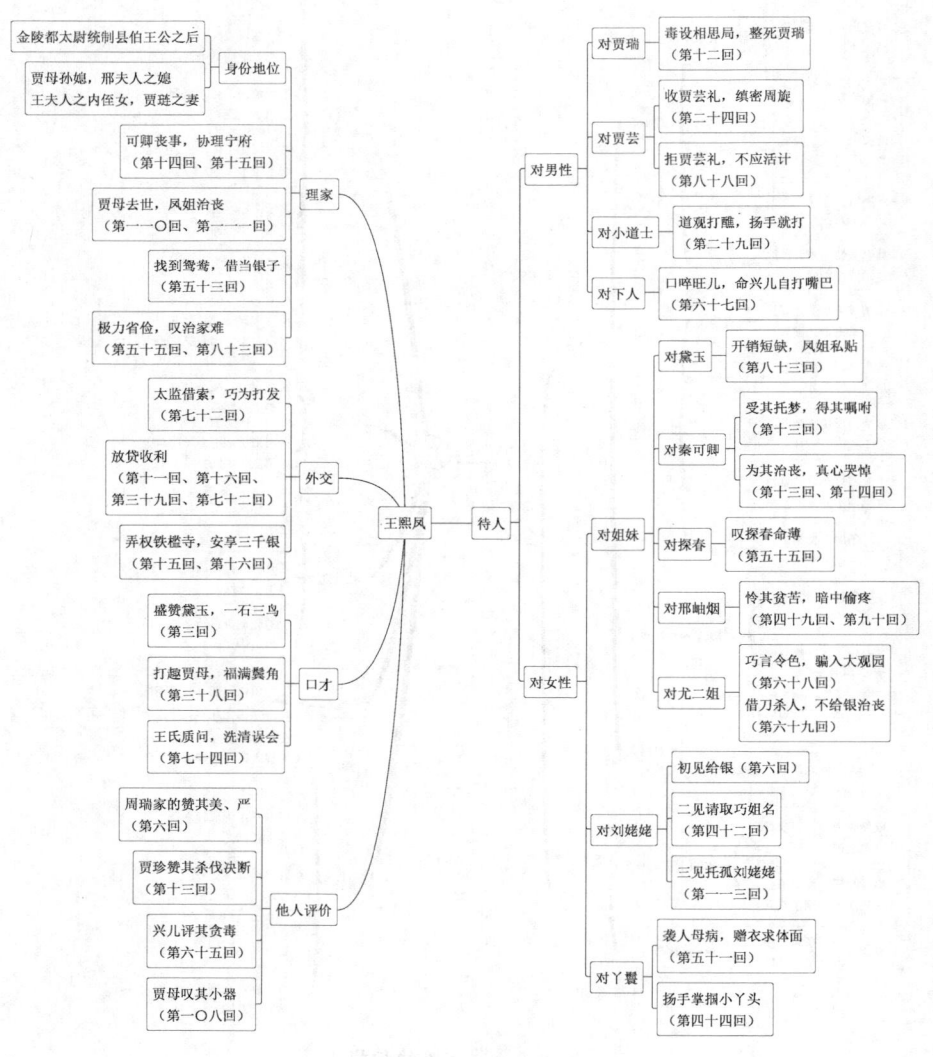

王熙凤

- 身份地位
  - 金陵都太尉统制县伯王公之后
  - 贾母孙媳，邢夫人之媳
  - 王夫人之内侄女，贾琏之妻

- 理家
  - 可卿丧事，协理宁府（第十四回、第十五回）
  - 贾母去世，凤姐治丧（第一一〇回、第一一一回）
  - 找到鸳鸯，借当银子（第五十三回）
  - 极力省俭，叹治家难（第五十五回、第八十三回）
  - 太监借索，巧为打发（第七十二回）

- 外交
  - 放贷收利（第十一回、第十六回、第三十九回、第七十二回）
  - 弄权铁槛寺，安享三千银（第十五回、第十六回）

- 口才
  - 盛赞黛玉，一石三鸟（第三回）
  - 打趣贾母，福满觳觫（第三十八回）
  - 王氏质问，洗清误会（第七十四回）

- 他人评价
  - 周瑞家的赞其美、严（第六回）
  - 贾珍赞其杀伐决断（第十三回）
  - 兴儿评其贪毒（第六十五回）
  - 贾母叹其小器（第一〇八回）

- 待人
  - 对男性
    - 对贾瑞：毒设相思局，整死贾瑞（第十二回）
    - 对贾芸
      - 收贾芸礼，缜密周旋（第二十四回）
      - 拒贾芸礼，不应活计（第八十八回）
    - 对小道士：道观打醮，扬手就打（第二十九回）
    - 对下人：口啐旺儿，命兴儿自打嘴巴（第六十七回）
  - 对女性
    - 对黛玉：开销短缺，凤姐私贴（第八十三回）
    - 对秦可卿
      - 受其托梦，得其嘱咐（第十三回）
      - 为其治丧，真心哭悼（第十三回、第十四回）
    - 对姐妹
      - 对探春：叹探春命薄（第五十五回）
      - 对邢岫烟：怜其贫苦，暗中偷疼（第四十九回、第九十回）
      - 对尤二姐
        - 巧言令色，骗入大观园（第六十八回）
        - 借刀杀人，不给银治丧（第六十九回）
    - 对刘姥姥
      - 初见给银（第六回）
      - 二见请取巧姐名（第四十二回）
      - 三见托孤刘姥姥（第一一三回）
    - 对丫鬟
      - 袭人母病，赠衣求体面（第五十一回）
      - 扬手掌掴小丫头（第四十四回）

图1-4 王熙凤的行状

3. 香菱

香菱是第一个出场的女儿。她经历坎坷，命运悲苦，是薄命女的典型。然而，她整天"笑嘻嘻"的，甚至反复拜师、苦学作诗，努力展现生命的诗境。梳理香菱的生平经历（见图1-5），我们会折服于她真诚善良、乐观积极、向往诗意的人生追求。

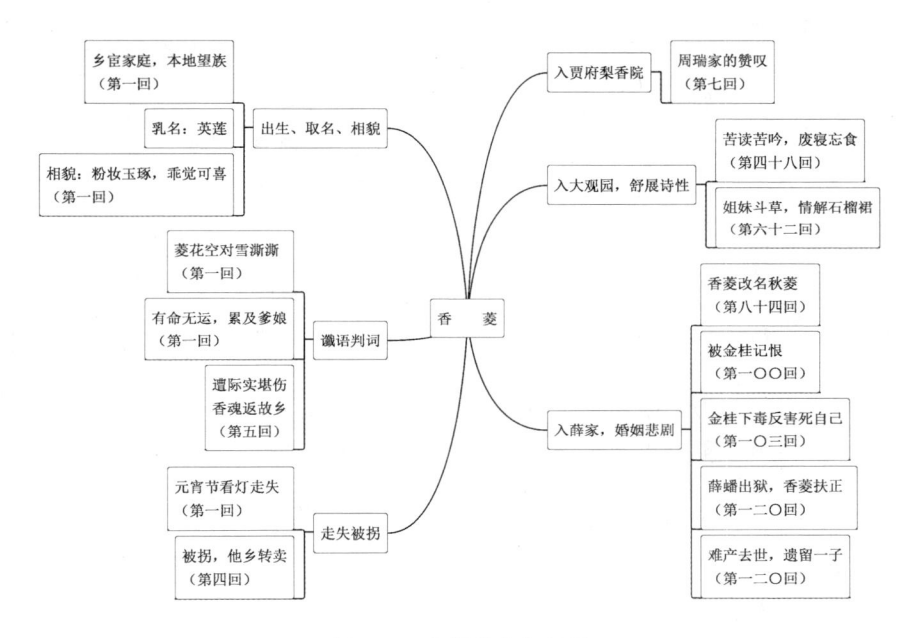

```
                              乡宦家庭，本地望族
                              （第一回）
                              乳名：英莲              入贾府梨香院 ─── 周瑞家的赞叹
                                          出生、取名、相貌  （第七回）
                              相貌：粉妆玉琢，乖觉可喜
                              （第一回）                                苦读苦吟，废寝忘食
                                                                      （第四十八回）
                              菱花空对雪澌澌              入大观园，舒展诗性
                              （第一回）                                姐妹斗草，情解石榴裙
                                                                      （第六十二回）
                              有命无运，累及爹娘  ─ 谶语判词 ─ 香  菱
                              （第一回）                                香菱改名秋菱
                                                                      （第八十回）
                              遭际实堪伤
                              香魂返故乡                                被金桂记恨
                              （第五回）                                （第一〇〇回）
                                                          入薛家，婚姻悲剧
                              元宵节看灯走失                             金桂下毒反害死自己
                              （第一回）                                （第一〇三回）
                                          走失被拐
                              被拐，他乡转卖                             薛蟠出狱，香菱扶正
                              （第四回）                                （第一二〇回）
                                                                      难产去世，遗留一子
                                                                      （第一二〇回）
```

图 1-5　香菱的生平经历

三、体会人物描写手法

曹雪芹刻画人物，是贴着人物来写的，寥寥数语就能写出人物个性。作者常在同一事件或场景中写人物群像，在肖像、语言、行动、心理的描写中展示人物的风采。例如抄检大观园（第七十四回）这一重要事件中，对不同人物言行心理的描写就凸显出人物不同的个性，见表1-1。

表1-1 抄检大观园时的人物言行及个性

身份	人物	行动	语言	心理	性格
小姐	探春	①命众丫鬟秉烛开门而待,故问何事;命丫头们把箱柜一齐打开。②"拍"的一声,王家的脸上早着了探春一掌。	①我们的丫头,自然都是些贼,我就是头一个窝主。既如此,先来搜我的箱柜……我的东西倒许你们搜阅;要想搜我的丫头,这却不能。②自然连你们抄的日子有呢!……必须先从家里自杀自灭起来,才能一败涂地!	猜着必有原故	精明泼辣,杀伐果断,见识深远
小姐	惜春	①要求熙凤带走处罚入画。②从小服侍她的入画下跪哭求,仍拒绝留下。③找尤氏划清界限,不要有事连累自己。	①我竟不知道,这还了得!②二嫂子,你要打他,好歹带他出去打罢,我听不惯的。③嫂子别饶他这次方可。……嫂子若饶他,我也不依。	吓的不知当有什么事故	冷漠无情,维护体面,自清自保
丫鬟	袭人	自己先出来打开了箱子并匣子,任其搜检一番。			温柔平和
丫鬟	晴雯	挽着头发闯进来,豁啷一声将箱子掀开,两手捉着底子朝天,往地下尽情一倒,将所有之物尽都倒出。			泼辣刚烈
丫鬟	入画	跪下哭诉真情、跪着哭、跪下哭求。	①再不敢了。②只求姑娘……		胆小怯懦
丫鬟	司棋	低头不语,也并无畏惧惭愧之意。			冷静沉着

主题二　环境介绍

　　《红楼梦》对人物生活的两大空间——贾府和大观园的介绍和描写，颇具匠心。作者首先借贾雨村之口和林黛玉、刘姥姥之眼，带读者了解贾府显赫的社会地位、诗礼簪缨之族的气派、轩昂富丽的建筑和精致奢华的用度，然后通过贾政带清客及宝玉游赏、元妃省亲游幸、贾母携刘姥姥游逛，由建筑艺术到奢华气度，由馆阁外部布局到内部陈设，带读者观赏了大观园。

　　建筑不仅是艺术与文化的载体，还是居住者生命存在方式的无言诉说。贾母住处的轩峻壮丽，贾赦住处的小巧别致，贾政住处的轩昂壮丽，凤姐住处的耀眼争光，暗示着各自的家族地位和性格喜好。大观园里，秋爽斋的阔朗，潇湘馆的小窄，蘅芜苑雪洞般的简洁低调，也和人物志趣和谐共融。

　　而对社会环境，作者也在情节展开、场景描写或人物活动中巧妙托出，如甄士隐折变田庄、葫芦僧阐释"护官符"、刘姥姥口算螃蟹账及错认黄杨木、乌进孝解释"缴租单"等，为我们拉开了"水旱不收""鼠盗蜂起"的社会大幕。在整个社会经济凋敝、民不聊生的背景之下，贾府奢华无度的生活走向衰颓，也成为一种必然。

　　所以，梳理作者对贾府和大观园的描写，既能领略古代宅邸和园林的建筑艺术，又能了解家族的社会地位和人际关系，更能读出人物的生命状态和思想性格。梳理作者对社会环境的介绍，能深入地理解悲剧的社会内涵。

一、贾府总体布局及重要场所

　　作者对贾府的描写由外而内、由远而近、由总体布局到内部陈设，层次井然。

　　1. 贾府总体布局

　　作者对贾府的描写采用了虚实结合的手法：先由贾雨村与冷子兴闲谈（第二回），从失意官僚的角度虚写金陵老宅全景；然后由林黛玉初进贾府（第三回），从仕宦小姐的角度平视京城贾府的具体布局；接着由刘姥姥一进贾府（第六回），从乡村老妪的角度仰观其豪华气派。联读这三回，我们可以用平面示意图勾画荣国府的总体布局，见图1-6。

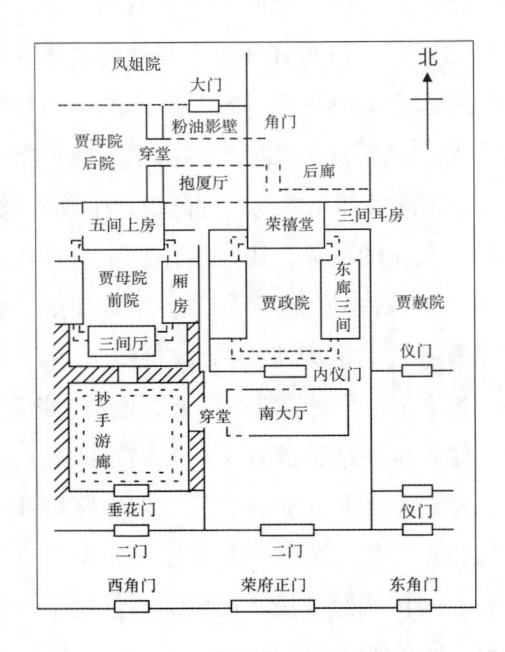

图1-6 荣国府平面示意图

2. 贾府的重要场所

作者借贾雨村之口叙述了金陵贾府的总体布局，又借林黛玉和刘姥姥之眼，从一雅一俗的视角，描写了京城贾府的大门和重要场所。我们可以用表格进行梳理，见表1-2。

表1-2 对贾府重要场所的分析

贾府	空间位置	建筑风格	陈设布置	家族特点或人物志趣
金陵老宅	街东，街西，占了大半条街。	峥嵘轩峻	街东宁国府，街西荣国府；前为厅殿楼阁，后为花园；树木山石皆在。	气象不同

续表

贾府		空间位置	建筑风格	陈设布置	家族特点或人物志趣
京城贾府	宁国府正门	街北,往西行是荣国府。	宏伟壮丽	两个大石狮子,三间兽头大门,东西两角门,正门上的匾大书"敕造宁国府"五个大字。	地位显赫,深受朝廷器重
	荣禧堂	穿过一个东西的穿堂,向南大厅之后,仪门内大院落,一条大甬路,进入堂屋。	富贵显赫,世家大族气派	赤金九龙青地大匾,斗大的三个大字"荣禧堂",御题小字;大紫檀雕螭案,三尺来高青绿古铜鼎,待漏随朝墨龙大画,金蜼彝,玻璃盒,两溜十六张楠木交椅,东安郡王手书的乌木联牌。	深受朝廷器重,权势煊赫,结交皇亲国戚、高官显宦
	贾母处	进西角门,至垂花门进,穿过抄手游廊,入穿堂,转过当中的大插屏,进小小三间厅,进五间上房。	轩峻壮丽	紫檀架子大理石的大插屏,雕梁画栋,各色鹦鹉、画眉等鸟雀,穿红着绿的丫头。	富贵闲雅
	贾赦处	出西角门,往东过荣府正门,入一黑油大门中,至仪门,入院中,入三层仪门,见正房厢庑游廊。	小巧别致	院中随处之树木山石皆在,盛妆丽服之姬妾丫鬟。	贪图享乐,好色淫滥
	贾政处	进荣府,往东转弯,穿过东西穿堂,向南大厅之后,仪门内大院落,上面五间大房,两边厢房,正经正内室是荣禧堂,东边三间耳房,东廊三间小正房。	轩昂壮丽	炕桌上磊着书籍茶具,靠东壁面西设着半旧的青缎靠背引枕,西边下首亦是半旧的青缎靠背坐褥,挨炕一溜三张椅子上也搭着半旧的弹墨椅袱。	崇尚仕途经济之路,为人端方正直,爱读书
	熙凤处	贾政院王夫人住处从后房门由后廊往西,出角	小小,耀眼争	匣子(自鸣钟),鏨铜钩上悬着大红撒花软	出身贵族,深受贾母宠

续表

贾府	空间位置	建筑风格	陈设布置	家族特点或人物志趣
	门,过南北宽夹道,见一大门,小小房室;贾母后院过一个东西穿堂。	光,使人头悬目眩	帘,锁子锦靠背与一个引枕,金心绿闪缎大坐褥,雕漆痰盒……	爱,贪婪好利

贾雨村介绍金陵贾府,侧重占地面积、东西南北总体分布和特点;林黛玉眼观京城贾府,侧重由外而内、由远而近,介绍贾府重要场所的具体布局;刘姥姥一进贾府,侧重荣国府正门与后街的空间分布,并重点介绍了王熙凤的居所。三处介绍互为补充,让我们从贾府的总体格局和重要场所中,窥见钟鸣鼎食之家的贵族气派、显赫地位、讲究布局、华贵陈设和礼仪规矩,也让我们从主要人物居所的空间位置和内部陈设中,了解其家族地位、自身志趣以及人际关系。

二、大观园总体布局

大观园是宝玉和众姐妹生活的第二个空间,是为元妃省亲倾力建造的。因贾府财力不敷,故将宁府会芳园和贾赦住的荣府旧园凑在一处,筹划起造。贾政带众清客和宝玉题对额,元妃省亲游幸,贾母携刘姥姥游逛,这三次游园从不同视角展现了大观园精巧的布局。

大观园体现了中国古代园林精美的建造艺术:沁芳溪萦绕迂回,山脉绵延掩映;亭台轩榭因势造型,颇有意趣;四季花木,点缀其间,令人心旷神怡。整个园子山水相绕,亭馆错落,花木映衬,形成峰回路转、水流花开的自然美景。这座透着自然之趣的园林,与居住者的雅趣相谐相融。作者实际是希望在浊世之中构建一座理想的乐园,让宝玉和姐妹们舒展性灵,享受青春的诗意。

作者对大观园多次描写,却不显重复,因为每一位观察者的身份、视角都不同,每一次描写的着眼点也有差异。我们可以用表格进行梳理,见表1-3。

表1-3 对不同人物游览大观园的分析

游园人物	游赏方式	游赏路线	关注角度	游赏人感受
贾政携清客及宝玉	步行陆路	园门,入山口曲径通幽处,入石洞沁芳亭,出亭过池,见潇湘馆,转过山怀,至稻香村,转过山坡,穿花度柳,越牡丹亭,度芍药圃,入蔷薇院,出芭蕉坞,依次至蓼汀花溆、蘅芜苑、正殿、沁芳闸、怡红院、沁芳泉、大门	园林风格及艺术之美;赏山石树木花草,题名拟字作联	①正门:不落富丽俗套。②翠嶂阻挡:非此一山,所有之景悉入目中,则有何趣。③潇湘馆:若能月夜坐此窗下读书,不枉虚生一世。④稻香村:固然系人力穿凿,未免勾引起我归农之意。⑤蘅芜苑:此处这所房子,无味的很。(见花草)有趣!(顺游廊步入)比前几处清雅不同。⑥正殿:只是太富丽了些。
元妃	①乘舆陆路入园 ②登舟水路游赏 ③弃舟上舆陆路游赏 ④步行游幸	①入园 ②清流石栏,各色风灯,蓼汀花溆 ③省亲别墅(正殿接见) ④潇湘馆,怡红院,稻香村,蘅芜苑,正殿(大开筵席)	园内景观陈设的富贵气象;元妃觉得富丽太甚,奢华过费	①入园:说不尽这太平气象,富贵风流。②看此园内外如此豪华,因默默叹息奢华过费。③以后不可太奢,此皆过分之极。④倘明岁天恩仍许归省,万不可如此奢华靡费了!
贾母携刘姥姥	①步行 ②坐船	大观楼缀锦阁,沁芳亭,潇湘馆,紫菱洲蓼溆一带,秋爽斋(一宴大观园),探春房,荇叶渚,蘅芜苑,缀锦阁(二宴大观园),栊翠庵,省亲别墅,怡红院,稻香村	众姐妹住处布局及花木特点,屋内装饰陈设	①园子:竟比那画儿还强十倍。(刘姥姥)②潇湘馆:这必定是那位哥儿的书房了。竟比那上等的书房还好。(刘姥姥)这屋里窄。(贾母)③蘅芜苑:房里这样素净,也忌讳。(贾母)

曹雪芹借贾母、贾政、元妃、刘姥姥等不同身份的人，带着我们三次游园，分别从精美的园林艺术、富贵奢华的大族气派和居住者性情爱好等方面逐次逐层进行精细描述，笔法参差，用意深远。梳理比较，我们方能有真切体会。

三、大观园内宝玉和众姐妹的住处

贾政带清客及宝玉游赏、贾母携刘姥姥游逛，让我们见识了大观园内宝玉和众姐妹的住处，也欣赏了风格各异的亭台楼阁。作者写人居环境、装饰陈设，实际是在展示居住者的审美意趣，我们在阅读中不可停留于亭台楼阁的外在艺术特点，而应深入其人文内蕴，去领悟人物的生命追求。下面选择几处重要居所进行梳理，见表1-4。

表1-4　大观园的重要居所

大观园馆阁	居住者	外部布局	内部陈设	人物志趣
潇湘馆	林黛玉	千百竿翠竹遮映，阶下石子漫成甬路，后院有大株梨花兼着芭蕉；土地上苍苔布满。	窗下案上设着笔砚，书架上磊着满满的书。	清高脱俗，情趣高雅
蘅芜苑	薛宝钗	插天玲珑山石，遮住所有房屋，一株花木也无，许多异草（奇仙异草），异香扑鼻，奇草仙藤愈冷愈苍翠。	房屋如雪洞一般，一色玩器全无，只有一个土定瓶中供着数枝菊花，并两部书，茶奁茶杯而已。床上只吊着青纱帐幔，衾褥也十分朴素。	沉稳低调，端庄清雅，随分从时
秋爽斋	贾探春	三间屋子并不曾隔断。	花梨大理石大案，各种名人法帖，数十方宝砚，各色笔筒，笔如树林一般。斗大的一个汝窑花囊，满满的一囊水晶球	清雅闲逸，爱好收藏

续表

大观园馆阁	居住者	外部布局	内部陈设	人物志趣
			儿的白菊，一大幅米襄阳《烟雨图》，颜鲁公墨迹的对联"烟霞闲骨格　泉石野生涯"，大鼎，大观窑的大盘，数十个娇黄玲珑大佛手，白玉比目磬……	
怡红院	贾宝玉	几块山石，数本芭蕉，一颗西府海棠，其势若伞，丝垂翠缕，葩吐丹砂。	四面皆是雕空玲珑木板，放鼎、书、笔砚等，琴、剑、悬瓶、桌屏悬于壁，一架书，玻璃大镜，精致的床帐……	杂学旁收，爱好丰富

四、大观园的衰颓

大观园是作者精心设计的园林，是作者理想中的人间乐土，是与世俗隔绝的理想国。随着贾府经济的凋敝、人事的变迁，大观园也一步步走向萧条凄凉，后四十回通过王熙凤、尤氏、宝玉先后入园描写了其凄清景象。我们也可进行梳理，见表1-5。

表1-5　不同人物眼中的大观园

人物	自然景象	人物感受	意境
王熙凤（第一〇一回）	园中月色比着外面更觉明朗，满地下重重树影，杳无人声；唿的一声风过，吹的树枝上落叶满园中唰喇喇的作响，枝梢上吱喽喽发哨，将那些寒鸦宿鸟都惊飞起来。	只觉身上发噤起来	凄凉寂静
尤氏（第一〇二回）	凄凉满目，台榭依然，女墙一带都种作园地一般。	怅然如有所失	凄凉

续表

人物	自然景象	人物感受	意境
宝玉（第一〇八回）	满目凄凉，那些花木枯萎，更有几处亭馆，彩色久经剥落，远远望见一丛修竹，倒还茂盛。	仿佛听到有人啼哭，滴下泪来	凄凉
脂砚斋（批语）	潇湘馆：只见凤尾森森，龙吟细细。（第二十六回）脂批：与后文"落叶萧萧，寒烟漠漠"一对，可伤可叹！	可伤可叹	凄凉萧瑟

大观园昔日"花光柳影，鸟语溪声"（第二十五回），"凤尾森森，龙吟细细"（第二十六回），"绣带飘飘①，花枝招展"（第二十七回），却随着贾府家势的衰败和众姐妹的流散，最终走向了"落叶萧萧，寒烟漠漠"（第二十六回脂批）。在凄清萧瑟的氛围中，我们可以体味到作者精心构建的理想国终会崩塌的悲剧意味。

五、对社会环境的介绍

《红楼梦》虽然在第一回说所叙故事"朝代年纪，地舆邦国"失落无考，强调"毫不干涉时世"，但在叙述中对于故事发生的社会现状，还是或隐或露地进行了介绍。在此选几处略作梳理，可以更深入地理解作品的社会内涵，见表 1-6。

表 1-6　故事发生的社会现状

典型情节	社会现状	特点
甄士隐折变田庄（第一回）	近年水旱不收，鼠盗蜂起，无非抢田夺地，鼠窃狗偷，民不安生，因此官兵剿捕，难以安身。	经济萧条，社会动荡，民不安生

---

① 飘飘，现写作"飘摇"。

续表

典型情节	社会现状	特点
葫芦僧阐释"护官符"(第四回)	如今凡作地方官者,皆有一个私单,上面写的是本省最有权有势、极富极贵的大乡绅名姓,各省皆然;倘若不知,一时触犯了这样的人家,不但官爵不保,只怕连性命还保不成呢! 这四家皆连络有亲,一损皆损,一荣皆荣,扶持遮饰,俱有照应的。	官场黑暗,政治腐朽
刘姥姥算螃蟹账(第三十九回) 错认黄杨木(第四十一回)	①这样螃蟹,今年就值五分一斤。十斤五钱,五五二两五,三五一十五,再搭上酒菜,一共倒有二十多两银子。阿弥陀佛!这一顿的钱够我们庄家人①过一年了。 ②我们成日家和树林子作街坊,困了枕着他睡,乏了靠着他坐,荒年间饿了还吃他。	民生凋敝
乌进孝解释"缴租单"(第五十三回)	今年年成实在不好。从三月下雨起,接接连连直到八月,竟没有一连晴过五日。九月里一场碗大的雹子,方近一千三百里地,连人带房并牲口粮食,打伤了上千上万的;旱涝……	自然灾害严重

　　贾府的富贵生活,是建立在对劳动人民的盘剥之上的,而现实社会的经济萧条、民生凋敝,直接动摇了贾府精致生活的经济基础;四大家族的扶持遮饰,朝廷官员的明哲保身,揭示了政治环境的腐朽黑暗。这些描写,使《红楼梦》的悲剧有了深远的社会意义。

主题三　情节线索

　　《红楼梦》情节复杂,叙事繁多,如何用清晰的线索将大大小小的事情

---

① 庄家人,现写作"庄稼人"。后面不再一一注明。

贯串起来，是一项颇为繁难的工程，就连作者也曾说："按荣府中……虽事不多，一天也有一二十件，竟如乱麻一般，并无个头绪可作纲领"（第六回）。但作者最终不仅理清"乱麻"，还打破了古典小说单线贯串的传统，织就了一幅多线连络、错落有致的巨锦。这幅巨锦有纵横交织的主线，也有齐头并进的副线，将各种矛盾冲突勾连起来，形成立体的网状结构。

作为鸿篇巨著，《红楼梦》线索虽多，但每一条线索眉目相传、经络相连，读来文脉连贯、章法严谨。作者擅长在前文拎起总纲或埋下伏线，当我们随着文字萦绕前行，会发现后文的情节与之遥相呼应，令人忍不住称叹称奇。现存的后四十回续文之所以被一代代读者接受，与它大体上呼应了前文设下的伏线、保留了前文预示的悲剧结局是分不开的。

不仅如此，《红楼梦》每一章回的情节转换频繁，众多人物陆续登场，但我们读来却并不觉得单调呆板或眼花缭乱，反而有穿花度柳、斗折蛇行、愈进愈奇的美感，这源于作者并没有做流水账似的衔接，而是精心引导人物出场、巧妙转换情节，让文章一脉贯串，又时泛波澜。

所以，梳理《红楼梦》的情节线索，能帮助我们领略其章法上的独特魅力，在多线交织的网状结构中，层层深入地体味其浓重的悲剧意味。

一、纵横交错，多线贯串

《红楼梦》犹如一座绝世华屋，耸立于古典文学的殿堂。走进这座精美建筑，我们会看到它纵横交错的线索犹如雕梁绣柱，既各呈风采，又互相联络，形成了古典小说章法结构的奇观。

1. 两大主线，纵横贯串

《红楼梦》线索纷繁，其千头万绪又统摄于两大清晰的主线：一是纵向主线，以贾府为中心，叙述四大家族由鼎盛走向衰败的过程；一是横向主线，以宝黛钗爱情悲剧为中心，叙述大观园中人物的命运。我们以流程图进行梳理，见图1-7。

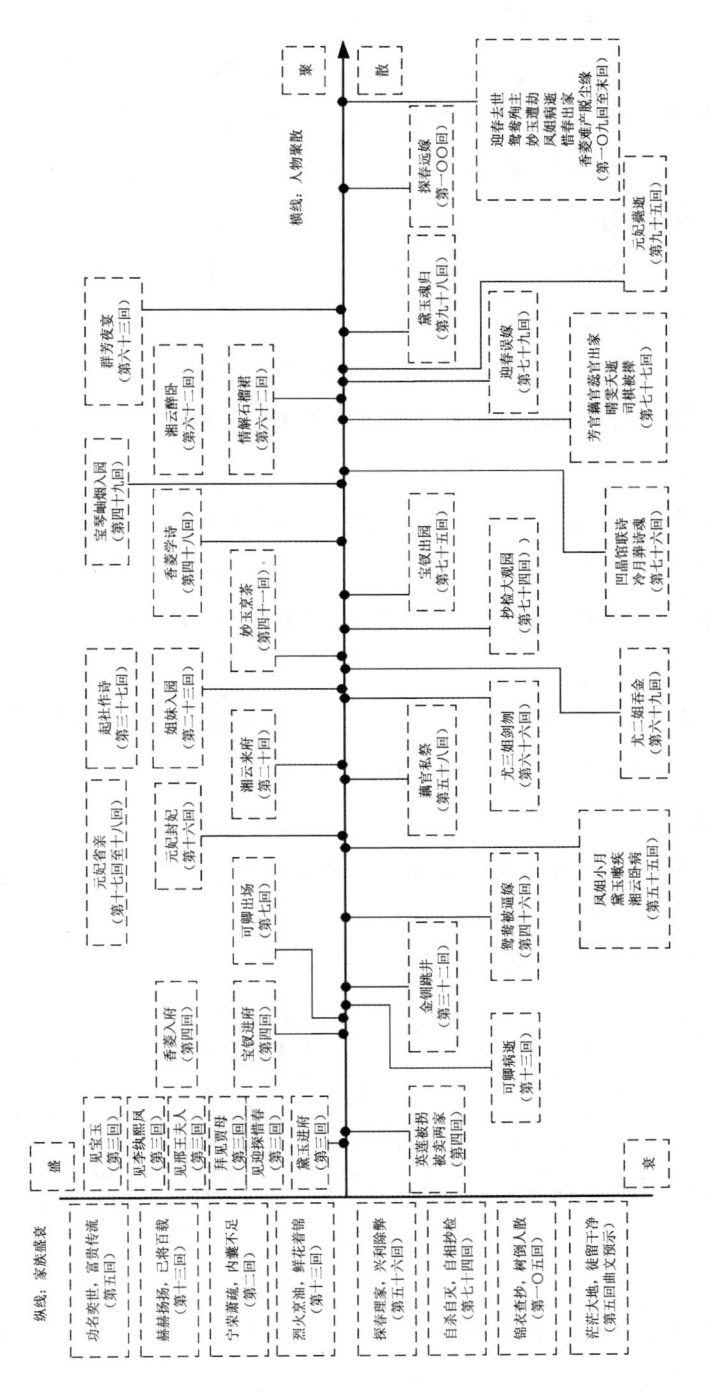

图 1-7 《红楼梦》的两条主线

作者通过警幻仙姑转述宁荣二公之灵的嘱托（第五回）、秦可卿给凤姐托梦（第十三回）等情节介绍了贾府"自国朝定鼎以来"的繁盛，借冷子兴演说（第二回）间接透露出贾府今日之萧疏，元妃加封贤德妃（第十六回）使得贾府达到"烈火烹油，鲜花着锦"的鼎盛时期，探春理家（第五十六回）写出了贾府经济掣肘、内部矛盾日益突出，而抄检大观园（第七十四回）更是敲响了家族衰亡的警钟，最终元妃薨逝（第九十五回）、锦衣军查抄（第一〇五回），贾府这座大厦走向崩塌。

贾家架子还未倒时，姐妹们陆续相聚贾府，随后入住大观园，扑蝶、葬花、吟诗、猜谜、行令、品茶、醉卧、占花名儿……她们尽情享受青春诗意，追求高洁人生。然而，随着贾府经济入不敷出、内部矛盾日益加剧，姐妹们或被撵，或远嫁，或出家，或遭劫，或病逝，或自杀……一个个如大观园里的花朵，随风飘散，落得"千红一窟（哭）""万艳同杯（悲）"的悲惨结局。一座生机勃勃、自由美好的人间乐园，随着姐妹们的风流云散，渐渐成为一座荒园。

家族的悲剧与人物命运的悲剧互相影响，彼此制约，让我们深切地体会到"悲凉之雾，遍被华林"的意味。

全书的纵横主线，又有各自的中心线索，如熙凤理家是家族盛衰的中心线索，宝黛钗情感纠葛是人物聚散的中心线索。我们选择熙凤理家这条中心线进行梳理示范，见图1-8。

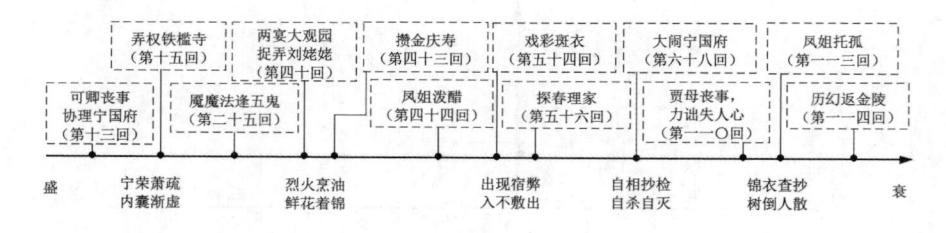

图1-8　熙凤理家中心线

凤姐协理宁国府、弄权铁槛寺、攒金庆寿，是其人生的高峰，也是贾府的鼎盛时期；而魇魔法逢五鬼、泼醋、大闹宁国府、力诎失人心、托孤，是其人生遭遇变故的低谷时期，也是贾府内外矛盾激化以致爆发的时期。作为贾府家政的具体管理者，凤姐人生的跌宕与贾府家势的盛衰息息相关。

2. 多线并进，交织错落

作者不仅设置了两大主线，还用次要人物穿针引线，如一僧一道、甄士隐、贾雨村、刘姥姥等；或用物象贯串情节，如玉石、眼泪等；或用节日、生日等时间作为线索，比如元宵节、中秋节、生日等。这些线索如巨锦之丝缕，织成千经万纬，带动人物依次登场，推动情节逐步发展。我们可建议学生选择一二进行梳理，以下选择刘姥姥和时间这两条线索作梳理示范。

（1）线索一：刘姥姥（见表1-7）

表1-7 "刘姥姥"线索梳理

章回	刘姥姥进贾府	贾府盛衰
第六回	一进贾府：打秋风（告贷者）	瘦死的骆驼
第三十九回	二进贾府：送瓜果，逛大观园（女篾片）	烈火烹油，鲜花着锦
第一一三回	三进贾府：受凤姐托孤（施恩者）	被查抄，被盗
第一一九回	四进贾府：救巧姐（施恩者）	树倒猢狲散
第一一九回	五进贾府：送回巧姐（施恩者）	沐皇恩延世泽

作者在第六回中说，正寻思从何事何人写起，恰好刘姥姥正往荣府中来，且她一家与荣府略有瓜葛，于是将她作为头绪。但梳理后，我们发现，刘姥姥还是荣府盛衰的见证者，她先后五次进入贾府，与贾府兴衰历程相合相应。

（2）线索二：时间（见表1-8）

表1-8 "时间"线索梳理

线索	情节及章回
三次元宵	士隐失女（第一回）→元妃省亲（第十七回至十八回）→元宵夜宴，戏彩斑衣（第五十三、五十四回）

续表

线索	情节及章回
两次中秋	士隐济儒，雨村述怀（第一回）→夜宴发悲音（第七十五回）
三次丧葬	可卿病逝，熙凤理丧（第十三、十四回）→贾敬宾天（第六十三、六十四回）→贾母丧事，熙凤力诎失人心（第一一〇回）
四次生日	宝钗生日（第二十二回）→攒金庆寿（第四十三回）→怡红庆寿（第六十二、六十三回）→贾母寿辰（第七十一回）

《红楼梦》重点写了四次生日场景，写了元宵、中秋等节日场景，写了三大葬礼场景，将这些场景的排场、经济支出和人际关系前后比较，不难发现贾府前盛后衰的变化，也能窥见贾府内部矛盾层层升级的复杂过程，从而了解造成家族悲剧的内部原因。

总之，《红楼梦》的线索多如丝缕，结成经纬，连缀大大小小的事件，勾连形形色色的矛盾，使得故事线条清晰，结构精巧严密，主题鲜明突出。

二、草蛇灰线，伏脉千里

"草蛇灰线，伏脉千里"是对小说伏笔和照应手法的形象表达，是指作者在叙写人物或情节时埋下伏笔，对后文进行暗示，而在后文中又照应前文伏笔，形成彼此遥相呼应的艺术效果。伏笔和照应是中国小说常用的手法，曹雪芹更是将这一手法运用得淋漓尽致，可谓处处设伏，时时呼应，使得情节连贯紧密，结构完整统一。

1. 提纲挈领，暗示人物和家族命运

《红楼梦》前五回既是引子，也是总纲，运用神话故事、现实故事和大量诗词谶语暗示人物或家族的命运，为整部小说埋下总伏笔。我们选择其中的神话故事、现实故事，用表格进行梳理，见表1-9。

表1-9 前五回故事分析

故事		伏笔	照应	作用
神话故事	顽石补天	无材不堪入选 到头一梦，万境归空（第一回）	贾政一声断喝："无知的业障！……"（第十七回至十八回）	暗示宝玉不是封建正统思想的继承者，"于国于家无望"。
	木石前盟	灌溉之德，甘露之惠一生所有的眼泪还他（第一回）	①宝玉道："了不得，想来这几日他不知哭的怎样呢。"说着，蹙眉长叹。（第十四回） ②自此深悟人生情缘，各有分定，只是每每暗伤"不知将来葬我洒泪者为谁？"（第三十六回）	暗示宝玉对众女儿的体贴、尊重、博爱；也暗示宝黛爱情将是浸透泪水的悲剧故事。
现实故事	甄士隐	"有命无运，累及爹娘" 元宵失女 三月家亡 解注《好了歌》 出家（第一回）	①"这且别说，老爷你当被卖之丫头是谁？"（第四回） ②周瑞家的又问香菱："你几岁投身到这里？"（第七回） ③"树倒猢狲散""盛筵必散"……（第十三回）	暗示香菱悲苦命运；以甄家之"小荣枯"伏贾府之大盛衰。
	贾雨村	天上一轮才捧出，人间万姓仰头看（第一回）	①后遇起复旧员，经林如海推荐，得贾政帮助，谋了金陵应天府的职任。（第三回） ②贾雨村补授了大司马，协理军机参赞朝政。（第五十三回）	暗示贾雨村攀附钻营，会飞黄腾达。
	冷子兴	①其日用排场费用，又不能将就省俭，如今外面的架子虽未甚倒，内囊却也尽上来了。 ②如今的儿孙，竟一代不如一代了！ ③"女儿是水作的骨肉，男人是泥作的骨肉"（第二回）	①家里出去的多，进来的少。凡百大小事仍是照着老祖宗手里的规矩，却一年进的产业又不及先时。……若不趁早儿料理省俭之计，再几年就都赔尽了。（第五十五回） ②凡山川日月之精秀，只钟于女儿，须眉男子不过是些渣滓浊沫而已。（第二十回）	①暗示贾府经济入不敷出，子孙不肖，终会衰败。 ②暗示贾宝玉打破男尊女卑的封建思想，追求男女平等。

作者在前五回精心为全文设下总纲，预示了人物性情及命运、家族衰亡的结局，使整部书情节前后勾连，形成完整统一的结构，显得精美严谨。

2. 随文伏脉，后文情节勾连呼应

《红楼梦》在行文中常不经意地伏下暗线，初读似乎没有深意，但当我们读到后文，会发现前后关联，彼此呼应，一脉相承。我们也摘选几处用表格梳理，见表1-10。

表1-10 情节上的前后关联

物或情节		伏笔	照应	作用
物	宫花	宝丫头古怪着呢，他从来不爱这些花儿粉儿的。（第七回）	① 及进了房屋，雪洞一般，一色玩器全无……床上只吊着青纱帐幔，衾褥也十分朴素。（第四十回） ② 这些妆饰原出于大官富贵之家的小姐，你看我从头至脚可有这些富丽闲妆？（第五十七回）	几处情节彼此照应，写出了宝钗的藏愚守拙、含蓄内敛。
	通灵宝玉与金锁	"是个癞头和尚送的，他说必须錾在金器上——"宝钗不待说完，便嗔他不去倒茶。（第八回）	① 薛宝钗因往日母亲对王夫人等曾提过"金锁是个和尚给的，等日后有玉的方可结为婚姻"等语……（第二十八回） ② 好妹妹，你不用和我闹，我早知道你的心了。从先妈和我说，你这金要拣有玉的才可正配，你留了心，见宝玉有那劳什骨子，你自然如今行动护着他。（第三十四回）	通灵宝玉与金锁牵动后文诸多情节，勾连相应，表达了金玉良姻的实质是封建家长安排下的婚姻，逐步展开了宝钗的婚姻悲剧。
	翠竹	① 里面数楹修舍，有千百竿翠竹遮映。 ② 若能月夜坐此窗下读书，不枉虚生	① 我心里想着潇湘馆好，爱那几竿竹子隐着一道曲栏，比别处更觉幽静。（第二十三回） ② 先到了潇湘馆。一进门，	潇湘馆的"翠竹"既暗用娥皇女英泪洒斑竹的典故，又暗示了林

续表

物或情节		伏笔	照应	作用
情节		一世。（第十七回至十八回）	只见两边翠竹夹路……（第四十回）	黛玉的命运，且用竹映衬黛玉高洁脱俗的品格。
	贾政问书	李嬷嬷道："你可仔细老爷今儿在家，堤防问你的书！"宝玉听了这话，便心中大不自在，慢慢的放下酒，垂了头。（第八回）	①（贾政）因向他道："你们成日家跟他上学，他到底念了些什么书！倒念了些流言混语在肚子里，学了些精致的淘气。等我闲一闲，先揭了你的皮，再和那不长进的算帐！"（第九回）②忽见丫鬟来说："老爷叫宝玉。"宝玉听了，好似打了个焦雷，登时扫去兴头，脸上转了颜色，便拉着贾母扭的好似扭股儿糖，杀死不敢去。（第二十三回）	贾政与宝玉在读书观念上的差异，文中多次写到，彼此呼应，表达了父子之间思想理念上的冲突。
	熙凤理家	从小儿大妹妹顽笑着就有杀伐决断，如今出了阁，又在那府里办事，越发历练老成了。（第十三回）	①凤姐便说道："……本来要饶你，只是我头一次宽了，下次人就难管，不如现开发的好。"登时放下脸来，喝命："带出去，打二十板子！"（第十四回）②你若不细说，立刻拿刀子来割你的肉。（第四十四回）	熙凤理家是关系贾府盛衰的重要线索，其杀伐决断在文中也多处出现，形成文脉。

　　作者设伏线，方法多样，或以物为媒介，或以人为聚焦，或以情节为关联，注重一呼百应，气脉相连。《红楼梦》虽然仅残存八十回，但续文牢牢把握作者这一艺术手法，依前文伏线合理续写，前后关照，才使得后四十回被大多数读者接受。

三、似断实连,波澜起伏

《红楼梦》的每一章回情节转换频繁,但转换又不是直线贯串到底,而常在叙述中故意截断情节,插入其他大小事件,让一个个人物、一个个故事涌入笔端,最后又在不经意中,把读者自然而然地牵回原来的情节,形成了波澜起伏的文势,读来生动有趣。我们也选几处进行梳理,见表1-11。

表1-11 情节上的前后转换

章回	抛出情节	穿插转换	回到原来情节	作用
第七回	周瑞家的来薛姨妈处,与宝钗闲谈,得知宝钗犯了旧病。	周瑞家的送宫花:宝钗不爱花儿粉儿——叹香菱可怜——迎春探春下棋——惜春与智能儿顽耍——李纨正睡觉,不曾给她送花——贾琏凤姐正忙——周瑞家的女婿被告——宝黛解九连环,黛玉小心眼。	宝玉打听宝钗做什么,得知其身上不大好,回到开头情节。	笔法灵活,文脉起伏,介绍了宝钗、香菱、迎春、探春、惜春、黛玉待人处世的风格或不同性格。
第二十七回	黛玉在怡红院吃了闭门羹后,不理宝玉,宝玉不明就里,给黛玉"打恭作揖",黛玉正眼也不看,出了院门,宝玉随后追了出来。	宝钗探春看鹤舞,探春托宝玉给自己买好字画、好轻巧玩意儿,选"朴而不俗、直而不拙"的东西带回来;聊探春给宝玉做鞋,惹赵姨娘生气,探春沉下脸说"随我的心。谁敢管我不成!这也是白气"。	宝玉见黛玉葬花,听其哭吟"葬花词"。	截断宝玉追黛玉的情节,中间介绍了探春的爱好及个性,带出了贾府的嫡庶矛盾,使得情节似断实连,波澜起伏,内容更丰富。

《红楼梦》多处运用这种笔法,带领读者一路跋山涉水,百步九折,历览无限风光,就在流连忘返之时,又悄悄将读者带回原路,探险寻奇。线索看似时断时续,但前因后果勾连有序,读来饶有趣味。

主题四　儿女真情

　　《红楼梦》被鲁迅先生归为"人情派"小说，可见"情"是其重要意旨。小说第一回，作者借空空道人之眼，发现这本书"大旨谈情"；然后又借甄士隐之耳，听闻本书所谈之"情"，与前人传述不同，是"儿女之真情"。作者希望打破历来才子佳人等书的套路，在对贾府"离合悲欢、兴衰际遇"进行"追踪蹑迹"的过程中，写出儿女间"不涉于淫滥"的真情。

　　大观园原是为元妃省亲建造的别墅，宝玉和姐妹入住后，这里又成为洋溢着青春诗意、流淌着儿女真情的乐园。宝玉犹如护花使者，尊重、体贴、呵护如水的女儿们，向往她们纯真高洁的品格，怜惜她们悲苦坎坷的命运，甚至愿意替她们担负生命的痛苦。不论是贵族出身的姐妹，还是供人役使的丫鬟，抑或地位较低的优伶，他都全力照顾，希望留住美丽，留住青春，留住诗意。

　　在众多姐妹中，宝玉与黛玉最为亲近。宝玉时时担忧黛玉病弱的身体，疼惜她孤苦的处境，敬服她从不说混账话。虽然表面上两人总是争吵，但每一次争吵，都是一次情感的试探。"我为的是我的心"，"我也为的是我的心"（第二十回），他们在争吵和试探中寻找心灵的契合，最终互认知己，成就了一场超凡脱俗的精神之恋。

　　而端方贤淑的宝钗，平时为人稳重平和，行事周到圆熟。但面对大观园春意盎然的美景，她一时忘记礼教的束缚，追着一双翩跹的蝴蝶，穿花度柳，香汗淋漓，天真活泼的小儿女情态流露无遗。对与自己有"金玉之论"的宝玉，她到底怀着怎样的情感？从文本的细节中，我们方能读懂她老成持重的外表下深藏的真情。

　　《红楼梦》不仅写了宝黛钗的情感纠葛，还写了不同阶层儿女间的真情：小红与贾芸手帕传情，龄官对贾蔷一腔痴情，司棋对潘又安满怀热恋……他们在封建礼教的重重禁锢下，勇敢地追求自由的爱情，让"儿女之真情"的世界，变得更为璀璨动人。

一、宝玉的泛爱:"这个心使碎了也没人知道"

警幻仙姑说宝玉"天分中生成一段痴情"(第五回),可见"情"是宝玉的自然天性。神瑛侍者对三生石畔的绛珠仙草,施以甘露之惠、灌溉之情,应该就是仙姑所说的"天分"。但宝玉之情又不仅仅是爱情,还有对世间万物、身边亲人尤其是姐妹的深情。鲁迅说宝玉"爱博而心劳",可见其情之泛、之博,我们选择文本进行梳理,见表1-12。

表1-12 宝玉之情

对象		文本细节	写作手法	宝玉特点
对身边之物	美人图	这里素日有个小书房,内曾挂着一轴美人,极画的得神。今日这般热闹,想那里自然无人,那美人也自然是寂寞的,须得我去望慰他一回。(第十九回)	心理描写	对没有情感和生命的美人图尚且担忧其寂寞,而前去望慰,可见其体贴。
	扇子	比如那扇子原是扇的,你要撕着玩也可以使得,只是不可生气时拿他出气。就如杯盘,原是盛东西的,你喜听那一声响,就故意的碎了也可以使得,只是别在生气时拿他出气。这就是爱物了。(第三十一回)	语言描写	无论是对物还是对人,都尊重其天性。
对自然景物	绛珠草	(神瑛侍者)日以甘露灌溉,这绛珠草始得久延岁月。(第一回)	借僧道对话叙述	宝玉的前世——神瑛侍者,给予绛珠草甘露之惠,可见宝玉对生命的呵护、对美的珍惜是天性。
	杏花	能病了几天,竟把杏花辜负了!(第五十八回)	心理描写	珍惜美好的事物。
	蕙与菱	香菱见宝玉蹲在地下,将方才的夫妻蕙与并蒂菱用树枝儿抠了一个坑,先抓些落花来铺垫了,将这菱蕙安放好,又将	借旁人之眼描写动作	对生命呵护备至。

续表

对象	文本细节	写作手法	宝玉特点
对身边众人	些落花来掩了，方撮土掩埋平服。（第六十二回）		
对身边众人 / 平儿	不想落后闹出这件事来，竟得在平儿前稍尽片心，亦今生意中不想之乐也。因歪在床上，心内怡然自得。忽又思及贾琏惟知以淫乐悦己，并不知作养脂粉。又思平儿并无父母兄弟姊妹，独自一人，供应贾琏夫妇二人。贾琏之俗，凤姐之威，他竟能周全妥帖，今儿还遭荼毒，想来此人薄命，比黛玉犹甚。想到此间，便又伤感起来，不觉洒然泪下。因见袭人等不在房内，尽力落了几点痛泪。复起身，又见方才的衣裳上喷的酒已半干，便拿熨斗熨了叠好；见他的手帕子忘去，上面犹有泪渍，又拿至脸盆中洗了晾上。（第四十四回）	心理、肖像、动作描写，将贾琏与宝玉对比	对贾琏和凤姐的丫鬟平儿体贴备至，且将平儿之命苦与黛玉之命苦进行比较，可见宝玉心中并没有尊卑贵贱之分，他对孤苦之人满怀怜惜，为自己能替她们分担痛苦而怡然自得，哪怕亲自为丫鬟服役，也深感快乐，真是"忧女儿之忧，乐女儿之乐"。
藕官	宝玉忙道："他并没烧纸钱，原是林妹妹叫他来烧那烂字纸的。你没看真，反错告了他。"（第五十八回）	语言描写	即便是对当时人认为地位较低的藕官等，也真情呵护。
刘姥姥	宝玉和妙玉陪笑道："那茶杯虽然脏了，白撂了岂不可惜？依我说，不如就给那贫婆子罢，他卖了也可以度日。你道可使得？"（第四十一回）	动作、语言描写	惜老怜贫。

宝玉之"情"是对生命的尊重，对美的呵护，对人的体贴。这情不分物我，不分贵贱，散发着博爱、平等的思想，所以被鲁迅誉为"爱博"。而他疼惜每一个命运孤苦的女子，希望以一己之力照顾她们，甚至担负她们的痛苦，可谓"心劳"！他忧女儿之所忧，乐女儿之所乐，真是"心使碎了也没人知道"（第三十一回）！

二、宝黛钗情感纠葛：木石前盟与金玉良缘

宝黛爱情是在朝夕相伴的日常生活中逐渐发展起来的，是基于共同思想、一致志趣而生发的精神之恋，与当时人们烂熟于心的才子佳人故事有本质的差异。在曹雪芹所处的时代，才子佳人私定终身，被看作是对封建礼教的大不敬，贾母斥其为"父母也忘了，书礼也忘了，鬼不成鬼，贼不成贼"（第五十四回）；而宝黛爱情是对才子佳人以才貌为凭、以小物件为媒模式的一次超越，让爱情挣脱了封建礼教的束缚，抛开了世俗利益的牵绊，而升华到心灵相知相惜的纯粹境界。

薛宝钗因备选"公主郡主入学陪侍，充为才人赞善之职"（第四回）来到京城，借住贾府，后一同搬入大观园。她知书识礼，端方贤淑，处处以封建正统思想要求自己，甚至以此劝导宝玉、教导黛玉。作为青春儿女，她也有活泼烂漫的天性，有对爱情的向往，但她"发乎情，止乎礼"，以稳重平和的性情受到贾母的称赞。

宝黛钗的情感互动，既让我们看到了儿女间或缠绵悱恻、或含蓄内敛的感情，也让我们看到了不同思想性格、不同价值理念的冲突碰撞。

1. 宝黛爱情的萌芽、觉醒、热烈和毁灭

宝黛爱情缘于前世之盟，下凡历劫的宝黛并不是一见钟情，而是在日久相处中逐渐萌生爱情。我们以思维导图展现其发展过程，见图1-9。

宝黛的爱情经历了时光的打磨，以心灵的相知、思想的一致为基础。他们的情感经历了四个阶段："准备与萌芽""觉醒与试探""热恋与抗争""预兆与毁灭"。"木石前盟"预示他们爱情的超凡脱俗和悲剧结局；"共读西厢"唤醒了他们对自由爱情的向往，激起彼此心灵的共鸣；"共诉肺腑"让他们互认知己，从争吵试探转变为心有灵犀；"焚稿断情"则是其爱情在封建家长的阻挠之下，彻底毁灭。

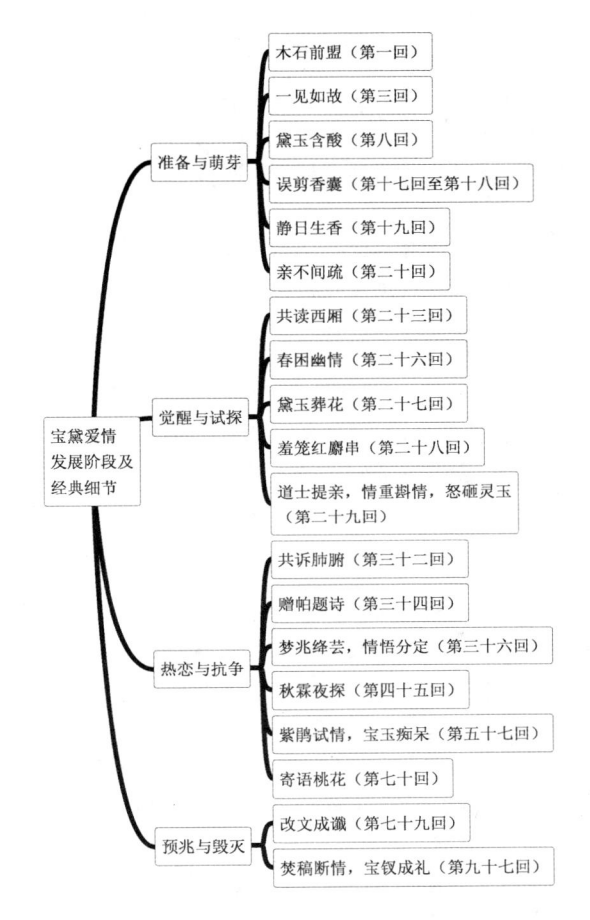

```
                          ┌─ 木石前盟（第一回）
                          ├─ 一见如故（第三回）
                   准备与萌芽─ 黛玉含酸（第八回）
                          ├─ 误剪香囊（第十七回至第十八回）
                          ├─ 静日生香（第十九回）
                          └─ 亲不间疏（第二十回）

                          ┌─ 共读西厢（第二十三回）
                          ├─ 春困幽情（第二十六回）
宝黛爱情     觉醒与试探─ 黛玉葬花（第二十七回）
发展阶段及 ─┤              ├─ 羞笼红麝串（第二十八回）
经典细节                  └─ 道士提亲，情重掷情，怒砸灵玉
                              （第二十九回）

                          ┌─ 共诉肺腑（第三十二回）
                          ├─ 赠帕题诗（第三十四回）
                   热恋与抗争─ 梦兆绛芸，情悟分定（第三十六回）
                          ├─ 秋霖夜探（第四十五回）
                          └─ 紫鹃试情，宝玉痴呆（第五十七回）

                          ┌─ 寄语桃花（第七十回）
                   预兆与毁灭─ 改文成谶（第七十九回）
                          └─ 焚稿断情，宝钗成礼（第九十七回）
```

图 1-9 宝黛爱情发展阶段及经典细节

2. 宝黛钗情感纠葛

《红楼梦》写宝黛钗的情感，极尽小儿女的情态：黛玉的率真伶俐，宝玉的忍让求全，宝钗的藏愚守拙，读来真是个性鲜明。我们发现作者写宝黛之情，总是与宝钗的生活或关联，或对照。第三十二回之前，宝黛总是争吵，彼此"假情试探"（第二十九回）。即便没有争吵，也是产生嫌隙或误会，黛玉要么含酸，要么冷战，要么独自垂泪，弄得宝玉俯就请罪，或赌誓砸玉。我们选择一些章回进行梳理，见表 1-13。

表 1-13　宝玉与黛玉失和之处

章回	情节	导火索（前奏）	宝黛争吵、误会或生隙文本细节	黛玉态度	宝玉态度
第五回	言语不合	宝钗比黛玉更得下人之心；黛玉有些悒郁不忿之意。	一时有求全之毁，不虞之隙；言语冒撞。	独在房中垂泪。	自悔言语冒撞，前去俯就。
第八回	黛玉含酸	二宝比看通灵宝玉，宝玉闻冷香丸之幽香；宝玉听宝钗之劝，不喝冷酒。	①早知他来，我就不来了；我来了他就该去了。②难为他费心，那里就冷死了我；也亏你倒听他的话。	①故意称"他"疏远宝玉。②一语双关奚落二宝。	只嘻嘻地笑两声罢了。
第十九回	金玉之谑	二宝比看金玉，金莺微微透露金玉之论；宝玉闻冷香丸之幽香。	①难道我也有什么"罗汉""真人"给我些香不成？便是得了奇香，也没有亲哥哥亲兄弟弄了花儿、朵儿、霜儿、雪儿替我炮制。我有的是那些俗香罢了。②我有奇香，你有"暖香"没有？③你有玉，人家就有金来配你；人家有"冷香"，你就没有"暖香"去配？	不满金玉之论，不满宝玉闻冷香丸之幽香。	挠黛玉胳肢窝，闻黛玉袖子里的幽香。
第二十回	亲不间疏	二宝一处顽笑。	①我说呢，亏在那里绊住，不然早就飞了来了。②去不去管我什么事，我又没叫你替我解闷儿。可许你从此不理我呢！③我作践坏了身子，我死，与你何干！④偏说死！我这会子就死！你怕死，你长命百岁	①向窗前流泪，抽抽噎噎哭个不住。②"我为的是我的心。"③担忧宝玉脱披风伤了风。	①打叠起千百样的款语温言来劝慰。②讲"亲不间疏，先不僭后"的道理。③"我也为的是我的心。"

续表

章回	情节	导火索（前奏）	宝黛争吵、误会或生隙文本细节	黛玉态度	宝玉态度
			的，如何？ ⑤要是这样闹，不如死了干净。 ⑥你又来作什么？横竖如今有人和你顽，比我又会念，又会作，又会写，又会说笑，又怕你生气拉了你去，你又作什么来？死活凭我去罢了！		
第二十二回	雅讽二宝	①宝钗生日，贾母出资庆贺，搭了小戏台。 ②宝钗解戏文词藻，宝玉称赏不已。	①你既这样说，你就特叫一班戏来，拣我爱的唱给我看。这会子犯不上跐着人借光儿问我。 ②安静看戏罢，还没唱《山门》，你倒《妆疯》了。	①冷笑。 ②雅讽宝玉赞宝钗无书不知。	①笑，拉起黛玉，携手出去。 ②继续看戏。
第二十六至二十八回	黛玉葬花	黛玉去怡红院，因晴雯和碧痕拌嘴吃了闭门羹。听到宝钗与宝玉笑语，对宝玉产生误会。	①如今父母双亡，无依无靠，现在他家依栖。 ②昨儿为什么我去了，你不叫丫头开门？ ③倘或明儿宝姑娘来，什么贝姑娘来，也得罪了，事情岂不大了。	①滚下泪珠，益发动了气，伤感，悲悲戚戚呜咽起来。 ②感花伤己。	①恸倒山坡之上，伤感人生无常，发出悲声。 ②我也和你似的独出，只怕同我的心一样。 ③承认自己不好，求教导，求打骂，求申明缘故以死得甘心。

续表

章回	情节	导火索（前奏）	宝黛争吵、误会或生隙文本细节	黛玉态度	宝玉态度
第二十九回	怒砸灵玉	张道士说亲，并送上贺物。宝钗记得湘云也有金麒麟，宝玉立马将其揣在怀里。	①他在别的上还有限，惟有这些人带的东西上越发留心。②我也知道白认得了我，那里像人家有什么配的上呢。③昨日张道士说亲，你怕阻了你的好姻缘，你心里生气，来拿我煞性子。④我便时常提这"金玉"，你只管了然自若无闻的，方见得是待我重，而毫无此心了。如何我只一提"金玉"的事，你就着急，可知你心里时时有"金玉"……	①原是自己说错了，又是着急，又是羞愧。②伤心大哭，把解暑汤吐了出来。③要剪玉上穿的穗子。④后悔，日夜闷闷，如有所失。	①以天诛地灭发誓。②听到"好姻缘"三个字，怒摔通灵宝玉。③心疼黛玉气得怯弱。④后悔，主动赔不是。

除了"误剪香囊"（第十七回至十八回），宝黛之间十来次不合或争吵，都是因为"金玉姻缘"。这是木石前盟与金玉姻缘的抗争，前者代表着自由自主的爱情，后者代表着封建家长因世俗利益安排的婚姻。黛玉的含酸、雅讽、冷战、争吵，都是希望在封建家长制禁锢下，以假情试探的方式寻找和确认灵魂的知己。直到第三十二回，宝玉诉肺腑，两人的内在试探才告一段落，共同转向与封建宗族、封建礼教的抗争。

3. 宝钗的情感

宝钗对宝玉的情感到底是不是爱情？作者有意将钗黛对照起来写，黛玉率性任情，不满"金玉相对"之论，就会试探、争吵；但宝钗隐忍含蓄，以礼节情，表现出来的总是从容淡定。所以，在对宝玉的情感中，作者明笔写黛玉，暗笔写宝钗。我们可以梳理细节，依据文本体味，见表1-14。

表 1-14　宝玉与宝钗、黛玉相处细节比较

章回	情节	宝钗（或他人）的言语、心理、动作	黛玉相似情节	比较心得
第八回	比看金玉	①"成日家说你的这玉，究竟未曾细细的赏鉴，我今儿倒要瞧瞧。" ②宝钗看毕，又从新翻过正面来细看，口内念道："莫失莫忘，仙寿恒昌。"念了两遍，乃回头向莺儿笑道："你不去倒茶，也在这里发呆作什么？" ③"我听这两句话，倒像和姑娘的项圈上的两句话是一对儿。"（莺儿） ④"是个癞头和尚送的，他说必须錾在金器上——"（莺儿）	①究竟那玉不知是怎么个来历？上面还有字迹？ ②罢了，此刻夜深，明日再看也不迟。（第三回）	①薛家看重通灵宝玉，所以"成日家说"；林家较少谈及，黛玉竟然不知玉的来历和字迹，意味深长。 ②宝钗重玉，反复细看，念字；黛玉轻物，当夜不看，后文也未写其看玉。
第十七回至十八回	一字成师	①转眼瞥见，便趁众人不理论，急忙回身悄推他道："他因不喜'红香绿玉'四字，改了'怡红快绿'；你这会子偏用'绿玉'二字，岂不是有意和他争驰了？况且蕉叶之说也颇多，再想一个字改了罢。" ②笑道："你只把'绿玉'的'玉'字改作'蜡'字就是了。"	①因见宝玉独作四律，大费神思，何不代他作两首，也省他些精神不到之处。 ②"赶你写完那三首，我也替你作出这首了。" ③写在纸条上，搓成个团子，掷在他跟前。	同助宝玉，宝钗是虑及元春之喜恶，黛玉是忧及宝玉之劳神，情节相似，意趣大异。
第二十八回	羞笼红麝串	①因往日母亲对王夫人等曾提过"金锁是个和尚给的，等日后有玉的方可结为婚姻"等语，所以总远着宝玉。	宝玉又将北静王所赠鹡鸰香串珍重取出来，转赠黛玉。黛玉说："什么臭男人拿	宝钗本不爱富丽妆饰。第七回周瑞家的送宫花，薛姨妈说"他从来不爱这些花儿粉儿的"；第四十回，贾母带刘姥姥

续表

章回	情节	宝钗（或他人）的言语、心理、动作	黛玉相似情节	比较心得
		②昨儿见元春所赐的东西，独他与宝玉一样，心里越发没意思起来。 ③可巧宝钗左腕上笼着一串，见宝玉问他，少不得褪了下来。	过的！我不要他。"遂掷而不取。（第十六回）	逛蘅芜苑，发现宝钗房间像"雪洞"一般朴素；第五十七回，宝钗与邢岫烟说，自己"从头至脚"没有"富丽闲妆"。但元妃昨天赐的红麝串，手臂丰满得差点取不下来的宝钗今儿可巧就戴上了。这个细节值得品味。
第三十四回	探被打的宝玉	①托着一丸药走进来。 ②"晚上把这药用酒研开，替他敷上"。 ③"别说老太太、太太心疼，就是我们看着，心里也疼。"刚说了半句又忙咽住，自悔说的话急了，不觉的就红了脸，低下头来。 ④"到底宝兄弟素日不正，肯和那些人来往……"	①两个眼睛肿的桃儿一般，满面泪光。 ②无声之泣，气噎喉堵。 ③"你从此可都改了罢！" ④三步两步转过床后，出后院而去。	宝玉被打，宝钗托着药从蘅芜苑一路走进来，冷静说研药，批评宝玉不走封建正道，以"那些人"表达了与优伶的阶级分别。她对宝玉的担忧仅仅是语急微露，立马想到"非礼勿言"，急忙咽住，可见其以礼节情。而黛玉则伤心至极，唯恐被人窥透真情，从后院悄悄出去；她劝宝玉改了，不是因为正或不正，而是担忧宝玉再次被打，是对封建家长制的害怕。
第三十二回等	宝钗劝进	①"上回也是宝姑娘也说过一回，他也不管人脸上过的去过不去，他就咳了一声，拿起脚来走了。"（袭人，第三十二回） ②或如宝钗辈有时见机导	①黛玉先忙的说："别扫大家的兴！舅舅若叫你，只说姨妈留着呢。"（第八回） ②宝玉道："林	宝钗时时想以封建正统思想者的价值体系改变宝玉，使得彼此之间有距离。而宝玉与黛玉都不屑于仕途经济之说，自然成为彼此知己。尤

续表

章回	情节	宝钗（或他人）的言语、心理、动作	黛玉相似情节	比较心得
		劝。（第三十六回）③宝钗笑道："你能够像他这苦心就好了，学什么有个不成的。"（第四十八回）	姑娘从来说过这些混帐①话不曾？若他也说过这些混帐话，我早和他生分了。"（第三十二回）	其可贵的是，黛玉更尊重宝玉的自然天性，这是他们超凡脱俗的爱情的重要基础。

梳理并细读文本，我们发现宝钗对宝玉是有感情的，"羞笼红麝串""探宝玉话急含羞"，都是情感的微妙流露。但宝钗又常常用封建礼教约束感情，用封建正统思想的标尺衡量宝玉。所以她态度时有矛盾，一方面对大观园中唯一年龄相当的年轻公子怀有好感，如晴雯所抱怨的"有事没事跑了来坐着，叫我们三更半夜的不得睡觉"（第二十六回），另一方面，她又不满于宝玉的叛逆，有时刻意远着宝玉，有时又心怀希望，劝导宝玉。但宝钗越是想把宝玉引到仕途经济之道上来，就越让彼此变得生分。

三、《红楼梦》中其他儿女的真情

《红楼梦》还写了其他阶层儿女间的真挚感情，如贾芸与小红、贾蔷与龄官、司棋与潘又安等，与宝黛爱情相映成趣。文本梳理见表1-15。

表1-15 宝黛之外的儿女真情

章回	人物	动人细节	情感特点	人物性格
第二十六、二十七回	贾芸与小红	①"'千里搭长棚，没有个不散的筵席'，谁守谁一辈子呢？不过三年五载，各人干各人的去了。"②贾芸道："方才他问你什么手帕子，	①以手帕为媒，私相传递，主动追求	①小红：聪明伶俐，对现实有清醒深远的认识，务实

---

① 混帐，现写作"混账"。后面不再一一注明。

续表

章回	人物	动人细节	情感特点	人物性格
		我倒拣了一块。" ③ 又见坠儿追索，心中早得了主意，便向袖内将自己的一块取了出来…… ④ 宝钗在亭外听见说话，便煞住脚往里细听，只听说道："你瞧瞧这手帕子，果然是你丢的那块，你就拿着；要不是，就还芸二爷去。" ⑤ 又有一人说话："可不是我那块！拿来给我罢。"	自由爱情。 ② 二人性格相似，追求相同。	有心机，努力改变现状，敢于追求向往的生活，善于抓住机会。 ② 贾芸：言语伶俐，善于抓住机会改变命运，懂得人情世故。
第三十、三十六回	贾蔷与龄官	① 只见一个女孩子蹲在花下，手里拿着根绾头的簪子在地下抠土，一面悄悄的流泪。……只见他虽然用金簪划地，并不是掘土埋花，竟是向土上画字。 ② 只见那女孩子还在那里画呢，画来画去，还是个"蔷"字。再看，还是个"蔷"字。里面的原是早已痴了，画完一个又一个，已经画了有几千个"蔷"。 ③ 不想龄官见他（宝玉）坐下，忙抬身起来躲避，正色说道："嗓子哑了。前儿娘娘传进我们去，我还没有唱呢。" ④ 众女孩子都笑道"有趣"，独龄官冷笑了两声，赌气仍睡去了。 ⑤ "你们家把好好的人弄了来，关在这牢坑里学这个劳什子还不算，你这会子又弄个雀儿来，也偏生干这个。你分明是弄了他来打趣形容我们，还问我好不好。" ⑥ "今儿我咳嗽出两口血来，太太叫大夫来瞧，不说替我细问问，你且弄这个来取笑。……" ⑦ "站住，这会子大毒日头地下，你赌气自去请了来我也不瞧。"	彼此地位悬殊，龄官一腔痴情，满怀柔意，贾蔷却是纨绔子弟。	① 贾蔷：不理解龄官内心的苦况。 ② 龄官：对现实处境有清醒深远认识，有主见，敢于坚持自我，向往自由；对贾蔷用情至深。

续表

章回	人物	动人细节	情感特点	人物性格
第七十一至七十四回	司棋与潘又安	①从小儿和他姑表兄在一处顽笑起住时,小儿戏言,便都订下将来不娶不嫁。 ②"纵是闹了出来,也该死在一处。他自为是男人,先就走了,可见是个没情意的。" ③凤姐见司棋低头不语,也并无畏惧惭愧之意,倒觉可异。	青梅竹马,热烈相恋。	①司棋:勇敢刚烈,坚贞无畏。 ②潘又安:缺少责任感,软弱。

《红楼梦》中其他儿女的真情,与宝黛爱情互映互衬,构成了一个"情"的世界:尤三姐为情自刎,尤二姐为情吞金,晴雯为情勇补雀金裘……她们的情感或缠绵,或热烈,或温婉,或坚贞……走进这个真情世界,我们能领会不同的人性光彩,理解爱情悲剧与家族盛衰悲剧的血肉联系。

主题五　诗词韵文

《红楼梦》中的韵文可谓诸体兼备,有诗、词、曲、赋、诔、判词、楹联、酒令、灯谜、偈语等各种体裁。这些韵文或由作者直接记录,或借人物之眼间接介绍,或由人物各自创作,引述的形式多种多样。

在书中引述诗词曲赋等韵文,并不是曹雪芹首创。但能引述大量"同题异构"的诗文,让每一诗文都成为人物个性的写照,却是曹雪芹对前人艺术传统的超越。

作者引述的诗词曲赋并不是文章的点缀,而是与人物命运息息相关、与文章情节水乳交融的,是文章的有机组成部分。它们或映衬人物特点,或隐喻人物命运,或预示后文情节,或丰富文章意蕴。这些诗词韵文,多运用中国古典诗歌的传统意象和典故,营造萧瑟或清幽的意境,运用借景抒情、借古讽今、托物言志等手法,表达人物的情志或作者的意旨。

一、前五回诗文鉴赏

《红楼梦》的前五回,是全书总纲,也是全书诗词曲赋等韵文第一次大荟萃,尤以第一回和第五回为多。这五回出现歌(曲)16首,判词14首,对联9副,诗4首,词2首,俗语2则,偈、赋、解注各1首(则)。理解这些诗文,能帮助我们扫除阅读困难,领会作品深刻意蕴。我们分回用表格梳理。

1. 第一回诗文(见表1-16)

表1-16　第一回诗文分析

体裁	文本	艺术手法	来历	意蕴
偈	无材可去补苍天,枉入红尘若许年。此系身前身后事,倩谁记去作奇传?	直抒胸臆,用"女娲补天"的典故	大荒山无稽崖青埂峰下大石后面所刻,空空道人所见	抒发怀才不遇之悲叹,阐述取材真实的创作方法。
绝句	满纸荒唐言,一把辛酸泪。都云作者痴,谁解其中味!	直抒胸臆,"荒唐"与"辛酸"对照,反问	曹雪芹于悼红轩题咏	自述虚构的创作方法,不得不采用含蓄委婉的方式却又担心无人理解。
对联	假作真时真亦假,无为有处有还无。	对偶,对比,回环	甄士隐梦入太虚幻境而见,第五回宝玉梦游太虚幻境也看见它	阐述有无真假的辩证关系,富有哲理意味;也启示我们太虚幻境实际是生活的倒影,让我们了解作品取材于生活而又高于生活的创作原则。
打油诗	惯养娇生笑你痴,菱花空对雪澌澌。好防佳节元宵后,便是烟消火灭时。	"雪"谐音"薛",指薛蟠;"菱花"与"雪"对比,隐喻香菱	癞头和尚对甄士隐所念	预示英莲悲苦命运和甄家即将衰亡的结局,也暗示贾家最终也是家亡人散。

续表

体裁	文本	艺术手法	来历	意蕴
五律	未卜三生愿，频添一段愁。闷来时敛额，行去几回头。自顾风前影，谁堪月下俦？蟾光如有意，先上玉人楼。	肖像、动作、心理描写，借物抒怀	中秋贾雨村对月抒怀	以为娇杏回头是对己有意，希望金榜题名，获得佳人青睐，得到人生伴侣。
对联	玉在椟中求善价，钗于奁内待时飞。	"价"谐音"贾"，"待时飞"嵌入其字；托物言志，借玉、钗抒发渴望建立功业的情怀	贾雨村中秋抒怀	渴望求取功名，实现抱负。
绝句	时逢三五便团圆，满把晴光护玉兰。天上一轮才捧出，人间万姓仰头看。	托物言志，托月抒发求取功名的志向	贾雨村对月寓怀	不甘居于人下，希望一朝获得功名。
歌	世人都晓神仙好，惟有功名忘不了！古今将相在何方？荒冢一堆草没了。……	排比，将生前"将相"与死后"荒冢"等对比	跛足道人口念《好了歌》	世人对功名富贵、恩情亲情的追求最终都会成空，在兴衰荣辱的反差中，启示人们不要执着于权势利欲。
解注	陋室空堂，当年笏满床；衰草枯杨，曾为歌舞场。蛛丝儿结满雕梁，绿纱今又糊在蓬窗上。……	排比，将"当年笏满床"与"陋室空堂"对比，用典	甄士隐解注《好了歌》	在兴衰荣辱的对比中，更透彻地阐释了功名利禄将成空的道理，启示人们放下权势利禄，不要替人奔忙。

2. 第二回至第四回诗文（见表 1-17）

表 1-17　第二至四回诗文分析

章回	体裁	文本	艺术手法	来历	意蕴
第二回	俗语	偶因一着错，便为人上人。	将"一着错"与"人上人"对比	作者评娇杏	娇杏违礼回头看了雨村，却被雨村认为其有意于己，后来娇杏成为雨村的夫人。作者对这不合常规的命运含讽刺之意。
第二回	对联	身后有余忘缩手，眼前无路想回头。	将"身后"与"眼前"、"有余"与"无路"、"忘缩手"与"想回头"对比	贾雨村被革职后，在林如海家暂任家塾教师，外出郊游时所见破庙智通寺门旁对联	揭示了贾雨村等封建官场禄蠹贪得无厌的本性，等到获罪时后悔已晚；也预示贾府在富贵时不懂得经营筹划、俭省度日，最终落得衰败的悲剧结局。
第三回	对联	座上珠玑昭日月，堂前黼黻焕烟霞。	对偶，借代（以"珠玑""黼黻"借代权贵）	黛玉眼见荣禧堂对联，系东安郡王手书	描写贾府结交的是皇亲国戚，暗示了贾府的煊赫权势。
第三回	词	无故寻愁觅恨，有时似傻如狂。……　富贵不知乐业，贫穷难耐凄凉。……	正文反作，寓褒于贬	后人作《西江月》二词，作者借来表达封建统治阶级对宝玉的批评	借封建正统思想维护者的口吻批评宝玉，实则赞其对仕途经济之路的不屑和叛逆精神。
第四回	俗语	贾不假，白玉为堂金作马。阿房宫，三百里，	谐音（"雪"同"薛"，指薛家），	应天府门子（原葫芦庙小沙弥）呈上	介绍了贾史王薛四大家族的权势富贵，并揭示他们政治上

续表

章回	体裁	文本	艺术手法	来历	意蕴
		住不下金陵一个史。东海缺少白玉床,龙王来请金陵王。丰年好大雪,珍珠如土金如铁。	夸张,用典(阿房宫、龙王),比喻(珍珠如土、金如铁)		结盟、利害兴衰息息相关的现实。

3. 第五回诗文(见表1-18)

表1-18 第五回诗文分析

体裁	文本	艺术手法	来历	意蕴
对联	世事洞明皆学问,人情练达即文章。	对偶	宝玉于宁国府上房内间所见	宝玉见后要出去,表达了宝玉对俗世应酬的厌恶之情。
	嫩寒锁梦因春冷,芳气笼人是酒香。	对偶	宝玉于可卿房内所见	描写秦可卿房内的香艳。
	厚地高天,堪叹古今情不尽;痴男怨女,可怜风月债难偿。	对偶,对比("情不尽"与"债难偿"对比),直接抒情(堪叹、可怜)	太虚幻境牌坊后面宫门对联	对古今儿女们痴情傻意、情债难偿的感慨。
	春恨秋悲皆自惹,花容月貌为谁妍。	对偶,比喻(花容、月貌)	薄命司对联	对薄命女儿空有美貌、无人怜惜,万千悲愁皆由自惹的感慨。
	幽微灵秀地,无可奈何天。	对比("幽微灵秀"与"无可奈何"对比),对偶	宝玉梦游太虚幻境宫房内见	概括太虚幻境的幽深灵秀、超凡脱俗,以至让人不知如何是好。

续表

体裁	文本	艺术手法	来历	意蕴
歌	春梦随云散，飞花逐水流；寄言众儿女，何必觅闲愁。	借景抒情（飞花逐水流的萧瑟之景，融入繁华易逝的伤感）	宝玉梦游太虚幻境所听	揭示了繁华易逝的道理，并告诫人们要懂得放下，暗示了大观园众儿女风流云散的命运，有总领情节的作用。
赋	方离柳坞，乍出花房。但行处，鸟惊庭树；将到时，影度回廊。……	用典，比喻，设问，排比	宝玉见警幻仙姑，作者引赋为证	写宝玉梦游太虚幻境所见到的警幻仙姑的风姿容貌。
判词	……心比天高，身为下贱。……（晴雯）……堪羡优伶有福，谁知公子无缘。（袭人）	对比（"心比天高"与"身为下贱"对比），别名法（霁月、彩云），比喻（似桂如兰）	宝玉梦游太虚幻境，入薄命司，看到金陵十二钗正册、副册、又副册的判词	金陵十二钗又副册判词，描述晴雯的刚烈高洁、袭人的温柔和顺，预示晴雯因诽谤而冤死，袭人另嫁蒋玉菡。
	根并荷花一茎香，平生遭际实堪伤。……（香菱）	象征（以"荷花"象征香菱的高洁），对比（"香"与"遭际实堪伤"对比）		金陵十二钗副册判词，概括香菱高洁品格，预示其一生悲惨命运。
	可叹停机德，堪怜咏絮才。……（薛宝钗、林黛玉）二十年来辨是非，榴花开处照宫闱。……（贾元春）才自精明志自高，生于末世运偏消。……（贾探春）	谐音（"玉带"谐音"黛玉"，"雪"谐音"薛"，指薛宝钗），用典（湘江水逝、中山狼、凡鸟等），对比（"玉带"华贵与"林中挂"的遭遇对比等），		金陵十二钗正册判词，概括了宝钗的贤淑、黛玉的诗才、元春独处宫闱的辛酸、探春的精明能干及志向高远、湘云的孤苦、妙玉的高洁、迎春的

续表

体裁	文本	艺术手法	来历	意蕴
	富贵又何为,襁褓之间父母违。……(史湘云) 欲洁何曾洁,云空未必空。……(妙玉) 子系中山狼,得志便猖狂。……(贾迎春) 勘破三春景不长,缁衣顿改昔年妆。……(贾惜春) 凡鸟偏从末世来,都知爱慕此生才。……(王熙凤) ……偶因济刘氏,巧得遇恩人。(巧姐) 桃李春风结子完,到头谁似一盆兰。……(李纨) 情天情海幻情身,情既相逢必主淫。……(秦可卿)	借景抒情("千里东风一梦遥""湘江水逝楚云飞"等),比喻(金玉质、花柳质、似一盆兰)		懦弱、惜春的冷漠弃世、熙凤的能干、巧姐的幸运、李纨寡居的孤独、可卿的多情,预示了众姐妹生于家族末世,命运悲苦。

4.第五回《红楼梦》歌曲(见表1-19)

表1-19 第五回《红楼梦》歌曲分析

歌曲	主旨	艺术手法	意蕴
[红楼梦引子]	陈述制歌缘由:"遣愚衷""怀金悼玉"。	谐音,借代(金、玉),对比("空对着"与"终不忘"、"荣华正好"与"无常又到")	这些歌,或直接概括评价,或借人物口吻,与上文判词互
[终身误]	借宝玉口吻,述爱情婚姻悲剧和自身感慨"终不忘""意难平"。		

续表

歌曲	主旨	艺术手法	意蕴
[枉凝眉]	感慨宝黛爱情，预示黛玉泪尽而逝的悲剧结局。	等），比喻（霁月光风、美如兰、食尽鸟投林等），用典（齐眉举案、云散高唐等），排比，反复（气昂昂头戴簪缨），设问（开辟鸿蒙，谁为情种？都只为风月情浓），反问（离合岂无缘）	相呼应、补充，再次概括了众女儿各自性情和命运，预示宝黛爱情的悲剧结局和家族衰亡的必然趋势，使第五回形成一唱三叹的效果。
[恨无常]	借元妃口吻，预示自身薨逝结局，告诫贾家及时抽身，以防衰亡。		
[分骨肉]	借探春口吻，述远嫁之悲，并宽慰父母。		
[乐中悲]	赞湘云豪爽阔达的品格，预示她的悲剧命运。		
[世难容]	概括妙玉高洁品格及不幸遭遇。		
[喜冤家]	概述迎春误嫁而死的凄惨遭遇。		
[虚花悟]	概述惜春看破红尘、遁入空门的命运。		
[聪明累]	概述王熙凤悲惨结局和贾家大厦将倾的趋向。		
[留余庆]	概述巧姐在贾家败亡后因恩人救济脱离困境的命运。		
[晚韶华]	概述李纨一生起伏荣衰。		
[好事终]	概述秦可卿擅情早逝的命运，并揭示宁国府的荒淫腐朽是贾家败落的首要原因。		
[收尾·飞鸟各投林]	预示贾家"树倒猢狲散"的悲剧结局。		

　　诗文融合，是中国古典小说创作的艺术传统，而《红楼梦》将这一传统发展到了顶峰。前五回大量引述诗词曲赋、联偈歌注等韵文，可谓"文备众体"，在给作品增添审美意境的同时，也给阅读带来一定困难。所以，梳理并理解这些韵文是阅读《红楼梦》很重要的一步。前五回的韵文，营造了作品悲凄离散的独特氛围，抒写作者或人物胸臆，隐寓人物性格和命运，预示后文情节或暗示全书主旨，与小说的主体紧密融合，使小说渗透着鲜明的民

族文化特色。

除了前五回，猜灯谜（第二十二回等）、点戏（第十一回、第十八回、第二十二回、第二十九回）、占花名儿（第六十三回）等形式对人物和家族命运也作了谶语式的暗示。我们可引导学生用表格梳理。

二、大观园诗社纵览

大观园起诗社作诗联句，是众女儿最富有诗意的生活场景。作者写姐妹们作诗，不是为了自己逞才，而是在写诗的场景中，展示人物志向和审美情趣，揭示人物性格及其关系。所以，读诗，即读人，读人情。

1. 大观园诗社活动总览

纵观全书，园内先后共发起五次诗社，见表1-20。

表1-20 大观园的诗社情况

社名	社主	过程及章回	要求	评价结果
海棠社	贾探春	秋爽斋，未赏海棠先作诗（第三十七回）	诗题：咏白海棠（李纨出题） 诗韵："门"字韵（"盆""魂""痕""昏"） 诗体：七言律诗	李纨评价—— 含蓄浑厚，有身分：蘅芜君（宝钗） 风流别致：潇湘妃子（黛玉） 压尾：怡红公子（宝玉） 探春评价—— 潇湘妃子当居第二 宝玉评价—— 蘅潇二首还要斟酌 众人评价—— 惊讶称赞湘云的两首
菊花社	史湘云	藕香榭，赏桂花，吃螃蟹，看鸥鹭，穿花，饮酒，	诗题：以菊花为宾，以人为主（宝钗、湘云共同拟十二题为《忆菊》《访菊》《种菊》	李纨评价—— 《咏菊》第一：潇湘妃子（黛玉） 《问菊》第二：潇湘妃子（黛玉） 《菊梦》第三：潇湘妃子（黛玉）

续表

社名	社主	过程及章回	要求	评价结果
		钓鱼，作诗（第三十七至三十八回）	《对菊》《供菊》《咏菊》《画菊》《问菊》《簪菊》《菊影》《菊梦》《残菊》） 内容：咏菊，赋事 诗韵：不拘韵 诗体：七言律诗 自选题目，能者多作	题目新，诗也新，立意更新，潇湘妃子为魁 《簪菊》第四：蕉下客（探春） 《对菊》第五：枕霞旧友（湘云） 《供菊》第六：枕霞旧友（湘云） 《画菊》第七：蘅芜君（宝钗） 《忆菊》第八：蘅芜君（宝钗） 宝玉落第
	宝玉	持螯赏桂（第三十八回）	宝玉、黛玉、宝钗各咏一首	众人评价—— 绝唱：宝钗 只是讽刺世人太毒了些
赏雪社	李纨	芦雪广，吃鹿肉，拥炉作诗，访妙玉乞红梅，咏红梅（第四十九至五十回）	诗题：即景联句 诗体：五言排律 诗韵：二萧韵	最多：湘云 落第：宝玉
			诗题：咏红梅花，访妙玉乞红梅 诗韵："红""梅""花" 诗体：七言律诗	称冠：宝琴
桃花社	林黛玉	因贾政回家会问功课，黛玉担忧宝玉分心，遂不起诗社（第七十回）	黛玉独作古风《桃花行》	宝玉评价—— 林妹妹曾经离丧，作此哀音
柳絮社	林黛玉	湘云偶成《如梦令》，建议起社填词（第七十回）	诗题：柳絮 诗体：词（各色小调：《如梦令》《临江仙》《西江月》《南柯子》《唐多令》《蝶恋花》）	众人评价—— 翻得好气力，这首为尊：蘅芜君（宝钗） 缠绵悲戚：潇湘妃子（黛玉） 情致妩媚：枕霞旧友（湘云） 落第：薛宝琴，蕉下客（探春）

从姐妹们起诗社的活动看，形式极为雅致，拟题、拈韵、定体，给生活增添了情趣，也给大观园融入了洋洋诗意。海棠、菊花、雪、桃花、柳絮，由秋到冬，由冬到春，大观园里既流淌着四季的芬芳，也洋溢着青春的诗情。潇湘妃子的缠绵悲戚、风流别致、立意新巧，蘅芜君的含蓄浑厚、有身份、以小见大，湘云的风流俊逸、情致妩媚……不同的诗风，折射不同的人生境遇和态度。所以，起诗社不仅带来艺术上的审美愉悦，也展示了人物的风流态度。

李纨一向以针黹女红为业，而一旦担负诗社重任，也释放了青春的热情，发挥了超强的组织能力，展示了品评词藻、评定诗歌的艺术品位，为其清净寡居的生活增添诗意。

为了衬托姐妹们的"小才微善"，为了推崇女儿这个清雅脱俗的世界，作者将世俗男儿隔离在诗社之外；甚至，让大观园中唯一的贵族公子——在作诗上颇有些"歪才情"、在试才题对额中表现突出的贾宝玉，退居姐妹之后，在诗社评判中频频落第。而宝玉对自己屡次落第，反倒觉得评判公允，对黛玉之《咏白海棠》被评为次于宝钗，却提出要再斟酌，可见，写诗社还写出了人物间亲疏关系。

2.富有特色的诗社作品

通过梳理诗社富有特色的作品（见表1-21），我们大概能体会到，诗即人，人即诗。正如贾宝玉评价林黛玉的《桃花行》所说："比不得林妹妹曾经离丧，作此哀音。"作者记录这些诗，实际是让我们从诗中读人，读人物命运遭际，读人的情感世界和人生态度。

表1-21　诗社作品赏析

社名	作者及诗题	意象及意境	语言	手法	风格或情感
海棠社	薛宝钗《咏白海棠》	意象：胭脂，秋，冰雪，露，玉，白帝 意境：清幽淡雅	珍重，淡，清洁，不语	拟人（以愁写花态，以泪痕写花露），用典	含蓄浑厚，体现高洁素雅品格和积极而又内敛的人生态度。

续表

社名	作者及诗题	意象及意境	语言	手法	风格或情感
				（白帝），托物言志	
	林黛玉《咏白海棠》	意象：湘帘，冰，玉，梨蕊，梅花，月，仙人，怨女，西风，夜 意境：清幽凄凉	偷来，借得，缝，拭，娇羞，默默，倦倚，昏	拟人（偷来、借得、娇羞、默默、诉、倦倚），托物言志	风流别致，体现高洁而娇羞、多愁而灵秀的个性，表达孤独寂寞的情感。
	史湘云《咏白海棠》（其一）	意象：神仙，蓝田玉，霜娥，倩女，秋阴，雨渍，诗人 意境：高雅，凄清又激昂	偏爱，捧出，却喜，岂令	用典（蓝田玉、霜娥、倩女离魂），拟人，反问	体现虽孤独寂寞但高洁乐观的品格。
菊花社	林黛玉《咏菊》	意象：诗魔，石，毫端，霜，月，陶令 意境：清雅，凄清	噙香，素怨，秋心	动作描写，托物言志，用典	描写自己咏菊的场景，托物言志，在对菊花高洁脱俗、寂寞孤独的品格的赞扬中，寄托自己的情怀和向往。
	林黛玉《问菊》	意象：东篱，露，霜，鸿，蛩 意境：清雅，凄清	秋情，孤标傲世，寂寞，归，病，相思	心理、动作描写，拟人，用典（解语），托物言志	描写与菊对话，视菊为知己，在探问菊的情感态度中，托物言志，抒发自己孤标傲世、无人理解的感慨。
	林黛玉《菊梦》	意象：云，月，庄生蝶，陶令，雁，蛩，衰草	惊回，幽怨，衰，寒，无限情	拟人，用典，借景抒情	以菊的口吻，用拟人手法写菊梦而醒的感慨，借

续表

社名	作者及诗题	意象及意境	语言	手法	风格或情感
		寒烟 意境：清雅，凄清			物抒怀，表达自己寂寞孤凄、世无知音的感慨。
桃花社	林黛玉《桃花行》	意象：桃花，东风，帘，人，苔，斜日，桃叶，雾，烟，楼，壁，泉，胭脂，泪，黄昏，杜宇，月 意境：凄清萧瑟	懒，瘦，愁，伤情，闲苔，空掩，自，乱纷纷，裹，模糊，冷，长流，憔悴，倦，归尽，寂寞	对比，拟人，借景抒情，用典	借桃花飘落之景营造萧瑟凄清的意境，通过描写帘内人的孤寂愁苦，抒发自己寄人篱下、饱经离丧的愁苦寂寞之情。
柳絮社	薛宝钗《临江仙》	意象：东风，蜂，蝶，青云 意境：活泼热闹	舞，卷，均匀，团，阵，乱纷纷，岂必，终不改，任，休笑，好，送，上	拟人，反问，托物言志	描写柳絮飘飞的欢快活泼、热闹积极的画面，托物言志，表达自己积极乐观、希望有所作为的情怀。
	林黛玉《唐多令》	意象：粉，香，草木，东风 意境：凄清孤独	堕，残，命薄，空，愁，白头，不管，忍淹留	用典，拟人，设问，借物抒怀	描写柳絮漂泊、无人怜惜的孤凄处境，景中融情，抒发自己寄人篱下、饱经离丧的凄苦之情。

三、令人椎心泣血的悲声

《红楼梦》中诗词曲赋等韵文林林总总，令人有目不暇接之感。它们犹如群山万壑，凝聚在纵横主线之上，一路带着读者走向悲剧结局。而在这些韵文中，有两座高峰是不容错过的，一是林黛玉的《葬花吟》，一是贾宝玉的《芙蓉女儿诔》。两篇韵文都奏响了人生的悲音，读来凄恻动人。

1. 林黛玉的《葬花吟》

薛蟠骗宝玉去吃鲜藕、西瓜、鲟鱼、暹猪，却以"老爷叫"宝玉为由头，结果宝玉去了，一日不回，黛玉分外担心，前去怡红院打听。谁知晴雯与碧痕拌嘴生气，让黛玉吃了闭门羹不说，还托词是宝玉不许放人进来。视宝玉为人生知己的黛玉顿时感到了人生的孤独，不由想起父母早逝、无兄无弟的孤栖之况。就在这时，黛玉偏听到了院内宝玉和宝钗的笑语，一场误会就此产生。寄人篱下的黛玉，感到了凉透脊背的孤独，独自一人躲到山坡后，一边葬花，一边哭诉，凄婉的《葬花吟》就这样成为了令人愁肠百转的经典之作。

《葬花吟》是古体诗，我们按照韵脚转换的内在结构进行梳理鉴赏，见表1-22。

表1-22 《葬花吟》赏析

《葬花吟》诗节	意象及意境	语言	手法	内容及情感
花谢花飞花满天，红消香断有谁怜？游丝软系飘春榭，落絮轻沾扑绣帘。	意象：花，红，香，游丝，落絮，绣帘 意境：萧瑟	谢，满，消，断，谁怜，飘，落	反问（有谁怜），借代（"红""香"借代花朵），以花自况	描写暮春花朵凋零飘落的萧瑟景象，以落花自况，景中融情，抒发青春易逝、无人怜惜的情感。
闺中女儿惜春暮，愁绪满怀无释处，手把花锄出绣闺，忍踏落花来复去。	意象：春暮，落花 意境：萧瑟凄清	惜，满怀，无释处，忍踏	直抒胸臆，动作、心理描写	描写准备去葬花时的心情，抒发了对落花的怜惜伤感，也寄寓了对自己如花的生命无人顾怜的伤感。
柳丝榆荚自芳菲，不管桃飘与李飞。桃李明年能再发，明年闺中知有谁？	意象：柳丝，榆荚，桃李 意境：繁盛芬芳中又有萧瑟飘零	自芳菲，不管，知有谁	层层对比（将柳丝榆荚之芳菲与桃李飘飞对比，又将自然界	描写了桃李飘零的萧瑟景象，睹景生情，伤感自己体弱多病，何以能长久？对柳丝榆荚不管桃李的控

续表

《葬花吟》诗节	意象及意境	语言	手法	内容及情感
			桃李能再开与人之一去不返对比）	诉，借物抒怀，表达对世态炎凉、人情冷暖的愤懑。
三月香巢已垒成，梁间燕子太无情！明年花发虽可啄，却不道人去梁空巢也倾。	意象：香巢，燕子，花，梁 意境：萧瑟凄寂	香，太无情，却空，去，倾	对比（将香巢垒成与梁空巢倾对比），拟人（控诉燕子无情）	表面怨燕子啄尽花朵垒成香巢又无情离去，实际是对花朵凋落的怜惜，借花喻己，表达了对生命易逝的伤感。
一年三百六十日，风刀霜剑严相逼，明媚鲜妍能几时，一朝飘泊难寻觅。	意象：风霜，刀剑 意境：凄寒冷酷	严相逼，能几时，难寻觅	比喻（风霜如刀剑），象征（花朵明媚鲜艳之短象征生命易逝）	控诉冷酷无情的现实，以花自况，表达伤春伤花、青春易逝的情感，以及寄人篱下的悲苦。
花开易见落难寻，阶前闷杀葬花人，独倚花锄泪暗洒，洒上空枝见血痕。杜鹃无语正黄昏，荷锄归去掩重门。青灯照壁人初睡，冷雨敲窗被未温。怪奴底事倍伤神，半为怜春半恼春：怜春忽至恼忽去，至又无言去不闻。昨宵庭外悲歌发，知是花魂与鸟魂？	意象：花，葬花人，泪，空枝，血痕，杜鹃，黄昏，重门，青灯，壁，冷雨，被，宵 意境：凄苦悲凉	落，闷杀，独，无语，冷，未温，倍伤神，半怜，半恼，悲歌，魂	直抒胸臆，用典（湘妃竹、杜鹃），借景抒情	描写葬花人面对花朵飘落的凄清之景，内心生发的怜惜惆怅之情，景中融情，抒发了自己惜花惜人的情感。
花魂鸟魂总难留，鸟自无言花自羞。	意象：花魂，鸟魂，天尽	魂，难留，香，锦，	反问（何处有香丘），	以花自况，借花喻己，表达了对自由幸福的

续表

《葬花吟》诗节	意象及意境	语言	手法	内容及情感
愿奴胁下生双翼，随花飞到天尽头。天尽头，何处有香丘？未若锦囊收艳骨，一抔净土掩风流。质本洁来还洁去，强于污淖陷渠沟。	头，香丘，锦囊，净土，污淖，渠沟 意境：萧瑟凄凉而又洁净自由	艳，洁，污淖	借花喻己（质本洁来还洁去），象征（香丘象征洁净芬芳的理想境界，污淖象征污浊腐朽的现实）	理想境界的向往，虽然这理想境界求而不得，也不愿受辱被污，表达了不甘低头屈服的孤傲不阿的精神。
尔今死去侬收葬，未卜侬身何日丧？侬今葬花人笑痴，他年葬侬知是谁？试看春残花渐落，便是红颜老死时。一朝春尽红颜老，花落人亡两不知！	意象：春，花，红颜 意境：凄凉颓败	死，收葬，知是谁，残，渐落，老死，尽，老，落，亡，不知	对比（将落花与自己对比），映衬（将花落与人亡映衬），借景抒情	感叹花落尚有自己收葬，自己亡去又有谁收葬？表达了对生命逝去的无奈和孤独，对未来难料的茫然。

　　一首《葬花吟》听得宝玉"不觉痴倒"，"心碎肠断"！这可以说是林黛玉凄苦一生中全部哀音的代表，是黛玉多愁善感性格、孤标傲世精神的集中书写，也是众姐妹悲苦命运的典型写照，与"花落水流红""千红一窟（哭）""万艳同杯（悲）"等有异曲同工之妙。从情节上来看，这首诗又如同黛玉自作的诗谶，预示了黛玉芳龄难继、孤独离世的结局，读来真是断人愁肠！

　　2. 宝玉杜撰《芙蓉女儿诔》

　　抄检大观园后，宝钗明哲保身，搬出园子，司棋、入画被撵，芳官、藕官、蕊官出家，迎春即将出嫁……大观园里的姐妹已经走向了"花落水流红"的结局。尤其是晴雯被撵出贾府后病逝，给宝玉带来了巨大打击。在夜月之下，贾宝玉面对芙蓉花祭奠晴雯，杜撰一篇《芙蓉女儿诔》，前为序，后为歌，可谓洒泪泣血，悲戚不尽。我们选择其中一部分作梳理示范，见表1-23。

表 1-23　《芙蓉女儿诔》部分赏析

文本	意象及意境	手法	内容及情感
女儿曩生之昔，其为质则金玉不足喻其贵，其为性则冰雪不足喻其洁，其为神则星日不足喻其精，其为貌则花月不足喻其色。姊妹悉慕媖娴，妪媪咸仰惠德。	意象：金玉，冰雪，星日，花月 意境：空灵伤感	排比，比喻，夸张，想象，侧面衬托（姊妹之慕，妪媪之仰）	赞美晴雯高贵洁净、精明聪慧、姿容美丽，表达了对晴雯质、性、神、貌的高度礼赞和深切怀念。
孰料鸠鸩恶其高……遂抱膏肓之疚。	意象：鸠鸩，鹰鸷…… 意境：险恶处境与坚贞人生并举	比兴（鸠鸩等比喻小人，鹰鸷等比喻晴雯）	叙述晴雯悲惨遭遇和不幸结局，以《离骚》的比兴手法，将小人与晴雯对比，歌颂晴雯的高洁不屈，控诉小人的奸邪卑劣。
故尔樱唇红褪……巾帼惨于羽野。	意象：樱唇，杏脸…… 意境：萧瑟衰颓	比兴（樱唇、杏脸指晴雯，荆棘蓬榛指小人）	描写了晴雯因受冤重病变得憔悴，最终因小人诽谤含冤而死，表达了对晴雯冤苦遭遇的理解，对小人的痛恨。
自蓄辛酸，谁怜夭折！……金斗御香未爇。	意象：仙云，眉黛烟青…… 意境：凄清空寂	用典，对比，借景抒情	触景生情，睹物思人，追忆往事，倍加伤感，表达对晴雯这一人生知己的深切怀念。
昨承严命，既趋车而远涉芳园……自为红绡帐里，公子情深；始信黄土垄中，女儿命薄！汝南泪血，斑斑洒向西风；梓泽余衷，默默诉凭冷月。	意象：西风古寺，落日荒丘，零星白骨，楸榆、蓬艾…… 意境：萧瑟凄寂	用典，借景抒情	抒发自己不能践行死后同穴诺言的羞惭之情，表达对晴雯逝去的深深怀念，对所有薄命女儿的同情。

续表

文本	意象及意境	手法	内容及情感
呜呼！固鬼蜮之为灾，岂神灵而亦妒。钳诐奴之口，讨岂从宽……则深为有据。	意象：鬼蜮，神灵，诐奴，悍妇…… 意境：凄寒冷酷	对比，比兴	强烈控诉奸邪小人，抗议黑暗的社会，深信晴雯已化作花神飞升仙界，表达了对理想境界的向往。

　　诔，原是为表彰死者德行、寄托生者哀思的文辞，多用于上级对下级，后来变成哀祭文的一种。《芙蓉女儿诔》是贾宝玉为悼念晴雯而写的长篇祭文。宝玉袭用了屈原创造的骚体形式，运用浪漫主义手法，回忆晴雯的悲苦身世和不幸遭遇，控诉谗害晴雯的小人，愤恨黑暗不公的社会，表达对晴雯的深切悼念和对所有薄命女儿的同情。作者诔晴雯，实则是对命运悲惨而清净洁白的女儿的同情。整篇诔文骈体、骚体并用，意象纷繁而奇特，情感深沉而激烈，是《红楼梦》诗词中撼人心魄的篇章。

　　当然，《红楼梦》中引述的不仅有清雅的诗词曲赋，还有贾环浅白无趣的灯谜、刘姥姥乡土气息浓郁的顺口溜和俗语、薛蟠俗不可耐的酒令。两相比照，我们更真切地感受到，作者引述诗词曲赋等文字，都是贴着人物的身份、地位、口气和审美情趣来写的。它们绝不是闲文，而是渲染场景氛围、塑造人物性格、揭示人物命运或预示作品主题的重要笔墨，值得好好梳理、理解。

主题六　年节日常

　　《红楼梦》为我们展开了十八世纪封建贵族家庭的生活画卷。它既描画了钟鸣鼎食之家的年节活动，也写了红白大事，还写了日常生活细节。

　　贾府是诗礼簪缨之族，除夕、元宵、清明、中秋，这些凝聚着中华民族传统文化的节日成为贾家开展活动的重要节点。作者着重写了元宵、中秋这两个节日,逢佳节家族相聚,宴饮、听戏、赏月、听笛、行令……好不热闹欢乐!但随着贾府经济日渐入不敷出,欢乐的节日气氛逐渐变得凄清悲凉。作者写年节活动,却意在写家族兴衰。

红白之事,也是家庭的大事。作者着重写了薛宝钗、王熙凤、贾宝玉、贾母四个人的生日:宝钗生日引发了宝黛争吵,熙凤生日出现了贾琏偷吃、凤姐泼醋,宝玉的生日描画了女儿们不拘礼法、夜宴欢聚的自由场景,贾母的生日暴露了家族内部重重矛盾。作者写生日,重心却在写人事。除了红喜之事,作者还写了三次丧葬:秦可卿夭逝,凤姐协理宁国府,丧事办得隆重;贾敬宾天,丧事虽然也办得荣耀,但已没有了长孙媳妇丧事的风光;贾府的宝塔尖——贾母寿终正寝,因贾府被查抄、人心涣散、矛盾激化,丧事已难以维持基本的礼仪。作者写治丧大事,也写出了贾府的人事和盛衰变化。

当然,作者更多的笔墨,是描写家庭日常生活——饮食服饰、坐卧行走、待客交游等,这和古典小说一味求故事之奇大不相同。而在平凡的细节中,作者又展现了人物个性,揭示了人物关系,反映了家族兴衰,可谓平中见奇、小中见大。

一、年节活动一览

《红楼梦》前八十回,着重写了三次元宵节、两次中秋节,我们以表格进行梳理。

1. 三次元宵节(见表 1-24)

表 1-24 三次元宵节分析

章回	地点	人物	活动(事件)	氛围及作用
第一回	姑苏阊门城的十里街仁清巷	甄士隐、英莲(谐音"应	①癞头和尚见英莲而口念言词:好防佳节元宵后,便是烟消火灭时。	氛围:热闹忽转悲戚。 作用:引子,以

续表

章回	地点	人物	活动（事件）	氛围及作用
	（谐音"势利""人情"）	怜"）、霍启（谐音"祸起"）	②看社火花灯，英莲失踪；甄家夫妇思念女儿，昼夜啼哭，思女成疾。③三月十五，葫芦庙炸供火逸，甄家被烧成瓦砾场。	甄家小荣枯伏贾家大盛衰，预示贾家元宵佳节后趋向颓败。
第十七回至十八回	京城的贾府及大观园	元妃及贾府众人	①元春被晋封为凤藻宫尚书，加封贤德妃，元宵省亲。②贾府盖造省亲别院，令人折宁府会芳园墙垣楼阁，直接入荣府东大院中。纵亦不敷，所添亦有限。（财力已不足）	氛围：庄严富贵，又悲戚伤感。作用：繁盛热闹达到顶点，贾府"烈火烹油，鲜花着锦"，又隐伏衰颓倾覆的危机。
第五十三、五十四回	京城的贾府及大观园	乌进孝、贾珍、贾蓉、贾母、王熙凤等	①治办年事，扫尘，准备赏银，领恩赏银，收租，供祖，发放年物，换门神、联对、挂牌、油桃符，进宫朝贺，祭宗祠，夜宴，听戏，吃元宵，听书，击鼓，传梅，说笑话，放烟花，按排好的日期请吃年酒。②贾珍："添了许多花钱的事""却又不添些银子产业"。③贾蓉："前儿我听见凤姑娘和鸳鸯悄悄商议，要偷出老太太的东西去当银子呢。"	氛围：热闹，庄严肃穆，又隐含衰飒。作用：介绍元宵年节风俗，揭示贾府富贵奢华的生活是建立在对劳动人民盘剥的基础上，也间接透露贾府经济已入不敷出，隐隐透出衰颓气象。

  第一回写到甄家过元宵节，甄士隐失女，继而家亡、人散，一开篇就给我们叙述了一个乡宦之家的悲剧故事，以小家的荣枯隐伏贾家的盛衰，给全篇定下了悲剧基调。第十七回至十八回写贾府过元宵节，元春封妃后省亲，贾府因此走上了"烈火烹油，鲜花着锦"的繁盛阶段。第五十三至五十四回再写贾府过元宵节，虽人多热闹，年节活动依往年规矩照常开展，但贾府经

济的人不敷出已浮出水面，真是"生齿日繁，事务日盛""日用排场费用，又不能将就省俭，如今外面的架子虽未甚倒，内囊却也尽上来了"（第二回）。自此次元宵节后，贾府颓势渐渐凸显。

2. 两次中秋节（见表 1-25）

表 1-25　两次中秋节分析

章回	地点	人物	活动（事件）	氛围及作用
第一回	姑苏阊门城的十里街仁清巷的葫芦庙、甄家书院	贾雨村、甄士隐	①葫芦庙寄居之穷儒贾雨村对月以五律和对联抒怀。②甄士隐请雨村对饮，贾雨村口占一绝言志。③甄士隐赞助行囊路费，贾雨村进京赶考。	氛围：清幽融洽，积极奋进。作用：引子，为后文黛玉出场、入京，贾家故事展开作铺垫。
第七十五、七十六回	京城的贾府及大观园	贾珍、贾蓉、薛蟠等贾母及在荣国府的众人	①宁国府因居丧提前过节，贾珍带一众人抹骨牌、赌博、吃酒、赏月，听墙下长叹之悲声。②荣国府经历大观园抄检后，宝钗搬出园，贾母带众人园内赏月、击鼓传花、饮酒、讲笑话、作诗、行令、听笛、赏桂花。③黛玉和湘云凹晶馆联诗，得"冷月葬诗魂"之句。	氛围：宁国府内奢侈淫滥，阴森萧瑟；荣国府内凄清冷寂，悲凉萧疏。作用：贾珍等纵情享乐、荒淫无度，家亡的悲音已经奏响；大观园抄检，一批女儿被撵，宝钗主动出园，人散的悲剧已经拉开序幕。

元宵，是春的生机萌动的时节；中秋，是秋的衰飒逐渐显露的时节。作者写贾府的极盛，写贾府盛衰的转折点，放在了万物将要勃发的元宵佳节；写贾府的衰败，放在了凋零肃杀的中秋。季节的轮回，节日的更迭，与贾家的兴盛与衰颓互相映衬，在自然与人事的互通中，徐徐奏响"树倒猢狲散"的悲音。

二、红白大事梳理

作者写贾府的红白大事，着重写了几次生日和丧葬。我们集中梳理。

1. 四次生日（见表1-26）

表1-26　四次生日分析

章回	人物	活动（事件）	氛围及作用
第二十二回	薛宝钗	① 贾母蠲资二十两，置酒戏。 ② 宝钗依贾母喜好点戏、点吃食。 ③ 黛玉为贾母专门搭小戏台给宝钗庆生不高兴，对宝玉冷笑。 ④ 宝钗给宝玉解说《寄生草》词藻，宝玉称赏不已，黛玉雅讽。 ⑤ 湘云将黛玉与戏子比较，引起宝黛湘争吵。 ⑥ 宝玉感《寄生草》提笔写一偈。	氛围：热闹中有消极衰颓。 作用：写出贾母对宝钗的喜爱，凸显黛玉自尊自重，也道出宝黛钗湘的情感纠葛；戏文词藻暗示宝玉人生归宿。
第四十三至四十四回	王熙凤	① 贾母提议大家凑份子为凤姐庆生，自己蠲资二十两。 ② 凤姐计算大家攒金的份额，一个也不放过。 ③ 尤氏退平儿、鸳鸯、彩云、赵姨娘、周姨娘等人的份子钱。 ④ 宝玉私自出城祭金钏儿。 ⑤ 黛玉借戏名讽刺宝玉私祭。 ⑥ 贾琏偷吃，凤姐泼醋，平儿被打。 ⑦ 宝玉替平儿理妆，怜惜薄命女儿。 ⑧ 贾琏给凤姐赔罪，凤姐给平儿道歉。 ⑨ 鲍二媳妇吊死，凤姐反说要打官司。	氛围：热闹中有凄清伤感。 作用：写出贾母对凤姐的极度宠爱；将凤姐与尤氏对比，写出尤氏的大度宽和，也写出凤姐的贪婪狠毒；将宝玉与贾琏对比，写出宝玉对女儿的真情体贴，讽刺贾琏的荒淫无度。
第六十二至六十三回	贾宝玉	① 炷香，行礼；奠茶焚纸，宗祠行礼；拜长辈。 ② 平儿、宝琴、岫烟与宝玉同一天过生日。 ③ 宝钗锁角门。 ④ 众姐妹庆生，吃食行令，射覆拇战。 ⑤ 湘云醉卧芍药裀。	氛围：热闹，欢快，自由，融洽。 作用：借宝玉生日，写怡红院不分尊卑贵贱、平等自由、

续表

章回	人物	活动（事件）	氛围及作用
		⑥ 宝黛论探春理家。 ⑦ 香菱斗草弄脏石榴裙，宝玉助其解除尴尬。 ⑧ 群芳夜宴，占花名儿。 ⑨ 妙玉以"槛外人"的身份送粉笺祝寿。	欢快融洽的生活，也写出了湘云潇洒从容的名士风度、探春的精明能干和妙玉的高洁脱俗及青春情怀。
第七十一回	贾母	① 各处家宴，收寿礼，朝廷礼部赐礼，皇亲国戚拜寿。 ② 尤氏来荣府帮凤姐，发现大观园未关门吹灯，命小丫头去传话，但下人不理睬，小丫头恼怒。 ③ 小丫头禀报尤氏，尤氏生气，要找凤姐评理。 ④ 周瑞家的赶来给尤氏赔礼道歉。 ⑤ 凤姐听了周瑞家的汇报，捆了不尊重尤氏的下人。 ⑥ 赵姨娘听说后兴风作浪。 ⑦ 邢夫人听说后当众给凤姐难堪。 ⑧ 凤姐气哭，贾母深知就里。 ⑨ 贾母嘱咐大家不要轻看贫穷的喜姐儿、四姐儿。 ⑩ 鸳鸯、探春等人论贾府复杂人际关系，尤氏评价宝玉养尊处优、不管人事。 ⑪ 鸳鸯偶遇司棋、潘又安私会。	氛围：混乱紧张。 作用：作者写贾母八旬大寿，却并没有真正写如何庆寿，反倒写了贾府人心复杂、人际矛盾重重、内部管理松弛混乱，这些都是贾府衰颓的具体表现。

作者描写生日，意不在生日而在人事。宝钗生日，写出黛玉的自尊、宝钗的博学多识、宝玉的委曲求全、湘云的敏感任情，写出小儿女间的纠葛、误会；熙凤生日，衬出凤姐的贪毒、平儿的孤苦、宝玉的体贴、贾琏之流的淫滥，写出夫妻之间的矛盾；宝玉生日，带出湘云的潇洒自由、探春的精明能干、妙玉的孤僻脱俗，写出贾宝玉和众女儿平等和谐的关系；贾母生日，写出邢夫人的小气、王夫人的明哲保身、贾母的老道睿智，写出贾府管理的宿弊、人际的矛盾。

将四次生日联读，我们能体会到作者笔下触及的矛盾由小到大，由儿女间的任性使气升级到婆媳、嫡庶、主奴、家族发展与子孙不肖等重重矛盾，贾府的颓势日益凸显。

2. 三次丧葬（见表1-27）

表1-27 三次丧葬分析

章回	人物	活动（事件）	氛围及作用
第十三至十五回	秦可卿	① 贾珍花一千二百两银子为贾蓉捐五品之官，以求丧事体面风光；以一千两银子也买不到的上好樯木为棺，贾政劝阻无效。 ② 贾珍定调：只求别存心替我省钱，只要好看为上；同荣国府一样待人，不要存心怕人抱怨。 ③ 凤姐内心理头绪，来宁府安排布置，咸重令行。 ④ 尤氏犯病，凤姐一边理丧，一边细心照顾。 ⑤ 凤姐明察秋毫，严惩迟到的下人。 ⑥ 凤姐精明妥善处理荣府宁府事务。 ⑦ 出殡，六大国公、皇亲国戚送殡，四家王府路祭，北静王亲自路祭。出殡队伍浩浩荡荡，压地银山一般。 ⑧ 凤姐弄权铁槛寺，得三千银子。	氛围：隆重热闹，奢华风光。 作用：写出凤姐的杀伐决断、咸重令行、精明能干、贪婪狠毒，也写出贾府的煊赫权势和奢侈无度。
第六十三至六十四回	贾敬	① 尤氏理丧，接继母并尤氏两姐妹看家。 ② 朝廷追赐贾敬五品之职。 ③ 贾珍贾蓉父子热孝在身，却同尤氏姐妹厮混。 ④ 宝玉回去看黛玉，碰见晴雯芳官追赶，宝玉反为她们有消遣高兴。 ⑤ 袭人打扇套。 ⑥ 黛玉准备瓜果祭奠，宝玉为其担忧。 ⑦ 宝玉探望生病的凤姐。 ⑧ 黛玉作《五美吟》，宝玉要看，宝钗前来同看。 ⑨ 出殡所用孝布青衣用银一千一百一十两，仍欠六百零十两，贾珍吩咐想法借钱来还。 ⑩ 贾琏商议娶尤二姐。	氛围：怡红院和谐平等，宁国府荒淫无度。 作用：将贾敬与秦可卿的丧事对比，祖父丧葬反而不如长孙媳妇的排场，显出宁府经济已经掣肘；将宝玉与贾珍等人对比，突出了贾珍之流的荒淫无耻。

续表

章回	人物	活动（事件）	氛围及作用
第一一〇回	贾母	① 朝廷赏银一千两，礼部主祭；内里竟无一人支持，贾琏主外，凤姐主内。 ② 人少难差遣；鸳鸯求凤姐办得风光。 ③ 邢夫人不管事，贾政怕招摇，银子短缺。 ④ 邢夫人不放银子，凤姐掣肘，鸳鸯、王夫人误解。 ⑤ 凤姐求大家体恤帮忙。 ⑥ 丫头作践凤姐，平儿替凤姐排解，李纨嘱咐手下人出力帮凤姐。 ⑦ 送殡车辆不够，要去借车。 ⑧ 湘云哭悼贾母，述湘云女婿得痨病。 ⑨ 小丫头传闲话，凤姐吐血发晕。 ⑩ 鸳鸯殉主。	氛围：混乱，衰颓。 作用：作为贾府的宝塔尖，贾母品级和辈分最高，结果丧葬最失体面，揭示了贾府被查抄后人心涣散、经济衰颓、人际矛盾重重，衰败之象难以扭转。

三次丧葬，所葬之人辈分、品级越来越高，丧葬仪式却越来越寒酸。秦可卿夭逝于贾府极盛之前，是非正常死亡，算不上白喜之事，反而办得热热闹闹、风风光光；而贾敬处于贾府经济掣肘之时，虽死于吞服金丹，但毕竟辈分高、年纪长，丧仪却远比不上孙媳妇的奢华体面；贾母寿终正寝，是真正的白喜之事，但因为贾家已衰败，人心已散，矛盾已激化，所以基本的体面都维持不住。作者写三次丧仪，实际写出了贾府内部的矛盾，写出了贾府由盛至衰的过程。

三、日常细节分析

曹雪芹写贾府，吃穿住行，交游娱乐，事无巨细，娓娓道来，落笔于寻常，却让人百读不厌、回味无穷，因为作者在平常生活中，写出了人情世态。我们选择片段进行梳理。

1. 日常中见贫富尊卑、亲疏穷通（见表 1-28）

表 1-28　日常细节中的贫富、亲疏对比

日常细节	文本 1	文本 2	作用
用	那银红的又叫作"霞影纱"。如今上用的府纱也没有这样软厚轻密的了。明儿就找出几匹来，拿银红的替他糊窗子。（第四十回）	刘姥姥也觑着眼看个不了，念佛说道："我们想他作衣裳也不能，拿着糊窗子，岂不可惜？"（第四十回）	对比，写出富贵大家的奢侈精致与乡村小户的贫寒。
穿	①刘姥姥见平儿遍身绫罗，插金带银，花容玉貌的，便当是凤姐儿了。（第六回）②又看（袭人）身上穿着桃红百子刻丝银鼠袄子，葱绿盘金彩绣绵裙，外面穿着青缎灰鼠褂。……只见凤姐儿命平儿将昨日那件石青刻丝八团天马皮褂子拿出来，与了袭人。（第五十一回）	马道婆因见炕上堆着些零碎绸缎湾角，赵姨娘正粘鞋呢。马道婆道："可是我正没了鞋面子。赵奶奶你有零碎缎子的，不拘什么颜色的，弄一双鞋面给我。"赵姨娘听说，便叹口气说道："你瞧瞧那里头，还有那一块是成样的？成了样的东西，也不能到我手里来！"（第二十五回）	从穿的角度比较，同为姨娘或准姨娘，可看出地位高低、得宠与否、人际亲疏。
戴	一个上来解荷包，那一个就解扇囊，不容分说，将宝玉所佩之物尽行解去。（第十七回至十八回）	因忙把衣领解了，从里面红袄襟上将黛玉所给的那荷包解了下来，递与黛玉瞧道："你瞧瞧，这是什么！我那一回把你的东西给人了？"林黛玉见他如此珍重，带在里面，可知是怕人拿去之意……（第十七回至十八回）	从所佩之物是在外还是在里，可见宝黛关系亲密。
食	因又问晴雯道："今儿我在那府里吃早饭，有一碟子豆腐皮的包子，我想着	宝玉看时，虽有个黑沙吊子，却不像个茶壶。只得桌上去拿了一个碗，也甚大甚粗，	晴雯被撵以后，处境艰难，与先前

续表

日常细节	文本1	文本2	作用
	你爱吃，和珍大奶奶说了，只说我留着晚上吃，叫人送过来，你可吃了？"（第八回）	不像个茶碗，未到手内，先就闻得油膻之气。宝玉心下暗道："往常那样好茶，他尚有不如意之处……"（第七十七回）	在贾府的处境截然两样。饮食精粗，见出穷通变化。

2. 日常中见贤与不肖、悲喜兴衰（见表1-29）

表1-29　日常细节中的贤愚、兴衰对比

日常细节	文本1	文本2	作用
住	贾赦居所：且院中随处之树木山石皆在。一时进入正室，早有许多盛妆丽服之姬妾丫鬟迎着……（第三回）	贾政居所：正面炕上横设一张炕桌，桌上磊着书籍茶具……（第三回）	将居所对比，写出贾赦之荒淫，贾政之端方正直。
吃	茄鲞：把才下来的茄子把皮刨①了，只要净肉，切成碎钉子，用鸡油炸了，再用鸡脯子肉并香菌、新笋、蘑菇、五香腐干、各色干果子，俱切成钉子，用鸡汤煨了，将香油一收，外加糟油一拌，盛在瓷罐子里封严，要吃时拿出来，用炒的鸡瓜一拌就是。（第四十一回）	尤氏早捧过一碗来，说是红稻米粥。……因见伺候添饭的人手内捧着一碗下人的米饭，尤氏吃的仍是白粳米饭，贾母问道："你怎么昏了，盛这个饭来给你奶奶。"……鸳鸯道："如今都是可着头做帽子了，要一点儿富余也不能的。"王夫人忙回道："这一二年旱涝不定，田上的米都不能按数交的。这几样细米更艰难了，所以都可着吃的多少关去，生恐	从吃的食材可以看出诗礼簪缨之族的等级差异，兴盛时吃得奢侈精致，社会经济萧条时，贾府经济也日渐萧条，吃得也相应俭省。

---

① 刉，"刲"的讹字，意为切割。

续表

日常细节	文本1	文本2	作用
		一时短了，买的不顺口。"（第七十五回）	
行	单表到了初一这一日，荣国府门前车辆纷纷，人马簇簇。……乌压压的占了一街的车。（第二十九回）	说是咱们家的车也不够，赶车的也少，要到亲戚家去借去呢。（第一一〇回）	"车"是日用排场的具体表现，前后对比，见出贾府之盛衰，也见出生活的喜与悲。
穿	只听贾母笑道："这叫作'雀金呢'，这是俄罗斯国拿孔雀毛拈了线织的。……""不但能干织补匠人，就连裁缝绣匠并作女工的问了，都不认得这是什么，都不敢揽。"（第五十二回）	抬头忽见船头上微微的雪影里面一个人，光着头，赤着脚，身上披着一领大红猩猩毡的斗篷，向贾政倒身下拜。（第一二〇回）	贾府兴盛时，宝玉穿的是外国的上好雀金裘，连京城的人都不认识；贾府衰颓时，宝玉赤着脚，披着斗篷。

《红楼梦》敢于写日常生活，在这寻常中藏着人性人情，有丰富的社会内蕴。从这纷繁复杂的生活细节中，我们读出了人的个性差异、贫富处境、穷通遭遇、尊卑地位、雅俗情趣在细节中显现，我们还读出了人物内心冷暖、场景悲喜氛围、家族兴衰荣枯。总之，曹雪芹落笔于细节，落笔于日常，却从中发掘出不寻常的社会意义。

主题七 语言艺术

曹雪芹对语言的分寸拿捏得分外精准：叙述事情，节奏疏密相间、缓急错落；描写人物，笔墨浓淡相宜、繁简自如；铺排场景，情味悲欣交集、庄谐各异；表达意趣，语言雅俗共赏、巧拙相生；折射现实，用字常中见奇、朴中生色。所以，《红楼梦》的语言风格，无法用单向的术语描述，而是多元审美特点的巧妙平衡。这与曹雪芹对现实的细腻把握是分不开的。

读《红楼梦》的语言，我们往往感到特别熨帖。作者贴住生活，贴住场景，贴住人物，但又不是对它们的原样照搬，而是进行了艺术的提炼和加工，在不着痕迹中让我们获得审美愉悦。《红楼梦》真是"第一部把白话文运用得最好的小说"[①]！

一、叙述事情：节奏疏密相间、缓急错落

《红楼梦》叙述事情，既贴住生活的真实，又不流于平铺直叙。这源于作者擅长以审美眼光，观察生活的现象，更擅长以艺术化的笔法，调整叙事的节奏。

1. 叙事疏密相间，如珠落玉盘

《红楼梦》叙事，讲究节奏变化。紧张时，语句如急雨，一阵大似一阵；舒缓时，语言如私语，一声慢过一声。正如"嘈嘈切切错杂弹，大珠小珠落玉盘"。我们选择宝玉挨打前的一段描写作鉴赏示例，见表1-30。

表1-30 疏密相间的叙事节奏分析

文本	节奏	分析
话未说完，把个贾政气的面如金纸，大喝"快拿宝玉来！"	短句，紧张	声势吓人，用短句，如平地生雷，让人一惊。
一面说，一面便往里边书房里去，喝令"今日再有人劝我，我把这冠带家私一应交与他与宝玉过去！我免不得做个罪人，把这几根烦恼鬓毛剃去，寻个干净去处	长句，铺排而出，紧张	雨愈急，风愈大，喝令之声一阵高过一阵，一浪高过一浪。

[①] 蒋和森.红楼梦论稿[M].北京：人民文学出版社，2016：279.

续表

文本	节奏	分析
自了,也免得上辱先人下生逆子之罪。"		
众门客仆从见贾政这个形象,便知又是为宝玉了,一个个都是咬指咬舌,连忙退出。	长短结合,弛而后张	插入门客心理,舒缓节奏,再写动作,节奏转快。
那贾政喘吁吁直挺挺坐在椅子上,满面泪痕,一叠声"拿宝玉!拿大棍!拿索子捆上!把各门都关上!有人传信往里头去,立刻打死!"	短句,一气而下,接连蹦出,紧张至极	一组组短句冲来,有排山倒海之势,句句斩钉截铁,有力量,有威势。
众小厮们只得齐声答应,有几个来找宝玉。	松弛	间入一笔,以"只得"见出迁延,节奏稍缓。
那宝玉听见贾政吩咐他"不许动",早知多凶少吉,那里承望贾环又添了许多的话。	松弛	写宝玉心理,急中有缓。
正在厅上干转,怎得个人来往里头去捎信,偏生没个人,连焙茗也不知在那里。	长短错落,紧张	写宝玉之急,无计可施。
正盼望时,只见一个老姆姆出来。	松弛	看到希望,暂缓。
宝玉如得了珍宝,便赶上来拉他,说道:"快进去告诉:老爷要打我呢!快去,快去!要紧,要紧!"	短句,节奏加快,紧张	看到救命稻草,心情急切至极,一系列短句,节奏加快。
宝玉一则急了,说话不明白;二则老婆子偏生又聋,竟不曾听见是什么话,把"要紧"二字只听作"跳井"二字,便笑道:……	松弛	作者插进来解释,故意宕开一笔,舒缓节奏。
宝玉急的跺脚,正没抓寻处,只见贾政的小厮走来,逼着他出去了。	张而后弛	写宝玉之急,节奏紧张。"逼",见出宝玉的磨蹭、小厮的求告,紧张中夹杂拖延,缓急相生。

作者善于调用不同的句式:长句写心理,放缓节奏;短句写态势,愈行愈急。句式长短错落,节奏缓急有致,使得叙述波澜起伏、扣人心弦。王熙

凤协理宁国府威重令行一节（第十四回）、林黛玉去怡红院恰遇晴雯生气一节（第二十六回）、王熙凤生日时惩治小丫头一节（第四十四回）、姐妹芦雪广联诗一节（第五十回）、抄检大观园中袭人和晴雯被抄检一节（第七十四回），都写得如风行水上，涟漪泛起，我们可以让学生也作表格梳理，记录阅读心得。

2. 叙述旁逸斜出，如藕断丝连

曹雪芹的章回叙事往往并不"千里江陵一日还"，而会在途中旁逸斜出，流连瞻望，然后兴尽而返，这打破了叙述直线而下的节奏，使得文章节奏疏密变化，文脉如藕断丝连，读来也别有趣味。

第八回作者对"秦钟入贾府家塾"一事即采用了欲擒故纵的笔法（见图1-10），故意缓住，而绕到躲避父亲、清客赞字、比看金玉、黛玉含酸、宝钗劝不喝冷酒、黛玉戴笠、晴雯贴字、宝玉暖手等情节上去，绕着"读书写字"的主题一路前行，一件接一件，急舒有致。正当我们读得意兴盎然，甚至要将秦钟抛之脑后的时候，作者倒收回笔墨，回到秦钟身上。

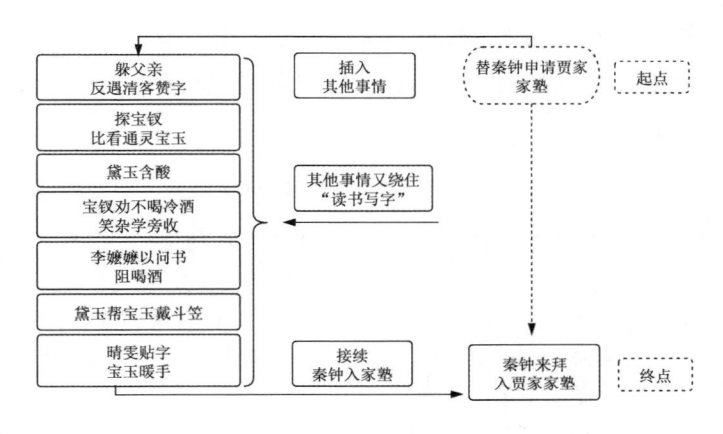

图1-10 秦钟入贾府家塾事件

第五十三回亦是如此（见图1-11），作者先抛出小丫头呈上打好的锞子，然后旁逸斜出，叙述其他年事，让我们看到贾府奢侈生活的来源，看到贾府生齿日繁、事务日盛，了解贾府经济已经不敷，但是年节的排场依旧、热闹依旧，例如听戏赏钱，自然又接上开头的金银锞子。赏锞子是逗趣，是热闹，但也是排场、体面，一头一尾维持排场体面和中间的经济不敷形成反差。文脉的转换，不仅影响了叙述节奏，还带来了内容的丰富、主题的深化。

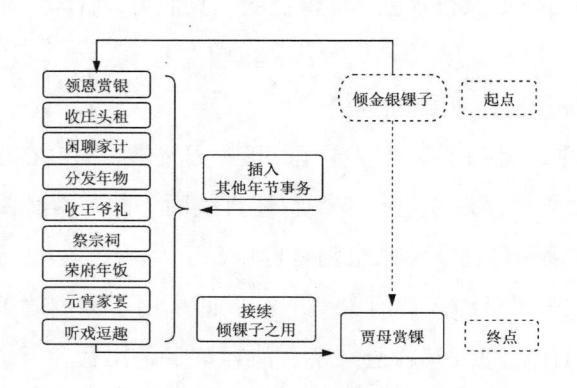

图 1-11　金银锞子事件

二、描写人物：笔墨浓淡相宜、繁简自如

《红楼梦》写人物是"淡妆浓抹总相宜"，语言或简或繁，是随着人物形与神的特点而自由调度的。我们选择三位重要年轻女性的肖像描写进行文本梳理比较，见表 1-31。

表 1-31　人物肖像描写

人物	肖像描写	心得
林黛玉	①借众人之眼：众人见黛玉年貌虽小，其举止言谈不俗，身体面庞虽怯弱不胜，却有一段自然的风流态度，便知他有不足之症。（第三回） ②借熙凤之语：天下真有这样标致的人物，我今儿才算见了！况且这通身的气派，竟不像老祖宗的外孙女儿，竟是个嫡亲的孙女，怨不得老祖宗天天口头心头一时不忘。（第三回） ③借宝玉之眼：两弯似蹙非蹙罥烟眉，一双似泣非泣含露目。态生两靥之愁，娇袭一身之病。泪光点点，娇喘	作者浓墨渲染黛玉之神韵气派，即便是写到其相貌，也将笔墨落在眉眼中透露的情韵。可谓不落笔于外形，却风流态度尽显。

续表

人物	肖像描写	心得
	微微。闲静时如姣花照水，行动处似弱柳扶风。心较比干多一窍，病如西子胜三分。（第三回） ④借宝玉之心理：宝玉心中品度黛玉，越发出落的超逸了。（第十六回）	
王熙凤	①借黛玉之眼：彩绣辉煌，恍若神妃仙子。头上戴着金丝八宝攒珠髻，绾着朝阳五凤挂珠钗；项上带着赤金盘螭璎珞圈；裙边系着豆绿宫绦双衡比目玫瑰佩；身上穿着缕金百蝶穿花大红洋缎窄裉袄，外罩五彩刻丝石青银鼠褂；下着翡翠撒花洋绉裙。一双丹凤三角眼，两弯柳叶吊梢眉，身量苗条，体格风骚。粉面含春威不露，丹唇未启笑先闻。（第三回） ②借刘姥姥之眼：那凤姐儿家常带着秋板貂鼠昭君套，围着攒珠勒子，穿着桃花撒花袄，石青刻丝灰鼠披风，大红洋绉银鼠皮裙，粉光脂艳，端端正正坐在那里，手内拿着小铜火箸儿拨手炉内的灰。（第六回）	浓墨重彩，从上至下，全息式地描写熙凤的穿着。然后抓住眉眼形状、身材进行简笔描写，而对其神韵"含春威不露"一笔带出。
薛宝钗	①作者直接叙述：不想如今忽然来了一个薛宝钗，年岁虽大不多，然品格端方，容貌丰美，人多谓黛玉所不及。（第五回） ②借周瑞家的眼：只见薛宝钗穿着家常衣服，头上只散挽着纂儿，坐在炕里边，伏在小炕桌上同丫鬟莺儿正描花样子呢。（第七回） ③借宝玉之眼与心：宝玉掀帘一迈步进去，先就看见薛宝钗坐在炕上作针线，头上挽着漆黑油光的纂儿，蜜合色棉袄，玫瑰紫二色金银鼠比肩褂，葱黄绫棉裙，一色半新不旧，看去不觉奢华。唇不点而红，眉不画而翠，脸若银盆，眼如水杏。罕言寡语，人谓藏愚；安分随时，自云守拙。（第八回） ④借宝玉之眼与心：宝玉在旁看着雪白一段酥臂，不觉动了羡慕之心……再看看宝钗形容，只见脸若银盆，眼似水杏，唇不点而红，眉不画而翠，比林黛玉另具一种妩媚风流，不觉就呆了……（第二十八回）	反复用笔，写其"形容"，即外在形体容貌，而对其神韵，则以"罕言寡语""安分随时""妩媚风流"简笔点出。

作者对黛玉之神，反复渲染，众人看其"风流态度"，熙凤看其"通身气派"，宝玉看其多愁善感、敏感多心。但是黛玉的形体是"人比黄花瘦"吗？脸型是鹅蛋脸吗？眉毛如柳叶吗？作者只字不提，笔墨真是吝啬至极！为什么？黛玉前世是绛珠仙子，吃的是蜜青果，饮的是灌愁海水，不食人间烟火；其形体是由绛珠草脱化而来，其五内郁结着缠绵不尽的情意。作者浓笔写其神，淡笔写其形，正与其前世超逸脱俗的气韵贴合。

作者写王熙凤的服饰穿戴，则不吝笔墨，一气铺排，从头到脚，全息描画；而对其神韵，则简笔带过。这和王熙凤的管家身份、受宠地位及物欲追求也是十分贴合的。

对薛宝钗，作者也是极力借宝玉之眼，写其容貌、衣着，而对其神韵略微点染。在宝黛钗的情感纠葛中，金玉姻缘本就建立在家族利益上，而且宝钗与宝玉在思想上日益"生分"，作者浓笔写其形，淡笔写其神，正与二者精神的疏离暗合。

三、铺排场景：情味悲欣交集、庄谐各异

《红楼梦》善写场景，年节活动、红白大事、日常宴饮游乐，一个个场景扑面而来，或庄严肃穆，或繁盛热闹，或欢快明畅，或萧瑟悲凉。尤其让人佩服的是，作者善于在繁盛中透露衰飒，在欢乐中融入悲凉，在庄重中间入诙谐，极有艺术张力。我们选择几处场景进行梳理，见表1-32。

表1-32 不同的场景描写

章回	场景	文本	心得
第八回	比看金玉	宝钗看毕，又从新翻过正面来细看，口内念道："莫失莫忘，仙寿恒昌。"念了两遍，乃回头向莺儿笑道："你不去倒茶，也在这里发呆作什么？"莺儿嘻嘻笑道："我听这两句话，倒	"比看金玉"是小儿女共处的小场景，只在梨香院宝钗的房间，总共三个人，而且人物动作、语言也用重复笔法形成回环效果，

续表

章回	场景	文本	心得
		像和姑娘的项圈上的两句话是一对儿。"宝玉听了，忙笑道："原来姐姐那项圈上也有八个字，我也赏鉴赏鉴。"宝钗道："你别听他的话，没有什么字。"宝玉笑央："好姐姐，你怎么瞧我的了呢。"宝钗被缠不过，因说道："也是个人给了两句吉利话儿，所以錾上了，叫天天带着；不然，沉甸甸的有什么趣儿。"一面说，一面解了排扣，从里面大红袄上将那珠宝晶莹黄金灿烂的璎珞掏将出来。宝玉忙托了锁看时，果然一面有四个篆字，两面八字，共成两句吉谶。……宝玉看了，也念了两遍，又念自己的两遍，因笑道："姐姐这八个字倒真与我的是一对。"莺儿笑："是个癞头和尚送的，他说必须錾在金器上——"宝钗不待说完，便嗔他不去倒茶，一面又问宝玉从那里来。	整体氛围显得轻松明畅。尤其是莺儿的"嘻嘻笑"和宝玉的"笑"，在宁静中泛起活泼的波纹。但从莺儿的"倒像""是一对儿"的俏皮打趣，到宝玉的"倒真与我的是一对"的无心之语，"像"换成确定结论"真"，读者都明白，这里已隐伏着金玉将会关联的悲剧婚姻。六个"笑"里隐伏着将来黛玉"焚稿断痴情"和宝钗"出闺成大礼"的爱情婚姻悲剧。
第十七回至十八回	元妃游幸大观园	尤氏、凤姐等上来启道："筵宴齐备，请贵妃游幸。"元妃等起身，命宝玉导引，遂同诸人步至园门前。早见灯光火树之中，诸般罗列非常。进园来先从"有凤来仪""红香绿玉""杏帘在望""蘅芷清芬"等处，登楼步阁，涉水缘山，百般眺览徘徊。一处处铺陈不一，一桩桩点缀新奇。贾妃极加奖赞，又劝："以后不可太奢，此皆过分之极。"已而至正殿，谕免礼归座，大开筵宴。贾母等在下相陪，尤氏、李纨、凤姐等亲捧羹把盏。	元妃游幸大观园，写得繁盛热闹、花团锦簇，但作者却不忘点一句"不可太奢，此皆过分之极"，给"鲜花着锦"的氛围植入大厦将倾的隐忧；元妃省亲，写得庄严隆重、等级森严，但作者客观叙一句"贾母等在下相陪"，把骨肉亲情被皇家礼仪边缘化的悲凉融入字里行间。

续表

章回	场景	文本	心得
第五十四回	元宵击鼓传花	众人齐笑道:"这可拿住他了。快吃了酒说一个好的,别太逗的人笑的肠子疼。"凤姐儿想了一想,笑道:"一家子也是过正月半,合家赏灯吃酒,真真的热闹非常,祖婆婆、太婆婆、婆婆、媳妇、孙子媳妇、重孙子媳妇、亲孙子、侄孙子、重孙子、灰孙子、滴滴搭搭的孙子、孙女儿、外孙女儿、姨表孙女儿、姑表孙女儿,……嗳哟哟,真好热闹!"众人听他说着,已经笑了,都说:"听数贫嘴,又不知编派那一个呢?"尤氏笑道:"你要招我,我可撕你的嘴。"凤姐儿起身拍手笑道:"人家费力说,你们混,我就不说了。"贾母笑道:"你说你说,底下怎么样?"凤姐儿想了一想,笑道:"底下就团团的坐了一屋子,吃了一夜酒就散了。"众人见他正言厉色的说了,别无他话,都怔怔的还等下话,只觉冰冷无味。	这是元宵佳节家人团聚的大场面,作者写大家击鼓传花,轮到王熙凤讲笑话。王熙凤一向口齿伶俐、诙谐幽默,相信读者也对这个笑话满怀期待。可是我们发现,作者虽一口气写了七个"笑",我们却丝毫没觉得好笑。表面的热闹祥和,似乎已经比不上刘姥姥进大观园那次大家形态各异的笑了。尤其是笑话的结尾"散了",在相聚后来了个冰冷的结局,隐隐透出由盛转衰的意味。另外,凤姐由"笑道"转成"正言厉色",诙谐打趣的氛围突然转入端庄严肃,让整个场景变得无味无趣。

《红楼梦》中很多场景描写都值得我们去品味,比如宝玉挨打前碰见老姆姆(第三十三回),紧张氛围中融入人情的凉薄,再如黛玉逗弄鹦鹉(第三十五回),欢快中掺杂着《葬花吟》的凄凉,还有刘姥姥逛大观园认黄杨木(第四十一回),富贵奢华中带出艰辛贫寒……可见,作者写场景,擅长一笔融入多种情味,在繁华中透出衰颓,在欢乐中藏着悲酸,在富贵中看到贫穷。

四、表达意趣:语言雅俗共赏、巧拙相生

《红楼梦》既写众姐妹的诗词曲赋,也写刘姥姥充满乡野俗趣的顺口溜,

甚至还写薛蟠粗鄙低劣的酒令，语言风格随人而异，与人物特点贴合。不仅如此，即便是写同一个人，写同一个场景，作者也会将典雅的书面语与通俗的口语相生相融，使得文章灵动而富有生机。

作者不仅讲究语言风格的灵活运用，还擅长发掘人物的巧言与拙语，以更贴切地传达人物精神。我们也选择几处作文本比读，见表1-33。

表1-33　不同的语言风格

章回	情节	文本	心得
第三十五回	黛玉逗弄鹦哥	一面想，一面只管走，不防廊上的鹦哥见林黛玉来了，嘎的一声扑了下来，倒吓了一跳，因说道："作死的，又扇了我一头灰。"那鹦哥仍飞上架去，便叫："雪雁，快掀帘子，姑娘来了。"黛玉便止住步，以手扣架道："添了食水不曾？"那鹦哥便长叹一声，竟大似林黛玉素日吁嗟音韵，接着念道："侬今葬花人笑痴，他年葬侬知是谁？试看春尽花渐落，便是红颜老死时。一朝春尽红颜老，花落人亡两不知！"黛玉紫鹃听了都笑起来。紫鹃笑道："这都是素日姑娘念的，难为他怎么记了。"黛玉便令将架摘下来，另挂在月洞窗外的钩上，于是进了屋子，在月洞窗内坐了。吃毕药，只见窗外竹影映入纱来，满屋内阴阴翠润，几簟生凉。黛玉无可释闷，便隔着纱窗调逗鹦哥作戏，又将素日所喜的诗词也教与他念。	"黛玉逗弄鹦鹉"写得很有诗情画意，鹦鹉学舌，直接吟咏《葬花吟》诗句，既有趣，又典雅。还有"阴阴翠润，几簟生凉"的文言词语运用，典雅又有韵味。而"嘎的一声扑了下来，倒吓了一跳""作死的，又扇了我一头灰"等句子，分明又是生活气息浓郁的口语，使典雅秀丽的画境中融入生活的俗趣。
第二十六回	薛蟠请尝鲜	薛蟠道："要不是，我也不敢惊动，只因明儿五月初三日是我的生日，谁知古董行的程日兴，他不知那里寻了来的这么粗这么长粉脆的鲜藕，这么大的大西瓜，这么长一尾新鲜的鲜鱼，这么大的一个暹罗国进贡的灵柏香薰的暹猪。你说，他这四样礼可难得不难得？那鱼、	"这么粗""这么长""这么大""这么长""这么大"，连用五个"这么……"的句式，其中还有两个是重复的，见出了薛蟠语言能力之"拙"。作者故用俗语拙句，巧妙表现了薛

续表

章回	情节	文本	心得
		猪不过贵而难得，这藕和瓜亏他怎么种出来的。我连忙孝敬了母亲，赶着给你们老太太、姨父、姨母送了些去。如今留了些，我要自己吃，恐怕折福，左思右想，除我之外，惟有你还配吃，所以特请你来。……"	蟠不学无术、入俗词穷的特点，同时，又通过这些俗拙之语，表现他的简单真诚。
第四十回	刘姥姥夸赞贾母房和潇湘馆	刘姥姥念佛道："人人都说大家子住大房。昨儿见了老太太正房，配上大箱大柜大桌子大床，果然威武。那柜子比我们那一间房子还大还高。怪道后院子里有个梯子。我想并不上房晒东西，预备个梯子作什么？后来我想起来，定是为开顶柜收放东西，非离了那梯子，怎么得上去呢。如今又见了这小屋子，更比大的越发齐整了。满屋里的东西都只好看，都不知叫什么，我越看越舍不得离了这里。"	刘姥姥夸贾母房一连用了七个"大"、一个"高"，用语通俗；夸黛玉房，故意回避其"窄"，而夸其"齐整"。另用一个"威武"描写自己对贾母房的感受，新奇而有表现力；再用"都不知叫什么"，以自己的无知衬托黛玉房的精致。表面看刘姥姥用词不巧，但从贴近她乡村老妪的身份来看，作者遣词造句又贴合无痕，拙中藏巧。

《红楼梦》雅俗共赏的语言风格，在很多经典场景里都有所体现，如黛玉听曲（第二十六回）、宝钗扑蝶（第二十七回）、黛玉葬花（第二十七回）、龄官划蔷（第三十回）、起社作诗（第三十七回至三十八回）、湘云醉卧（第六十二回）等。

薛蟠与刘姥姥看似都拙于言辞，但两者有差异：薛蟠是真拙，拙中见其心思单纯；刘姥姥的语言看似拙朴，但里面透着乡村老妇饱经世事的圆熟老练。还有一向伶牙俐齿、巧舌如簧的凤姐，也有说话忽然笨拙无味的时候，如第五十四回击鼓传花说笑话，凤姐就说得"冰冷无味"，与前面章回情趣大异，在语言由巧变拙的背后，我们读出的是家族将衰的预兆。在由盛转衰的转折点，回想第一回僧人的谶语"好防佳节元宵后，便是烟消火灭时"，这一处的笑话，还真巧不得！

五、折射现实：用字常中见奇、朴中生色

《红楼梦》的语言特色是多元的：既对人物以简笔勾勒传精神，又时而对人物以浓墨重彩写特点；既吸收典雅的文言词语或古典诗词佳句，又汇入富有生活气息的口语。《红楼梦》语言的总体特色是简洁、朴素的，用字大多并不求奇，是我们平常说得出、用得了的熟悉字眼，但作者往往在寻常朴素中，描绘出鲜活的生活场景，包蕴丰富的情感意义，反映广阔的社会现实，渗透深刻的思想内涵。我们也选几处进行鉴赏，见表1-34。

表1-34　不同的用字

章回	情节	文本	心得
第三十四回	宝黛探宝玉	（宝钗）想毕，因<u>笑道</u>："你们也不必怨这个，怨那个。据我想，到底宝兄弟素日不正，肯和<u>那些人</u>来往，老爷才生气……"（黛玉）听了宝玉这番话，心中虽然有万句言词，只是<u>不能说得</u>，半日，方<u>抽抽噎噎的说道</u>："你从此可都改了罢！"宝玉听说，便长叹一声，道："你放心，别说这样话。就便为<u>这些人</u>死了，也是情愿的！"	作者描写宝黛的表情、动作、语言，字字平易，完全是生活本色，但是宝钗之"笑道"与黛玉之"不能说得""抽抽噎噎的说道"形成对比。宝玉挨打如此之重，黛玉伤心得无法正常言语，慑于家长的威势不得已抽抽噎噎地劝告"改了罢"，我们可以想见黛玉一边说话一边抽噎的伤心之态；宝钗却还能从容淡定，冷静地讲理、追责、批评，站在伦理角度评判。再看，宝钗说的"那些人"和宝玉说的"这些人"，本质上是同一类人，但宝钗用远指代词"那"，宝玉用近指代词"这"，二者的思想差异也在平易字眼中显露出来。
第七十回	大观园放	众人皆仰面瞪眼说："有趣，有趣。"宝玉道："可	风筝被剪断线飘走了，众人看到的是"有趣"，宝玉感到的是"可惜"，体味到的

续表

章回	情节	文本	心得
	风筝	惜不知落在那里去了。若落在有人烟处，被小孩子得了还好；若落在荒郊野外无人烟处，我替他寂寞。想起来把我这个放去，教他两个作伴儿罢。"于是也用剪子剪断，照先放去。	是风筝的"寂寞"。"寂寞"是一个普通的字眼，常用来描写人的心境，但作者两次将普通字眼用在不普通的语境中，以拟人手法，用来形容宝玉对没有生命的物的担忧，一次是第十九回望慰美人图，一次是这一回怜惜风筝，可见宝玉对万物的体贴之情。寻常字若用在不寻常的语境中，往往产生神奇的表达效果。
第七十回	李纨喜好清净	碧月见他四人乱滚，因笑道："倒是这里热闹，大清早起就咕咕呱呱的顽到一处。"宝玉笑道："你们那里人也不少，怎么不顽？"碧月道："我们奶奶不顽，把两个姨娘和琴姑娘也宾住了。如今琴姑娘又跟了老太太前头去了，更寂寞了。两个姨娘今年过了，到明年冬天都去了，又更寂寞呢。你瞧宝姑娘那里，出去了一个香菱，就冷清了多少，把个云姑娘落了单。"	碧月的话，句句寻常，但细品却读到了人物不同的生命状态和社会尊奉的价值理念。李纨"不顽"，宝姑娘"冷清"。前者守寡，恪守贞洁妇道，硬是将年轻的时光过得冰冷安静，连李绮、李纹、宝琴三位青春少女的天真烂漫也跟着被"宾住"了；后者奉行封建礼教，非礼勿言，非礼勿动，以封建教条约束自己和他人，所以乐观纯真的香菱一出去，豪爽英阔的湘云没了人"咕咕呱呱"谈诗说话，蘅芜苑就冷清了。碧月将怡红院大清早丫头打闹的自由欢快、热闹活泼的气氛与稻香村、蘅芜苑的寂寞冷清相对比，让我们看到的不仅是李纨、宝钗清净寂寞的生命状态，更看到了封建礼教的强大力量——钳制了美好的青春活力，同时并提宝钗与李纨的寂寞冷清，对宝钗人生的归宿也有预示作用。

《红楼梦》的语言以一当十，常中见新，平中见奇，有很多耐人寻味的地方。在细读文本时，要咬文嚼字，于平易处体味人物性情、生命状态和社会内涵，通过语言的桥梁，提升鉴赏能力，获得审美愉悦，得到艺术趣味的陶冶和精神的涵养。

第二章 教学设计

总 述

当《红楼梦》"整本书阅读"成为统编高中语文必修下册中独立的单元内容时，很多老师会感到迷茫：如此洋洋巨著，要在规定课时内进行导读，到底应该怎样设计课程？

在认真阅读新课标对于"整本书阅读与研讨"的学习目标与内容、教学提示的要求，以及统编高中语文教材必修下册第七单元对《红楼梦》整本书阅读提供的阅读指导、学习任务之后，我认为《红楼梦》整本书的导读应遵循以下原则：

1. 遵循课标，紧扣教材，把准教学目标。当前，《红楼梦》的读法很多，或索隐，或考证，或文化探秘，或戏说趣谈……但作为统编教材课程内容的导读，则要遵循课标的理念，体现教材的编写意图，重在开拓学生视野，帮助其积累阅读经验、提升鉴赏能力、吸纳优秀文化、形成正确价值观。所以，我们应充分研读教材，合理设定导读目标，确定适当的教学起点、深度和广度，不能一味求奇、求趣、求深。

2. 立足文本，尊重学生，提升学科素养。《红楼梦》的跨媒体学习资源很多，如不同版本的电视剧等，可以适当选择以辅助导读，但不可替代学生的整本书阅读。而且，新课标强调学生要"从最使自己感动的故事、人物、场景、语言等方面入手""形成和积累自己阅读整本书的经验""联系个人经验""丰富自己的精神世界"，可见，整本书阅读要站稳文本的沃土，充分尊重学生的主体地位，帮助学生通过言语实践活动去提升语言、思维、审美等学科核心素养。

3. 设计活动，提供任务，坚守语文本色。统编教材为我们提供了一系列"学习任务"，强调要以活动促进学生阅读。但我们不能为了追求课堂的热闹而将语文课变成摄影课、音乐课、绘画课等，而应该坚守语文本色。新课标提出"梳理""反复阅读品味""欣赏""探究""撰写"等活动形式，可见，《红楼梦》整本书阅读虽然需要设置符合生活真实的情境，设计清晰的任务和富有趣味的活动，但这些情境、任务和活动最终要能带动学生细读文本，去梳理与探究、阅读与鉴赏、表达与交流。

　　了解了整本书导读的原则，在具体操作时可能有以下问题：《红楼梦》共一百二十回，我们从哪些方面导读？怎么设计学习任务？设计哪些语文学习活动？要解决这些困惑，就要明确《红楼梦》整本书的普遍性和典型性。首先，它是长篇章回体小说，具有传统小说的共性；其次，它有独特的结构、内容和艺术特点。因此，在教学中，我们可以紧扣其共性和个性，从交流阅读方法、介绍结构及主线、探讨人物形象、感受宝黛爱情精致之美、细品日常生活描写、赏读林黛玉诗词、辩证思考后四十回的价值、探究小说主题等方面安排阅读与研讨活动，安排10—14个课时。

第一课　读回目梳理主线，知读法探索门径

任务简述

　　《红楼梦》是长篇章回体小说，其回目简练工整，精要地概括了各章回的主要内容。第一课可以引导学生掌握初读回目以梳理整本书内容及主线的方法。

　　《红楼梦》是艺术中的"绝大著作"，其内容之广博、内涵之深厚、艺术之丰美容易让人望而却步。高中生阅读整本书，在读前进行经验交流、接受方法指导尤为重要。

学习目标

1. 简介《红楼梦》相关评价，激发学生阅读兴趣。
2. 通过梳理整合小说回目，学会整体把握整本书的内容及线索。
3. 通过交流阅读经验，掌握略读、精读、研读文本等方法。

自主阅读活动设计

1. 课前自主阅读人民文学出版社出版的《红楼梦》的前言，以表格的形式梳理以下内容，撰写读书摘记：曹雪芹家世与身世遭际，《红楼梦》内容、结构和艺术特点，《红楼梦》版本沿革。

2. 自主阅读全书章回目录，完成以下任务：① 阅读回目，读准字音、节奏，初步理解回目含义；② 查阅词典，疏通回目中生僻字词，深入理解其内涵，如"夤缘""指迷""仙醪""铁槛寺""箴宝玉""谶语""手足眈眈""誊挞""戏彩斑衣"等；③ 梳理整本书的回目，圈点表示人物活动空间转换、家族盛衰变化、人物称谓及其命运归宿的词，整合并思考《红楼梦》到底写了什么内容，是围绕哪两条线索交织推进的。

3. 泛读前五回，给每一章回写一则内容提纲。

学习资源

1. 介绍长篇章回体及回目的含义，推荐相关的助读资料，提供知识支架。
2. 推荐小说的阅读方法和经验，提供方法支架。

学习进程

一、深情导入，消除学生畏难情绪，激发阅读兴趣

《红楼梦》是一部什么书？王国维说，它是"艺术的绝大著作"[1]；周汝昌说，它是"中华文化的一个综合体和集大成"[2]；王蒙说，它是"生活的百科全书，语言的百科全书"[3]。如此巨著，我们怎能错过？

然而，一入红楼，我们却深感楼深似海！很多中学生都觉得《红楼梦》读不下去。

---

[1] 王国维，蔡元培，胡适. 三大师谈红楼[M]. 南京：译林出版社，2015：10.
[2] 周汝昌. 红楼小讲[M]. 北京：中华书局，2007：225.
[3] 王蒙. 红楼启示录[M]. 北京：生活·读书·新知三联书店，2017：225.

可是，你们知道吗？《红楼梦》其实是传统文化中很少能看到的对青春进行描述的作品。在传统的封建社会里，人是没有"青春"的。大家试想一下，当年《红楼梦》以手抄本的形式悄悄流传的时候，它激活了多少人对青春的感慨和向往，就像今天，你躲在被窝里用手电筒看青春小说的感觉一样。

我们不是学者，在《红楼梦》的世界里，我们大可以用一颗同龄人的心去体味那些青少年的爱恨纠缠，以青春的活力去探测那个时代对人性、对青春、对爱情、对生活乃至对社会的态度。这样来读它，你不会觉得读不下去，你会发现，从《红楼梦》里你可以读出自己。

二、梳理回目，了解全书结构及主线，把握前五回内容及作用

> 活动1：梳理回目，初知全书结构，整合全书主线

1. 提供资源：针对章回体，简介"章回"与"回目"

《红楼梦》篇幅之长、人物之众、情节之密、场景之多，使得作者不可能一挥而就。于是，作者将小说内容分章分回，标上题目，就成了一部长篇章回体小说。我们现在看到的《红楼梦》版本有一百二十个章回，是一本大部头的书，所以有些同学面对它有些茫然无措。

读整本书也好，读一篇文章也好，我们都有一睹为快的欲望：它写了什么内容？它围绕什么写的？它的结构是怎样的？这种一睹为快的欲望，说白了就是对整体把握整本书的期待。

手捧《红楼梦》，我们怎样揭开它神秘的面纱呢？其实，章回体小说的每一个章回都有一双明媚动人的眼睛，能让我们一窥其神秘的世界，即每一章回的回目。

"回目"，是章回的标题，也即章回的眼睛，它多用对偶的句式概括每一章回的主要内容。

我们先一起读回目，初步了解《红楼梦》的内容、结构和线索。

2. 学生活动：梳理两组回目，理清整体结构及线索

（1）梳理第一组回目，圈点表明地点或环境的名词，并找出反映贾府生

活兴衰变化的词语。例如：

  第二回 贾夫人仙逝扬州城 冷子兴演说荣国府

  第九回 恋风流情友入家塾 起嫌疑顽童闹学堂

  第十七回至十八回 大观园试才题对额 荣国府归省庆元宵

  第四十回 史太君两宴大观园 金鸳鸯三宣牙牌令

  第五十三回 宁国府除夕祭宗祠 荣国府元宵开夜宴

  第五十六回 敏探春兴利除宿弊 时宝钗小惠全大体

  第七十四回 惑奸谗抄检大观园 矢孤介杜绝宁国府

  第七十五回 开夜宴异兆发悲音 赏中秋新词得佳谶

  第一〇二回 宁国府骨肉病灾祲 大观园符水驱妖孽

  第一〇五回 锦衣军查抄宁国府 骢马使弹劾平安州

师生交流，引导学生整合画出的关键词，从而梳理整本书的内容及线索。

①你们画出了哪些点明地点或环境的词？

如"荣国府""家塾""学堂""大观园""宁国府"。

②你从哪些字眼能感受到贾府生活的盛衰变化？

如"闹学堂""庆元宵""两宴大观园""三宣牙牌令""祭宗祠""开夜宴""除宿弊""抄检""发悲音""病灾祲""驱妖孽""查抄""弹劾"等。

整合："闹""庆""宴"等字眼透出了贾府的繁盛富贵；而从第五十六回开始，"宿弊""抄检""悲音""妖孽""查抄"等关键词透出了贾府的衰颓。

③整合这些回目，你觉得《红楼梦》写了什么内容？

如《红楼梦》以贾府为中心，叙述了四大家族由鼎盛走向衰败的过程。

（2）梳理第二组回目，画出称呼众女儿的词语，并找出揭示其命运变化的词语。例如：

  第三回 林黛玉抛父进京都（林黛玉寄人篱下）

  第四回 薄命女偏逢薄命郎（甄英莲被卖）

  第五回 游幻境指迷十二钗 饮仙醪曲演红楼梦（千红一窟〈哭〉 万艳同杯〈悲〉）

第十三回　<u>秦可卿</u>死封龙禁尉

第三十二回　含耻辱情烈死<u>金钏</u>（金钏儿自杀）

第六十六回　<u>情小妹</u>耻情归地府　冷二郎一冷入空门（尤三姐死）

第六十九回　弄小巧用借剑杀人　觉大限吞生金自逝（尤二姐死）

第七十七回　俏丫鬟抱屈夭风流　美优伶斩情归水月（晴雯死，芳官、藕官、蕊官出家）

第七十九回　<u>贾迎春</u>误嫁中山狼

第八十回　美<u>香菱</u>屈受贪夫棒

第九十五回　因讹成实<u>元</u>妃薨逝（贾元春死）

第九十八回　苦绛珠魂归离恨天（林黛玉死）

第一〇〇回　悲远嫁宝玉感离情（贾探春远嫁）

第一〇九回　还孽债迎女返真元（贾迎春死）

第一一一回　<u>鸳鸯</u>女殉主登太虚（鸳鸯死）

第一一二回　活冤孽<u>妙</u>尼遭大劫（妙玉遭劫）

第一一四回　<u>王熙凤</u>历幻返金陵（王熙凤死）

第一一五回　惑偏私<u>惜春</u>矢素志（贾惜春出家）

第一一九回　中乡魁宝玉却尘缘（薛宝钗守寡）

① 这些回目中出现了哪些女孩子的名字或称谓？她们的命运是怎样的？如"林黛玉""苦绛珠"——"抛父进京都"，"魂归离恨天"（死）；"薄命女""美香菱"（甄英莲）——"偏逢薄命郎"（被卖），"屈受贪夫棒"（挨打）；"秦可卿"——"死"；"金钏"——"含耻辱""死"；"情小妹"（尤三姐）——"耻情归地府"（以剑自刎）；尤二姐——"吞生金自逝"；"俏丫鬟"（晴雯）——"抱屈夭风流"（受屈而亡）；"美优伶"（芳官、藕官、蕊官）——"斩情归水月"（出家）；"贾迎春""迎女"——"误嫁"，"返真元"（死）；"元妃"（贾元春）——"薨逝"；贾探春——"远嫁"；"鸳鸯"——"殉主登太虚"（死）；"妙尼"（妙玉）——"遭大劫"；"王熙凤"——"返金陵"（死）；贾惜春——"矢素志"（出家）；薛宝钗——"宝玉却尘缘"（宝钗守寡）。

整合：这些女子，或远嫁，或出家，或守寡，或死去，正如第五回中贾宝玉所饮的"千红一窟（哭）"的茶、"万艳同杯（悲）"的酒一样，一个个洋溢着青春和生命气息的女儿终像千红万艳的花朵般凋落，最终走向了不幸。

②读了这一组回目，你觉得《红楼梦》还写了什么内容？

如《红楼梦》以宝黛爱情悲剧为中心，叙述了以钗黛为代表的众多女性的不幸命运。

（3）整合整本书主线并进、纵横交织的网状结构。

整合两组回目，我们发现《红楼梦》不是单条线索贯穿，而是由两条主线构成了纵横交错的网状结构：第一，家道中落（纵向主线），以贾府为中心，叙述了四大家族由鼎盛走向衰败的过程；第二，人物聚散（横向主线），以宝黛爱情悲剧为中心，叙述了众多女性由聚而散的不幸命运。

> 活动2：交流前五回的提纲，了解前五回内容及作用

1. 第一回　甄士隐梦幻识通灵　贾雨村风尘怀闺秀

介绍小说缘起；借甄士隐之梦交待贾宝玉来历及宝黛爱情悲剧的前世之盟；借贾雨村风尘怀闺秀交待本书记闺友闺情的本旨。

点拨：甄士隐和贾雨村的人生浮沉暗示了主要人物的结局，隐喻了小说主题。

2. 第二回　贾夫人仙逝扬州城　冷子兴演说荣国府

借冷子兴的演说正面介绍小说的典型环境贾府和贾府主要人物的关系及性格；以贾雨村的"正邪两赋说"提出小说主要人物复杂性格的哲学解释。

3. 第三回　贾雨村夤缘复旧职　林黛玉抛父进京都

借林黛玉的观察继续正面介绍小说的典型环境贾府和贾府主要人物形象，让贾宝玉、王熙凤等主要人物出场。

4. 第四回　薄命女偏逢薄命郎　葫芦僧乱判葫芦案

借甄英莲的悲惨遭遇领起众女儿的薄命；借贾雨村因护官符而徇情枉法，对更大范围的典型环境（社会背景）进行了揭示，并让主要人物之一薛宝钗出场。

5. 第五回　游幻境指迷十二钗　饮仙醪曲演红楼梦

借贾宝玉神游太虚幻境，介绍了金陵十二钗的簿册判词和《红楼梦》十二支曲；预示了人物的悲剧命运和贾府终会败落的运势，暗示了小说主题。

> 活动3：阅读并摘录红学研究者的观点，理解前五回的局部结构特点

1. 提供资源：推荐红学研究者对前五回结构特点的阐述

《红楼梦》在结构上喜欢用先鸟瞰后铺陈展开的方法。所以开宗明义先讲题旨题名，先讲石头的故事、神瑛侍者与绛珠仙草的故事，先由冷子兴"演说荣国府"，再写林黛玉自外面进入荣国府，再写刘姥姥进荣国府，然后这才慢慢将各种人物各种情节开动表演起来。（选自王蒙《红楼启示录》）

《红楼梦》前五回在全书结构上的意义是比较特殊的。它不仅是一部书的总的提纲，约略介绍了整个悲剧的发展轮廓和主要人物的生活遭遇，而且也是全书的一个引线，以后的许许多多情节、事件都在这里埋下了根蒂。（选自刘梦溪《论〈红楼梦〉前五回在全书结构上的意义》）

2. 摘录红学研究者观点的关键词

请试着归纳前五回的局部结构特点，标注在书本目录中前五回的回目旁。如"先鸟瞰后铺陈展开""一部书的总的提纲""全书的一个引线"。

小结：前五回的结构特点——鸟瞰全篇、提纲挈领。

三、结合小说体裁，吸纳经验，探索阅读方法和门径

1. 变着法儿读——读你千遍不厌倦

《红楼梦》是越读越有趣味的书。怎样读出《红楼梦》的趣味呢？就是要在一遍遍的阅读中试着去懂它。周汝昌读了六十年左右的《红楼梦》，蒋勋读了三十几遍《红楼梦》。他们都在《红楼梦》中找到了乐趣。

怎样变着法子读它呢？

——通读全书，略读章回，精读细节，研读主题，共读分享，参读资料。

当你越来越懂它的时候，就拥有了一辈子割舍不下的乐趣。

2. 提纲挈领地读——编写章回提纲

《红楼梦》是长篇章回体作品，其篇幅之长，章回之多，使得我们常常读了一遍后摸不着头绪。但是，有一种方法，可以让我们不论什么时候翻开书回顾，都能迅速想起每一章回写了什么人、什么事。这就是编写章回提纲。

下面是我阅读第四十八回以后，梳理情节写的内容提纲。

内容提纲

第四十八回回目：滥情人情误思游艺　慕雅女雅集苦吟诗

事件一：薛蟠出门学做生意

事件二：香菱拜师苦学吟诗

　　①薛蟠远行，香菱住进大观园。
　　②香菱拜师，宝钗劝其拜街坊。
　　③雨村谄媚，讹石呆子之旧扇。
　　④香菱拜师，黛玉悉心讲诗理。
　　⑤香菱苦读，呕心作成咏月诗。

---

3. 贴着文本读——勤于圈点批注

有一些同学怕读《红楼梦》，或觉得读不下去，其实是弄错了阅读它的方法。

《红楼梦》描写了贵族家庭日常生活的细节。我们可以从环境、人物、情节、手法和主题等方面，贴住文本，进行阅读点评。

（1）评价人物形象

我也是个淘气的。……都怕看正经书。……他们是偷背着我们看，我们却也偷背着他们看。后来大人知道了，打的打，骂的骂，烧的烧，才丢开了。……就连作诗写字等事，这不是你我分内之事，究竟也不是男人分内之事。男人们读书明理，辅国治民，这便好了。……你我只该做些针黹纺织的事才是，偏又认得了字，既认得了字，不过拣那正经的看也罢了，最怕见了些杂书，移了性情，就不可救了。（第四十二回）

点评：宝钗也曾是天真烂漫的女孩，可惜封建礼教、封建家长压抑了她的天性。宝钗用满口的封建正统思想教育黛玉，影响周围的人。

（2）欣赏场景描写

至贾母正室，欲行家礼，贾母等俱跪止不迭。贾妃满眼垂泪，方彼此上前厮见，一手搀贾母，一手搀王夫人，三个人满心里皆有许多话，只是俱说不出，只管呜咽对泣。邢夫人、李纨、王熙凤、迎、探、惜三姊妹等，俱在旁围绕，垂泪无言。

半日，贾妃方忍悲强笑，安慰贾母、王夫人道："当日既送我到那不得见人的去处，好容易今日回家娘儿们一会，不说说笑笑，反倒哭起来。一会子我去了，又不知多早晚才来！"说到这句，不禁又哽咽起来。邢夫人等忙上来解劝。贾母等让贾妃归座，又逐次一一见过，又不免哭泣一番。（第十七回至十八回）

点评：省亲场面，庄严肃穆，等级森严，严格遵循皇家礼仪。亲人相见，久别多年，却只是哭！只是垂泪！可见，宫廷生活多么戕残人情、人性！整个场景在热闹中见出凄凉，在欢乐中见出悲哀。

（3）品味精妙语言

谁知那张家父母如此爱势贪财，却养了一个知义多情的女儿，闻得父母退了前夫，他便一条麻绳悄悄的自缢了。那守备之子闻得金哥自缢，他也是个极多情的，遂也投河而死，不负妻义。张李两家没趣，真是人财两空。这里凤姐却坐享了三千两，王夫人等连一点消息也不知道。（第十六回）

点评："坐享"，寥寥二字，极具讽刺意味！这两个字简洁地刻画了王熙凤贪利弄权、视人命如草芥、视法理如无物的形象。她以他人生命为代价，以别人的爱情作牺牲，只为满足自己贪利弄权之心。

（4）点评情节手法

宝玉见问，连忙从衣内取了递与过去。水溶细细的看了，又念了那上头的字，因问："果灵验否？"贾政忙道："虽如此说，只是未曾试过。"（第十五回）

点评：此处看通灵宝玉的字，照应第八回薛宝钗和贾宝玉比看通灵宝玉的过程，也为后文第二十五回"魔魔法姊弟逢五鬼"中用通灵宝玉除邪祟、疗冤疾的情节埋下伏笔，说明这块宝玉是否灵验，终要试矣！

（5）探讨意蕴内涵

秦氏道："天机不可泄漏。只是我与婶子好了一场，临别赠你两句话，须要记着。"因念道：三春去后诸芳尽，各自须寻各自门。（第十三回）

点评：秦可卿托梦之语，预示众位女儿凋零殆尽，走向不幸结局；贾家"树倒猢狲散"，大厦将倾。

4.带着自我读——交流享乐趣

阅读任何书本，最终都要读出自我，从中获得生命的感悟与成长。学生可以通过各种方法读出自我，如摘录妙处、记录感悟、撰写评论……

学生读书心得示例：

隐，存

深圳市新安中学（集团）高中部 高一（2）班 花晶晶

起初读《红楼梦》，不明白为什么第一回要写甄士隐和贾雨村，等到读完整本书，才明白其中的一点奥妙。

甄士隐，"真事隐"，一身才华散尽，最终只落得个疯癫的传说。贾雨村，"假语存"，满腔热血抱负，却沦为阶下囚。这二人，命运令人悲叹，但纵观整部小说，这二人有这样的结局并不令人意外。

甄士隐，从一开始就推崇道家的"出世""无为而治"，每日只以观花修竹、酌酒吟诗为乐，倒是神仙一流人品，生活本是这样潇洒自在，但最终又怎么会为生活所迫而在世俗社会委曲求全？第一回中作者即暗示他是贾宝玉一生的雏形。两者的相似性实在太多，同样都是蔑视求取功名，同样都是经历了舒适的前半生，最终在重整家业和消极避世的两条道路上选择了后者。从一开始作者就通过多重描写向我们展示了一个追求自由的仕宦形象，这样的人怎会愿意被社会给予他的枷锁牢牢锁住？贾宝玉亦是如此，所以他最终也看破了红尘，走上了超脱之路。

如果说甄士隐的一生是贾宝玉的缩影，那么贾雨村的背景即是贾宝玉结局的伏笔。贾雨村生于诗书仕宦之家，处于家族末世，父母祖宗根基已尽，人口衰丧，而冷子兴说"如今的这宁荣两门，也都萧疏了"，可见，宝玉与雨村都是生于家族末世。不同之处在于雨村是想重整基业，而宝玉却选择了出家。

作者在第一回中借甄士隐、贾雨村的命运，已写尽贾宝玉一生，实在是小故事里藏着大结局。

5. 参照资料读——红楼深深深几许

《红楼梦》是独步千古的古典小说，其深远的社会内涵、丰富的文化意蕴、卓越的艺术成就使得它犹如一座巍然屹立的重楼，让我们深感难得其妙。再加上《红楼梦》在社会背景、文化理念和语言运用等方面与当下有着一定的距离，高中生在阅读中遇到困难是在所难免的。

学生除了可以在老师的引导下立足《红楼梦》的文本自主品读鉴赏，还可以借助红学著作及文献资料，帮助自己走入《红楼梦》殿堂。

阅读需"知人论世"，我们可以选择周汝昌的《泣血红楼——曹雪芹传》《曹雪芹小传》、樊志斌的《曹雪芹传》等人物传记阅读，但由于曹雪芹的身世文献资料有限，其细节存在难以确定的地方，我们在阅读传记时，重在了解其家世的盛衰变化和人生的坎坷起伏，而不在于考证。

阅读《红楼梦》，要扣住长篇小说的特点，从文本细读中读出意味，这样才能提升我们的阅读鉴赏能力。我们可以从周汝昌的《红楼小讲》、王蒙的《红楼启示录》、蒋和森的《红楼梦论稿》、李希凡等的《传神文笔足千秋：〈红楼梦〉人物论》、刘梦溪的《红楼梦的儿女真情》、曹立波的《红楼十二钗评传》等书中进行选择性阅读，借鉴红学研究者研读文本的方法，对专家们关于同一问题的不同理解，要结合文本仔细体味，读出自我的心得。

《红楼梦》是文化的集大成者，我们要了解其中丰富厚重的文化，可以阅读欧丽娟的《大观红楼：欧丽娟讲红楼梦》、刘梦溪等的《红楼梦十五讲》、蔡义江的《红楼梦诗词曲赋全解》等，拓展视野，吸纳中华优秀传统文化。

四、课堂小结，唤起学生阅读《红楼梦》的兴趣

叶嘉莹感叹《红楼梦》是"一大奇书"[①]，应该说，《红楼梦》是一本可

---

① 白先勇. 白先勇细说红楼梦 [M]. 桂林：广西师范大学出版社，2017：序 1.

以读一辈子的书。让我们捧起它，让青春与艺术对话，与思想碰撞，让《红楼梦》在我们青春的世界活过来。

五、课后阅读指导

阅读范围：继续阅读《红楼梦》前五回，精读第一回、第五回。

第二课　读前五回之神话，解判词曲文深意

任务简述

《红楼梦》前五回出现了三个神话故事——"石头补天""绛珠还泪""太虚幻境"。"石头补天"与"绛珠还泪"介绍了贾宝玉的来历和宝黛爱情的前世因缘，"太虚幻境"通过簿册判词和《红楼梦》曲预示了贾府众多女儿的不幸命运，也预示了贾府走向衰颓的局势。

高中生初读前五回，对这三个故事的象征意义大多会心生疑惑，从而产生阅读障碍。所以读懂开篇的三则神话，会让学生豁然开朗，从而产生阅读整本书的兴趣。

学习目标

1. 精读神话故事，了解其对人物个性及宝黛爱情的隐喻作用。
2. 精读判词曲文，了解贾家运势变化及众儿女的个性及命运。

自主阅读活动设计

1. 精读第一回"石头补天""绛珠还泪"的神话故事，梳理故事的主要对象、命运遭际、人生感慨，并以"《红楼梦》神话故事探源"或"《红楼

梦》神话故事里的奥秘"为主题，展开小组合作学习，形成不少于 200 字的学习小成果。

2. 精读第五回"太虚幻境"的判词、曲文，结合注释尝试理解其隐喻意义，并以"小曲词，大文章"为主题，选择一两首判词或曲词撰写读书笔记。

学习资源

1. 欧丽娟《大观红楼 1：欧丽娟讲红楼梦》中的第五章《神话的操演与破译》

2. 蔡义江《红楼梦诗词曲赋全解》中的《金陵十二钗图册判词（第五回）》《红楼梦曲（第五回）》

学习进程

一、导语激趣，引入对三则神话故事的阅读

"无材可去补苍天，枉入红尘若许年。此系身前身后事，倩谁记去作奇传？"《红楼梦》是一本奇书，作者虽强调所记的是"身前身后事"，可是第一回偏偏讲述了两个神话故事，第五回主人公竟然神游了太虚幻境，给红尘往事笼上了神秘色彩。今天，我们一起去探索其中的奥秘。

二、精读"石头补天"和"绛珠还泪"的神话故事，探究其象征意义

活动 1：圈点词语，标出主角，同桌间试讲神话故事

活动要求：反复阅读两则神话，标出故事的主角，圈点对神话主角动作、语言、心理等进行描写的关键词，体会其心理及情感特点，然后试着将故事讲述给同桌听。

> 活动2：追根溯源，品味词语，小组探讨故事寓意

1.《红楼梦》神话故事探源

分小组展示课前合作学习的成果，老师要引导学生注意故事的源与流的异同。

例如："石头补天"的故事与女娲补天的故事的异同，"绛珠还泪"的故事与李商隐《锦瑟》中运用的典故南海鲛人泣泪成珠的联系，或与湘妃竹故事的联系。

2.《红楼梦》神话故事里的奥秘

分小组展示课前合作学习的成果，老师要引导学生抓住故事主角或意象去探究其隐藏的意蕴。

例如："石头补天"里的石头，"绛珠还泪"里的"绛珠""甘露""泪"等意象的隐喻意义等。

3.查词典，揣摩关键字词的语境义

在前一个学习活动的基础上，引导学生回归文本，联系整本书的语境理解关键字词的隐喻意义。

（1）查查词典，"顽石""美玉""神瑛"在词义上有什么联系和区别？它们和贾宝玉有什么联系？

顽石：未经斧凿的石头。

美玉：温润而有光泽的美石。

神瑛：瑛，似玉的美石。

"顽石""美玉""神瑛"同为"石"，但"顽""美""神"则赋予了石头不同的特点。

顽石——"无材补天"

美玉——"鲜明莹洁"

神瑛——"甘露之惠"

小结：从材用看，贾宝玉无补天之材，也无济世之用，当然无缘辅国，正是"无材补天"的"顽石"；从容貌看，贾宝玉清秀英俊；从品德看，君

子往往比德于玉，贾宝玉高洁温润的品格正如"鲜明莹洁"的"美玉"；从性情看，贾宝玉对女性尊重体贴，犹如以"甘露之惠"滋养"绛珠草"。"石头补天"的故事介绍了贾宝玉的来历、材用、容貌和品质，"绛珠还泪"的故事介绍了贾宝玉的性情德行。

（2）查查词典，说说"绛珠"是什么意思。"还泪"一说预示了宝黛将有一场什么样的爱情？

绛珠：绛，深红色。珠，此处指泪珠。

小结："绛珠"即血泪，预示林黛玉性格多愁善感，也预示宝黛的悲剧结局。"还泪"交待了宝黛的前世之盟，预示宝黛爱情是情的相知相报，是心灵的互通互酬，是彼此灵性的涤荡与启示，给宝黛爱情增添了浪漫主义色彩。

三、略读"贾宝玉神游太虚幻境"的故事，揭示其象征意义

过渡：贾宝玉神游太虚幻境，看了薄命司的簿册判词，闻了"群芳髓"的奇香，喝了"千红一窟"的茶，饮了"万艳同杯"的酒，听了舞女演奏的《红楼梦》曲。这一幻境奇遇堪称整本书的总纲，可谓幻中藏实、假中寓真。

> 活动3：选读判词，领会设谶手法，理解隐喻意义

1. 朗读与探究

下面的图画和判词是怎样暗示所指人物的？你能说出人物的性格和命运吗？你是怎么读出来的？

（1）香菱（英莲，秋菱）

遂掷下这个，又去开了副册厨门，拿起一本册来，揭开看时，只见画着一株桂花，下面有一池沼，其中水涸泥干，莲枯藕败，后面书云：

根并荷花一茎香，平生遭际实堪伤。

自从两地生孤木，致使香魂返故乡。

（2）薛宝钗、林黛玉

再去取"正册"看，只见头一页上便画着两株枯木，木上悬着一围玉带；又有一堆雪，雪下一股金簪。也有四句言词，道是：

可叹停机德，堪怜咏絮才。
玉带林中挂，金簪雪里埋。

2. 交流小结

（1）香菱判词交流示例

① 图画法，隐喻法

"画着一株桂花"借桂花隐喻夏金桂。

图中所画"水涸泥干，莲枯藕败"，"水""泥"以"涸""干"修饰，隐喻了香菱的险恶处境；"莲""藕"以"枯""败"修饰，隐喻了香菱的悲惨命运。

"根并荷花一茎香"以"荷花""香"隐喻香菱的高洁乐观。

② 别名法，讳饰法

"莲""藕""荷花"与"菱"同为水生植物，暗示香菱就是英莲。

"香魂返故乡"指其最终的死亡，运用了讳饰法。

③ 拆字法

"自从两地生孤木"运用拆字法：两个"土"（地）字，加一个"木"字，指"桂"，寓夏金桂。

④ 评述法

"平生遭际实堪伤"概述了香菱一生坎坷悲苦的命运。

小结：香菱品格高洁，容貌美丽，性情天真可爱，有对青春、对生命、对充满诗意的美好生活的向往和热爱。大观园的生活唤醒了香菱的审美意识。然而，离开了大观园的香菱失去了生活的诗意，遭到折磨，最终香消玉殒。

香菱谐音"相怜"，她又曾名"英莲"，谐音"应怜"。她是薄命司"金陵十二钗副册"中第一个出场的女子，领起了众女子的悲惨命运，也是众女子悲苦命运的真实写照。"应怜"的不只是一个香菱，"实堪伤"表达了作者对所有女子的深切同情。

（2）薛宝钗、林黛玉判词交流示例

① 拆字法，谐音法

"两株枯木"运用拆字法，暗示"林"。"玉带""雪"运用谐音法，指"黛玉"和"薛"。

② 别名法，隐喻法，典故法

"金簪"是"宝钗"的别名。

"木上悬着一围玉带"，玉带本应围在腰间，却挂到林中，隐喻林黛玉不幸的命运。

"金簪"不戴在头上，却埋入雪中，隐喻薛宝钗虽德行贤淑，却最终走向婚姻悲剧，独守空房，葬送了青春。

"停机德"运用了乐羊子妻割断布匹劝丈夫勤学的故事，暗示薛宝钗贤良的品德。

"咏絮才"运用了谢道韫吟咏"未若柳絮因风起"的典故，暗示林黛玉有极高的文学才华。

③ 评述法

"可叹""堪怜"评价了钗黛的不幸命运：宝钗贤良，却最终独守空房，葬送青春；黛玉才高，却最终泪尽而亡。两个词语表达了作者对两位薄命女的无限同情。

小结："薄命司"，顾名思义，是掌管薄命女子命运的地方。贾府的众女儿，最终都逃不了"薄命"二字。正像贾宝玉所喝的茶、饮的酒一样，最终是"千红一窟（哭）""万艳同杯（悲）"，就像贾宝玉所闻的奇香一样，最终都是"群芳髓（碎）"。曹雪芹用诸多的手法含蓄地预示了众女儿的命运。

活动 4：选读曲文，品味关键字词，理解深藏意蕴

过渡：为了指点迷津，警幻仙姑可谓煞费苦心，她让十二位舞女演奏了《红楼梦》十二支曲（加上［红楼梦引子］［收尾·飞鸟各投林］，共十四支曲）。我们也选择两首曲文欣赏一下。

［终身误］都道是金玉良姻，俺只念木石前盟。空对着，山中高士晶莹

雪；终不忘，世外仙姝寂寞林。叹人间，美中不足今方信。纵然是齐眉举案，到底意难平。

主问：这首曲文是以谁的口吻写作的？哪些词语表达了主人公的情感？

小结：以贾宝玉的口吻。"都道"与"只念"唱出封建家长制与个人自由爱情之间的强烈冲突。"空对着"写出了宝玉和宝钗的婚姻悲剧，"终不忘"写出了宝黛的爱情悲剧。"意难平"写出了贾宝玉对爱情的执着，对封建包办婚姻的否定。

［收尾·飞鸟各投林］为官的，家业凋零；富贵的，金银散尽；有恩的，死里逃生；无情的，分明报应。欠命的，命已还；欠泪的，泪已尽。冤冤相报实非轻，分离聚合皆前定。欲知命短问前生，老来富贵也真侥幸。看破的，遁入空门；痴迷的，枉送了性命。好一似食尽鸟投林，落了片白茫茫大地真干净！

主问："食尽鸟投林"比喻什么景象？"白茫茫大地真干净"的"干净"是什么意思？

小结："食尽"比喻贾府的衰败，"鸟投林"比喻人物由聚而散，"干净"指繁华成空、万境成幻。这首曲子是总结，对以贾家为代表的四大家族终将由盛而衰的命运，对众女子最终将由聚而散的命运，作了预示。

> 活动5：小组互动，我来评说"小曲词，大文章"

1. 以"小曲词，大文章"为主题，分享自主阅读成果

小组结合自主阅读成果，再运用上面学到的方法去重读自己小组选择的判词或曲文，然后以"小曲词，大文章"为主题，派中心发言人交流修改后的自主阅读成果。

2. 探究文本，理解人物，了解神话寓意

主问：太虚幻境是"清净女儿之境"，警幻仙姑为什么引宝玉前来？

小结："警幻"，警示世人，痴情为幻。宁荣二公希望宝玉"改悟前情，留意于孔孟之间，委身于经济之道"，以入正道。贾宝玉重情，一生以"体贴"为上，而家族却期望他学习孔孟思想，走科举兴家、经世济民之路，他

的思想理念与家族期望之间有矛盾冲突。

四、课堂小结

前五回的三则神话，为我们暗示了人物性情或命运、宝黛爱情超越世俗的意义和贾府的运势走向。尤其是贾宝玉神游太虚幻境，在大梦境中用一首首小判词、小曲文，预示了大家族由盛而衰的运势和众女儿由聚而散的不幸命运。太虚幻境虽为幻境，却成为现实世界的倒影；现实世界虽有繁华富贵，终会成空成幻。正所谓"假作真时真亦假，无为有处有还无"。这就是曾让我们深感困惑的三则神话的深远意义。当我们理解了作者运用浪漫主义手法开篇的用意，阅读《红楼梦》的旅程将不再云雾弥漫。期待大家继续前行！

五、课后阅读任务

阅读范围：第六回至第二十回。

第三课 读四则现实故事，探前五章回意义

☁ 任务简述 ☁

一部鸿篇巨著，到底从哪里起笔，一定颇费脑筋。《红楼梦》在前五回讲述了四个现实故事：甄士隐、贾雨村的故事，冷子兴演说荣国府以及林黛玉进荣国府的故事。

甄士隐和贾雨村这两个人物不仅出现在前五回，还时不时出现在其他章回，最后还成为整本书的收束者。梳理甄士隐和贾雨村的生平经历，结合后文探讨二者对于小说人物、情节和主题的作用，对于学生能继续阅读并理解

整本书有重要意义。

作者先通过冷子兴演说贾府,带我们大略知道贾府家势变化和历代主要人物及其特点;再借林黛玉的慧眼,带我们观览贾府,具体了解贾府的社会地位、建筑布局、内部陈设、日常生活、礼仪规矩及主要人物特点。读好这两则故事,学生能对小说的内外环境和主要人物有整体的把握。

学习目标

1. 了解四则现实故事对整本书叙述方式、结构及主题的作用。
2. 理清贾府人物及其关系,初知贾府的家势变化及其精致生活。

自主阅读活动设计

1. 梳理整本书叙述甄士隐和贾雨村的情节,绘制其命运曲线图。
2. 精读冷子兴演说荣国府和林黛玉进贾府的内容,试着绘制主要人物关系图谱,并标注主要人物的性格喜好。

学习资源

1.《脂砚斋重评石头记(己卯本)》凡例中对"甄士隐"和"贾雨村"的人物命名用意的叙述内容。

2.《白先勇细说红楼梦》中关于"甄士隐和贾雨村在小说内容及结构上的意义"的内容。

3. 舒芜《红楼说梦》中对小说里几次描写"荣国府大门"内容的鉴赏。

4.《红楼梦十五讲》第二讲《解读〈红楼梦〉之路》中对于"宁、荣二府"的解读。

5. 周汝昌《红楼小讲》中对于"刘姥姥"这一人物在线索、结构方面作用的阐释。

学习进程

一、导语激趣，引入对前五回四则现实故事的阅读

"假作真时真亦假，无为有处有还无"，太虚幻境的这副对联道出了虚幻与真实之间的辩证关系，使得《红楼梦》弥漫着令人涵泳不尽的哲理美。

太虚幻境是一面镜子，虚幻的世界中隐喻着真实世界的命运。今天，我们一起拉开《红楼梦》现实世界的序幕，走进甄士隐、贾雨村的现实人生，在冷子兴的演说和林黛玉的眼中了解小说的现实环境——贾府。

二、探讨甄士隐和贾雨村在整部书中的作用

《红楼梦》贯穿着两条线索，一条是以贾府为中心的四大家族由盛而衰的纵线，一条是以贾宝玉和林黛玉的爱情悲剧为中心的众儿女不幸命运的横线。可是，翻开《红楼梦》，进入我们眼帘的却是甄士隐和贾雨村的故事。他们在整部书中到底有什么作用呢？我们从他们的名字、出场和命运来依次探讨。

活动1：借助资源，一探姓名隐含的创作方式

很多人在读《红楼梦》原著前，就已经熟知小说里的两位主人公——贾宝玉和林黛玉，因此在读小说前五回的时候，有些同学会犯疑：为什么小说开头不写宝黛，而写了甄士隐和贾雨村的故事？我们先看看作者是怎么表达自己用意的。

1. 阅读学习资源，圈点关键词

因曾历过一番梦幻之后，故将真事隐去，而借通灵之说，撰此《石头记》一书也，故曰"甄士隐梦幻识通灵"。（选自《脂砚斋重评石头记（己卯本）》凡例）

……何为不用假语村言，敷演出一段故事，以悦人之耳目哉？故曰"风尘怀闺秀"……则知作者本意，原为记述当日闺友闺情，并非怨世骂时之书

矣。(选自《脂砚斋重评石头记(己卯本)》凡例)

小结：可见，"甄士隐""贾雨村"两人的姓名和字运用了谐音法，蕴含着隐微的含义。甄士隐，谐音"真事隐"，即将真事隐去。贾雨村，名化，谐音"假话"，别号"雨村"，谐音"假语存"，表字"时飞"，谐音"实非"，胡州人氏，谐音"胡诌"。

2. 整合关键词，归纳概括

阅读以上资料，说说甄士隐和贾雨村的名字体现了作者什么匠心。

明确：交代了小说将真事隐去、用假语村言的叙事方式。

活动2：梳理回目，二探姓名隐含的结构意义

1. 梳理：浏览整本书的回目，梳理与甄士隐、贾雨村有关的回目

例如：

第一回　甄士隐梦幻识通灵　贾雨村风尘怀闺秀

第三回　贾雨村夤缘复旧职　林黛玉抛父进京都

第四回　薄命女偏逢薄命郎　葫芦僧乱判葫芦案

第一二○回　甄士隐详说太虚情　贾雨村归结红楼梦

2. 探究：甄士隐和贾雨村对于小说结构的意义

小说第一回从甄士隐和贾雨村写起，且回目定为"甄士隐梦幻识通灵　贾雨村风尘怀闺秀"；小说第一二○回，又是由甄士隐和贾雨村来收束；小说中间还时不时地叙述了二者的人生故事。从结构线索上来说，作者写这两个人物意味着什么？

明确：具有穿针引线的作用。甄士隐梦幻识通灵，介绍了贾宝玉的来历；甄士隐详说太虚情，道出贾家运势变化和宝玉及众女儿的命运归宿。贾雨村托身葫芦庙、寄身林府为西席和乱判葫芦案，引出了甄英莲、林黛玉、薛宝钗等众多人物，介绍出了贾、王、史、薛四大家族；贾雨村宦海沉浮，也与贾府的兴衰密切相关。

活动3：交流导图，三探命运隐喻的主题意义

1. 展示交流学生绘制的甄士隐、贾雨村命运曲线图

上节课我建议大家对甄士隐和贾雨村进行主题研读，并画一画甄、贾二者的命运曲线图。大家分组交流曲线图。

甄士隐命运曲线图示例见图2-1，贾雨村命运曲线图示例见图2-2。

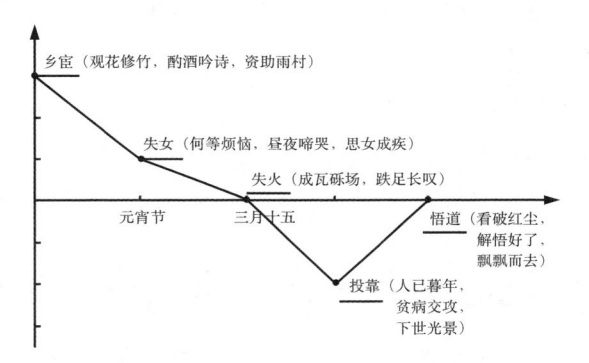

图2-1　甄士隐命运曲线图

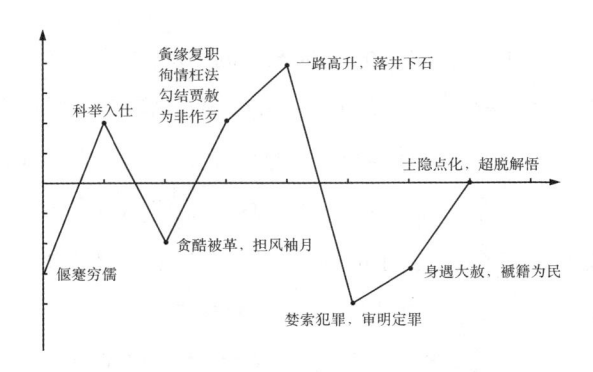

（乡宦：观花修竹，酌酒吟诗，资助雨村；失女：何等烦恼，昼夜啼哭，思女成疾；失火：成瓦砾场，跌足长叹；元宵节；三月十五；投靠：人已暮年，贫病交攻，下世光景；悟道：看破红尘，解悟好了，飘飘而去）

图2-2　贾雨村命运曲线图

（偃蹇穷儒；科举入仕；夤缘复职、徇情枉法、勾结贾赦、为非作歹；贪酷被革，担风袖月；一路高升，落井下石；婪索犯罪，审明定罪；身遇大赦，褫籍为民；士隐点化，超脱解悟）

2. 合作探究：甄士隐、贾雨村对于情节主题的意义

甄士隐和贾雨村两者个人和家族命运的变化，对小说主要人物的个人和家族的命运变化到底有什么意义呢？对小说的情节、主题有什么意义呢？请大家借鉴脂砚斋的批语来探讨其中的奥秘。

（1）不出荣国大族，先写乡宦小家。从小至大，是此书章法。

（2）本地推为望族，宁荣则天下推为望族。叙事有层落。

（3）士隐家一段小荣枯至此结住。所谓真不去假焉来也。

明确：甄士隐的人生经历隐喻了贾宝玉的人生历程，甄家盛衰变化就是贾家命运的缩小版。甄士隐的命运和甄家的盛衰变化给小说定下了悲剧基调，暗示了小说主要的故事情节。作者从小家写来，慢慢写到诗书翰墨之大家，富有暗示性。贾雨村身处家族末世，选择积极入世以重整基业，正是贾家寄望于贾宝玉的人生道路。

甄士隐与贾雨村两者的人生选择，正是贾宝玉面临的两种人生路途。贾宝玉厌弃贾雨村这些为官做宰的禄蠹，他选择了真情待人，最终经历家族兴衰，悟道出世。

活动4：阅读交流，思考《好了歌》"护官符"的内涵

1. 朗读与思考：齐读《好了歌》，思考每一节的两个"了"分别是什么意思

明确：第一组"了"是放下的胸怀与态度，将世人与神仙对比，表达了唯有放下尘俗的功名利禄、喜怒哀乐，方能达到从容潇洒的境界。

第二组"了"道出了万事终将成空的规律，暗示了任何功名利禄、荣华富贵终将逝去，家人的恩爱孝悌终将化为虚空。启示人们要学会放下，方能拥有神仙的逍遥自在。甄士隐听此歌后终于放下了自己家败的痛苦和失女的烦恼，悟道出家了。真可谓"好便是了，了便是好"。

2. 略读与探究：略读贾雨村判断"葫芦案"的故事，思考"护官符"揭示了怎样的社会背景

例如：交代了四大家族的荣华富贵、煊赫势力和盘根错节、彼此扶持遮饰的关系网，勾勒出贾府故事的社会大背景，揭示了污浊不堪的官场和社会现实。

三、梳理整合，借旁人之眼看贾府、识人物

> 活动 5：绘制思维导图，看贾府兴衰、识主要人物

1. 绘制人物关系表，借冷子兴之眼看贾府、识人物

（1）选择绘制清晰的学生作品进行展示，了解贾府五世而斩的运势。

建议：学生初读《红楼梦》，常常会弄不清贾家众多人物间的辈分关系。老师要教给学生"借名字偏旁，分清辈分"的方法。

（2）阅读第二回冷子兴演说荣国府的内容，梳理其概括贾家运势现状的句子，你从中看出了贾家面临着哪几重危机？

文本梳理举例：

① 如今的这宁荣两门，也都萧疏了，不比先时的光景。

② 如今虽说不及先年那样兴盛，较之平常仕宦之家，到底气象不同。

③ 如今生齿日繁，事务日盛，主仆上下，安富尊荣者尽多，运筹谋画①者无一；其日用排场费用，又不能将就省俭，如今外面的架子虽未甚倒，内囊却也尽上来了。

④ 谁知这样钟鸣鼎食之家，翰墨诗书之族，如今的儿孙，竟一代不如一代了！

例如：贾家面临着以下几重危机——

败势已现：贾府虽依然比平常仕宦人家气象宏伟，但毕竟已走向衰败。

兴家无望：贾府人口众多，事务繁多，众人却多安享富贵，不懂运筹谋划，难以振兴家业。

经济赤字：贾府虽然排场依旧，但经济已经入不敷出。

子孙不肖：贾府子孙无才光宗耀祖，一代不如一代。

2. 绘制贾府平面图，借林黛玉之眼看贾府、识人物

联读第二回和第三回，试着画出贾府平面图，说说你借子兴之演说和黛玉之慧眼分别看到了什么。

例如：冷子兴的演说给我们介绍了贾家五世而斩的运势及贾府的人物关

---

① 谋画，现写作"谋划"。

系及性格，林黛玉进贾府则更直观地展现了贾府的宏伟建筑、讲究布局、华贵陈设、煊赫地位和礼仪规矩，并重点描写了王熙凤、贾宝玉和林黛玉这三个主要人物。两回摇曳多姿，分别从侧面和正面、从宏观和微观的角度给我们介绍了贾府这一典型环境和主要人物的性格。

3. 绘制思维导图，借刘姥姥之眼看贾府、识兴衰

联读并梳理刘姥姥进贾府和大观园的情节，整合并绘制思维导图，说说刘姥姥这一人物形象对于整本书的情节发展有什么作用。

明确：见证贾府兴衰，道出贫富悬殊，衬托贾府奢华。

四、课后阅读任务

阅读范围：第二十一回至第三十回。

第四课　读宝玉言行细节，赏人物描写艺术

任务简述

《红楼梦》能成为古典小说的巅峰之作，其中一个重要原因是其人物复杂多样，相比传统小说人物描写简单化、类型化的方式进行了大胆突破。即便是放到当代文学长廊之中，《红楼梦》人物形象之丰富、人物性格之复杂，也是很令人瞩目的。这节课旨在窥一斑而见全豹，通过欣赏贾宝玉这一人物形象，学会自主欣赏更多的人物形象，以感受整本书人物描写的艺术魅力。

学习目标

1. 深入体味《红楼梦》人物形象塑造的艺术价值。
2. 学会贴着文本赏析人物正面描写、侧面描写的细节。

3. 学会辩证看待人物，深入精神世界理解人物性格的多样性和复杂性。

自主阅读活动设计

1. 梳理宝玉读书或论读书的情节，体会宝玉读书观中透露的思想特点。
2. 梳理宝玉论及女儿与男儿的观点，体味宝玉人性观中张扬的人生追求。
3. 交流宝玉待人接物的感人片段，探究宝玉人情观中渗透的性格特点。

学习资源

1. 鲁迅论《红楼梦》写人艺术的观点。
2. 王蒙《红楼启示录》中"再论贾宝玉"的内容。
3. 蒋和森《红楼梦论稿》中论"凤姐"的内容。
4. 周汝昌《红楼小讲》中论"史湘云""香菱"的内容。

学习进程

一、导语激趣，引入对《红楼梦》人物形象描写艺术的欣赏

《红楼梦》写人，贵在真实。鲁迅先生曾评价说："其要点在敢于如实描写，并无讳饰，和从前的小说叙好人完全是好，坏人完全是坏的，大不相同，所以其中所叙的人物，都是真的人物。"今天，我们一起走近贾宝玉，感受他的真性情。

二、略读小说，从宝玉的读书观中理解其爱好性格

〔活动1：略读梳理，小组合作，"我帮宝玉拟书单"〕

1. 梳理整合，"我帮宝玉拟书单"

贾宝玉是什么人？贾雨村认为他是"正邪两赋而来"的人，是"情痴情种"，贾政说他是"不肖的孽障"，王夫人说他是"孽根祸胎""混世魔王"，薛宝钗给他取号"无事忙""富贵闲人"。

人们对宝玉批评为多，而且批评的焦点就是他不喜读书、不务正业。可是，我们在《红楼梦》中明明看到宝玉是读书的。这是怎么回事呢？从一个人的阅读选择是可以看出他的审美意趣的。宝玉常看什么书？我们一起来梳理他的阅读史。假如一位好友询问宝玉何书好看，请你们帮宝玉拟一份书单。

例如：

《古今人物通考》（第三回，宝玉赠"颦"字）

《诗经》（第九回，李贵答贾政宝玉读书情况）

《离骚》《文选》《吴都赋》《蜀都赋》（第十七回至十八回，大观园试才题对额）

《南华经》（第二十一回、第二十二回，宝玉悟禅机）

《剑南诗稿》（第二十三回，答贾政袭人改名缘由）

《西厢记》（第二十三回，宝黛共读西厢）

2.探究思考：借助书单识宝玉

查阅资料，交流探究：宝玉看得较多的书是《南华经》，最爱看的是《西厢记》，这是两本什么样的书？从他的读书喜好中，你认识了一个怎样的宝玉？

交流示例：

《南华经》，本名《庄子》，战国庄子及其门徒所著。重视人性自由，不受任何意识形态的束缚，反对当时实行的仁义礼乐等社会道德、政治制度和虚假文化，主张君主应"无为"，顺应自然。

《西厢记》：元人王实甫在唐代元稹的传奇小说《莺莺传》基础上作的杂剧。描写了莺莺与张生的爱情故事，塑造了一个冲破封建礼教樊篱、争取爱情自由的叛逆女性形象。

活动2：梳理比读，读书观中识人物

1.联读梳理，比较读书观念

读第八回、第九回，梳理贾政、袭人、薛宝钗等人的读书观。这些人与宝玉对读书的理念有何不同？

文本链接：

宝钗笑道："宝兄弟，亏你每日家杂学旁收的，难道就不知道酒性最热，若热吃下去，发散的就快；若冷吃下去，便凝结在内，以五脏去暖他，岂不受害？从此还不快不要吃那冷的了。"（第八回）（[注]杂学旁收：相对于应世举业的"正途"学问而言，即不去攻读《四书》《五经》时文八股而爱好诗词曲赋小说戏曲以至茶酒医药等闲杂学问。）

袭人笑道："这是那里话。读书是极好的事，不然就潦倒一辈子，终久怎么样呢。……"（第九回）

忽见宝玉进来请安，回说上学里去，贾政冷笑道："你如果再提'上学'两个字，连我也羞死了。依我的话，你竟顽你的去是正理。仔细站脏了我这地，靠脏了我的门！"（第九回）

贾政也撑不住笑了。因说道："那怕再念三十本《诗经》，也都是掩耳偷铃，哄人而已。你去请学里太爷的安，就说我说了：什么《诗经》古文，一概不用虚应故事，只是先把《四书》一气讲明背熟，是最要紧的。"（第九回）

小结：宝钗认为宝玉喜欢阅读的诗词曲赋等文章是"杂学旁收"，从内容上道出了宝玉与其读书理念的差异；袭人认为不读书就会"潦倒"，从目的上道出了宝玉与其读书理念的差异；而贾政更是用"掩耳偷铃""哄人而已"来否定宝玉爱读常读之书，并从现实的迫切需要限定了宝玉应读之书。

2. 整合探讨，厘清两种价值体系

宝玉明明读书，为什么众人批评他不喜欢读书？

示例：贾政希望他"先把《四书》一气讲明背熟，是最要紧的"。贾政作为封建正统思想和文化的维护者，希望宝玉通过读科举教材走仕途经济之道。

可是，宝玉所爱看的是向往人性自由、爱情自由的书。这些书让人性和情感摆脱了意识形态的束缚，回归了本我，得到了舒展。第八回宝钗笑宝玉"每日家杂学旁收"，可见宝玉所爱读之书在封建正统者看来，是无关仕途经济正道的书，是旁门左道。所以人们总批评宝玉不喜读书。宝玉的不喜读书实际上是对封建正统思想崇尚的仕途经济之途的厌弃和叛逆。

三、精读细节，从宝玉的人性观中理解其思想追求

> 活动3：精读细节，人性观中识人物

梳理并精读宝玉论女儿和男子的片段，探讨其人性观。

小说第二回中冷子兴就介绍了贾宝玉的人性观："女儿是水作的骨肉，男人是泥作的骨肉。我见了女儿，我便清爽；见了男子，便觉浊臭逼人。"梳理你在其他章回中读到的类似观点，从对男人的评价、对女儿的评价、宝玉的态度等方面整理，你认同宝玉的人性观吗？为什么？

例如：

那宝玉本就懒与士大夫诸男人接谈，又最厌峨冠礼服贺吊往还等事，……却每每甘心为诸丫鬟充役，竟也得十分闲消日月。或如宝钗辈有时见机导劝，反生起气来，只说"好好的一个清净洁白女儿，也学的钓名沽誉，入了国贼禄鬼之流。这总是前人无故生事，立言竖辞，原为导后世的须眉浊物。不想我生不幸，亦且琼闺绣阁中亦染此风，真真有负天地钟灵毓秀之德！"（第三十六回）

春燕笑道："……怨不得宝玉说：'女孩儿未出嫁，是颗无价之宝珠；出了嫁，不知怎么就变出许多的不好的毛病来，虽是颗珠子，却没有光彩宝色，是颗死珠了；再老了，更变的不是珠子，竟是鱼眼睛了。分明一个人，怎么变出三样来？'……"（第五十九回）

对男人的评价：须眉浊物，钓名沽誉，国贼禄鬼。

宝玉对男人的态度：懒于接谈，厌弃往还。

对女儿的评价：清净洁白，钟灵毓秀。

宝玉对女儿的态度：甘心充役，闲消日月。

明确：通过正面的语言描写和春燕的侧面叙述，表现了贾宝玉厌弃男人、尊重女儿的人性观。在以男性为绝对权威的社会里，这种观念是对男尊女卑思想的颠覆和对抗。我们能看出，宝玉亲近女儿，实际是对女儿"清净洁白""清爽"品格的向往和礼赞，是他激浊扬清思想的流露。这种崇尚清洁品格的思想无疑是进步的。

然而，他把一切男儿视为须眉浊物，把那些但凡沾染了男人浊臭之气的出嫁的女人视为死珠或鱼眼睛，把一切未出嫁的女儿视为清净洁白的宝珠，这种以性别、是否出嫁、年龄作为区分清浊标准的观念，是带有偏见的，有自己的局限性。

四、比较阅读，识情痴情种

> 活动 4：精读细节，动人言行识情痴

梳理交流宝玉待人接物的动人片段，理解宝玉之"情"的真正内涵。

可以概括印象最深的细节，整理成思维导图；也可以摘抄经典片段，圈点细节；还可以整理成表格，摘抄关键字词。

例如：

只见一阵风过，把树头上桃花吹下一大半来，落的满身满书满地皆是。宝玉要抖将下来，恐怕脚步践踏了，只得兜了那花瓣，来至池边，抖在池内。那花瓣浮在水面，飘飘荡荡，竟流出沁芳闸去了。（第二十三回）

宝玉在旁看着雪白一段酥臂，不觉动了美慕之心，暗暗想道："这个膀子要长在林妹妹身上，或者还得摸一摸，偏生长在他身上。"正是恨没福得摸，忽然想起"金玉"一事来，再看看宝钗形容，只见脸若银盆，眼似水杏，唇不点而红，眉不画而翠，比林黛玉另具一种妩媚风流，不觉就呆了，宝钗褪了串子来递与他也忘了接。（第二十八回）

阅读以上两个片段，你喜欢宝玉这样的情痴情种吗？

示例：宝玉心理描写"恐怕脚步践踏了"，动作描写"兜""来""抖"，透出了他对花朵的怜惜，对生命凋落的敏感。花朵是美丽的，是有着春天气息的，是有生命活力的，可它们飘落凋零了，走向了不幸的结局，有被"践踏"的危险。他"兜了那花瓣，来至池边，抖在池内"，是对美的呵护，对生命的呵护，对青春的呵护，对清爽洁净的生命的呵护，对不幸的救助。

宝玉对一切美的、青春的、清爽的人或物都充满了体贴之情。宁国府的美人图是美的，梨香院的龄官也是美丽清爽的，玉钏儿、晴雯、香菱、平儿，这些女孩子都是青春的、美丽的、不幸的。他的体贴不分尊卑，不分物我，哪怕没有情感的花朵和美人图，他都尊重体贴。这是宝玉卓立于须眉浊物的可贵之处。

然而，宝玉毕竟是从贵族世家成长起来的，他的身上还残留着世家公子的纨绔陋习。他有爱红的毛病，爱吃女孩子嘴上的胭脂；他脾气来的时候，也会生气地骂茜雪、撵晴雯，甚至重重地踢了袭人。

宝玉就是这样一个真实的形象。他有优点，也有缺点，正像贾雨村所说，是"正邪两赋而来"的异样的人。

五、拓展交流，感受小说人物性格的多样性和复杂性

> 活动5：思辨写作，引述细节写小传

选择自己喜欢的人物形象，写一篇人物志，要求概括人物经典细节，展示人物复杂性格。不少于300字。

六、课堂小结

《红楼梦》写到的人物有九百多个，作者着力刻画几十个具有典型意义的人物，这些人物性格各异，复杂多样：即便有相似的命运，也有着截然不同的性格；即便是作者倾力描写的理想人物，也有着性格的缺陷。大家阅读《红楼梦》，也是在阅读真实的生活，阅读复杂与真实的人性。

七、课后阅读任务

阅读范围：第三十一回至第五十一回。

第五课 读宝黛钗之纠葛，悟爱情婚姻悲剧

任务简述

宝黛爱情，生长在贵族家庭的日常生活中，是在封建礼教和封建家长制的双重束缚下成长起来的对青春、对爱情、对诗意的憧憬和追求。生命之美，青春之美，诗意之美，熔铸在一起，铸成了绝美的爱情篇章。

这一学习任务，旨在赏读描写宝黛钗情感纠葛的经典细节，领悟爱情婚姻的悲剧意蕴。

学习目标

1. 精读章回，感受宝黛爱情的精致与细腻。
2. 品读细节，理解宝黛钗爱情纠葛中体现的不同个性。
3. 深入思考，体会宝黛钗爱情纠葛的社会意义。

自主阅读活动设计

1. 小组编拟"宝黛爱情小札"，要求：有清晰的线索，有摘抄的场景，并圈点字词、批注心得、配上插图。
2. 以"我看宝钗世界里的小例外"为主题，举办小组沙龙，理解薛宝钗的情感世界和婚姻悲剧。

学习资源

舒芜《红楼说梦》中对"宝黛吵架"的解读。

学习进程

一、导语激趣，引入对宝黛钗爱情纠葛的阅读

"都道是金玉良姻，俺只念木石前盟。空对着，山中高士晶莹雪；终不忘，世外仙姝寂寞林。叹人间，美中不足今方信。纵然是齐眉举案，到底意难平。"哀婉的曲词分明道出了宝黛钗之间的爱情婚姻悲剧。纵然现实总让爱情美中不足，但谁能否认它的美丽？今天，我们一起走入宝黛钗的爱情纠葛，去感受美丽的情感、丰富的个性和深沉的现实。

二、交流宝黛共处的经典片段，感受宝黛爱情之美

> 活动1：编选"宝黛爱情小札"，交流展示

1.展示交流，分享各组编拟的"宝黛爱情小札"

各小组课前编拟的"宝黛爱情小札"，是以什么为线索进行编选的？你们选择了宝黛共处的哪些场景？为什么？

例如：以宝黛情感发展的阶段为线索进行编选，编选"黛玉含酸""静日生香"（爱情的准备与萌芽），"共读西厢""同诉肺腑"（爱情的觉醒与确认），"黛玉探被打宝玉""赠帕题诗""秋霖夜探"（爱情的热烈与成熟），"黛玉焚稿"（爱情的预兆与毁灭）等场景。

再如：以宝黛爱情的味道为线索进行编选，编选"黛玉含酸"（酸），"共读西厢""同诉肺腑"（甜），"怒砸灵玉"（辣），"改文成谶""黛玉焚稿"（苦）等场景。

又如：以给我留下特别印象的宝黛爱情场景为线索进行编选，编选"静日生香"（最欢乐的时光），"共读西厢"（最浪漫的场景），"同诉肺腑"（最独特的表白），"怒砸灵玉"（最激烈的行动），"秋霖夜探"（最体贴的疼惜）等场景。

2.品读细节,说说宝黛爱情之美

小组从"宝黛爱情小札"中选择一个场景,通过投影展示,说说宝黛爱情美在哪里。要求贴近文本,列举细节。

示例1:贴近文本,体味黛玉的"酸"意。

品读:第八回,宝玉在宝钗这里比看通灵宝玉和金锁,并且被宝钗的冷香所吸引。在这个关键时刻,林黛玉出现了,有了宝黛钗第一次同场出镜。"黛玉含酸"写得极为清淡,看似波澜不惊,但细细品来,实则暗潮涌动。哪些字眼含着黛玉的"酸"意呢?

参考:

动作描写:"摇摇的走了进来"

"摇摇的"写出了黛玉弱柳扶风的姿态,同时也写出了黛玉走得着急,听说宝玉来到了梨香院,很不放心,立马赶来。

语言描写:"嗳哟,我来的不巧了!""早知他来,我就不来了。"……

"来的不巧",语言中满含失落和不满。宝黛亲密无间,如今宝玉竟然丢下自己,一个人主动去看宝钗,黛玉心里是深感失落和不安的。在黛玉的心里,宝玉是自己寄人篱下生活的唯一知己。

"早知他来,我就不来了。"这里将跟自己亲密无间的宝玉反称为"他",在言语中故意表达了对宝玉的疏远,从而流露了自己的不满。

"谁叫你送来的?难为他费心,那里就冷死了我!"这里一语双关:"他"表面指紫鹃,实际暗讽宝钗;"我"表面指自己,实际暗讽宝玉。这句话含蓄委婉地表达了对宝钗劝宝玉别喝冷酒的强烈不满。

"也亏你倒听他的话。我平日和你说的,全当耳旁风;怎么他说了你就依,比圣旨还快些!"也是一语双关:"你"表面指雪雁,实际暗讽宝玉;"他"表面指紫鹃,实际暗讽宝钗。林黛玉的伶牙俐齿里包含着的是她对宝玉听宝钗话的不满和失落。

品读:宝钗和宝玉如何应对黛玉的"酸"意?

参考:

宝钗因笑道:"这话怎么说?"……宝钗道:"我更不解这意。"

语言描写极其简洁，我们分明读出了一个内敛隐忍、藏愚守拙的宝钗。

宝玉笑道："我多早晚儿说要去了？不过拿来预备着。"

"笑"，一个表情，一句言语，写出了宝玉的率真淳厚。

《红楼梦》的语言十分经济而又内涵丰富，往往以一当百。这个片段通过动作描写"摇摇的走了进来"、人称代词"你""他"中的潜台词、人物语言一语双关的手法，三言两语就表现出黛玉的伶牙俐齿和失落不满、宝钗的藏愚守拙和宝玉的率真淳厚。宝黛钗的情感纠葛在清淡的语言中表现得细腻微妙。

示例2：精读第三十二回"诉肺腑"，从情感纠葛中发现思想差异。

梳理：宝玉为什么同宝钗"生分"了，而向黛玉"诉肺腑"？

明确：通过袭人的转述，我们知道宝钗曾说过"知经济学问"的"混帐话"，劝导宝玉走仕途经济之路，结交为官做宰的人，与宝玉的思想发生了重大分歧。而黛玉从不说这样的"混帐话"，于是，宝黛成为思想上的知己，成为彼此精神上的支持者，同为封建正统思想的叛逆者。这种共同的思想基础，终于让宝玉从姐妹情谊的泛爱中区分出了知己之爱。"你放心"不仅是爱情的表白，更是知己之间的互相确认。

探究：从黛玉的喜惊悲叹中，你看到"金玉良姻"与"木石前盟"有哪些不同？

明确："金玉良姻"以物质"金锁"和"通灵宝玉"为关联，指向的是有父母之命和媒妁之言的家长制婚姻。"木石前盟"以"知己"之情为基础，是建立在彼此相知、思想相通基础上的爱情。

示例3：精读第三十四回"探望宝玉"，深入品味黛钗对宝玉情感的不同内涵。

品读：宝玉挨打，钗黛先后来探望。请抓住钗黛的动作、语言、表情描写，说说钗黛探望宝玉的情感有什么不同。

明确：宝钗"托"着一丸药，告诉袭人药的用法，表达关心时欲言又止，"红了脸，低下头只管弄衣带""娇羞怯怯"。这是出于"礼"的探望。宝钗能理性地交待药的用法，真情流露时能以"非礼勿言"的道德规范来约束自己。"据我想，到底宝兄弟素日不正，肯和那些人来往，老爷才生气"，宝钗将蒋玉菡等人称为"那些人"，而且理性地批评宝玉和他们来往，足见她和宝玉之间的思想分歧。

黛玉则"两个眼睛肿的桃儿一般，满面泪光"，作"无声之泣"，"气噎喉堵"，"抽抽噎噎"。这是出于"情"的探望。"你从此可都改了罢"，黛玉对"流荡优伶"一事，则表现出对宝玉的担心，对家长强大势力的恐惧，不得已劝宝玉改变。但宝玉坚定地说"就便为这些人死了，也是情愿的"。"这些人"，可见宝玉内心对他们的尊重亲近。对比"这些人"与"那些人"，就见出了宝玉的叛逆精神。他不以人的地位功名作为择友标准，这是对封建社会主流思想的反抗。

品读：哪些细节体现了宝黛爱情的深厚情味？

细节一：宝玉的关心和善意的欺骗

明确："你又做什么跑来！虽说太阳落下去，那地上的余热未散，走两趟又要受了暑。我虽然挨了打，并不觉疼痛。我这个样儿，只装出来哄他们，好在外头布散与老爷听，其实是假的。你不可认真。"宝玉对黛玉深情体贴，读来缠绵细腻。

细节二：宝玉赠帕和黛玉题诗

明确：宝玉"赠帕"首先是因为担心眼睛肿得桃儿一般的黛玉继续哭泣，让她不要再担心自己；另外，"赠帕"其实是违背礼法的私相传递，宝玉知道黛玉对自己没有金玉等物件感到不放心，所以他用旧帕相赠，表达承诺，让黛玉放心。

"这里林黛玉体贴出手帕子的意思来，不觉神魂驰荡"，"如此左思右想，一时五内沸然炙起。黛玉由不得余意绵缠，令掌灯，也想不起嫌疑避讳等事"，林黛玉对宝玉的情感冲破了封建礼法的束缚，洋溢着爱情自由的气息，读来缠绵而令人感佩。"金玉良姻"和"旧帕传情"两相对照，宝黛钗的爱情纠葛至此解除了。

三、精读描写宝钗情感和婚姻的细节，理解宝黛钗情感纠葛的悲剧意蕴

> 活动 2：以"我看宝钗世界里的小例外"为主题，举办课堂小沙龙

通过分析宝钗的几次"例外"，理解她的情感世界和婚姻悲剧。要求贴近文本，列举细节。

示例 1：宝钗的例外之"乐"。

刚要寻别的姊妹去，忽见前面一双玉色蝴蝶，大如团扇，一上一下迎风翩跹，十分有趣。宝钗意欲扑了来玩耍，遂向袖中取出扇子来，向草地下来扑。只见那一双蝴蝶忽起忽落，来来往往，穿花度柳，将欲过河去了。倒引的宝钗蹑手蹑脚的，一直跟到池中滴翠亭上，香汗淋漓，娇喘细细。（第二十七回）

明确：一向端庄沉稳的宝钗，展示了少女天真活泼的天性，由此可见，宝钗平日的稳妥持重，是封建礼教禁锢下的自我约束。

示例 2：宝钗的例外之"怒"。

宝钗道："我怕热，看了两出，热的很。要走，客又不散。我少不得推身上不好，就来了。"宝玉听说，自己由不得脸上没意思，只得又搭讪笑道："怪不得他们拿姐姐比杨妃，原来也体丰怯热。"

宝钗听说，不由的大怒，待要怎样，又不好怎样。回思了一回，脸红起来，便冷笑了两声，说道："我倒像杨妃，只是没一个好哥哥好兄弟可以作得杨国忠的！"二人正说着，可巧小丫头靛儿因不见了扇子，和宝钗笑道："必是宝姑娘藏了我的。好姑娘，赏我罢。"宝钗指他道："你要仔细！我和你顽过，你再疑我。和你素日嘻皮笑脸的那些姑娘们跟前，你该问他们去。"（第三十回）

明确：宝钗平日"行为豁达，随分从时"，"便是那些小丫头子们，亦多喜与宝钗去顽"，但是当宝玉将她比作杨妃，宝钗"不由的大怒"。宝钗为什么出现这个反常的情绪？历史上对于杨妃的定评，与宝钗追求的端庄贤淑是格格不入的，宝钗生气，可能有作为封建正统道德的践行者维护所信奉

的价值体系的原因。

示例3：宝钗的例外之"羞"。

宝钗分明看见，只装看不见，低着头过去了，到了王夫人那里，坐了一回，然后到了贾母这边，只见宝玉在这里呢。薛宝钗因往日母亲对王夫人等曾提过"金锁是个和尚给的，等日后有玉的方可结为婚姻"等语，所以总远着宝玉。昨儿见元春所赐的东西，独他与宝玉一样，心里越发没意思起来。幸亏宝玉被一个林黛玉缠绵住了，心心念念只记挂着林黛玉，并不理论这事。此刻忽见宝玉笑问道："宝姐姐，我瞧瞧你的红麝串子？"可巧宝钗左腕上笼着一串，见宝玉问他，少不得褪了下来。……宝钗见他怔了，自己倒不好意思的，丢下串子，回身才要走……（第二十八回）

宝钗见他睁开眼说话，不像先时，心中也宽慰了好些，便点头叹道："早听人一句话，也不至今日。别说老太太、太太心疼，就是我们看着，心里也疼。"刚说了半句又忙咽住，自悔说的话急了，不觉的就红了脸，低下头来。宝玉听得这话如此亲切稠密，竟大有深意，忽见他又咽住不往下说，红了脸，低下头只管弄衣带，那一种娇羞怯怯，非可形容得出者，不觉心中大畅，将疼痛早丢在九霄云外……（第三十四回）

明确：一向情感不外露的宝钗，却为宝玉盯着自己"怔"了而"不好意思"，探望宝玉的时候却为自己情真语急而"羞"，见出其娇俏女儿情态和隐秘的情感波动。

示例4：宝钗的例外之"哭"。

薛姨妈虽恐宝钗委屈，然也没法儿，又见这般光景，只得满口应承。鸳鸯回去回了贾母。贾母也甚喜欢，又叫鸳鸯过来求薛姨妈和宝钗说明原故，不叫他受委屈。薛姨妈也答应了。便议定凤姐夫妇作媒人。大家散了。王夫人姊妹不免又叙了半夜话儿。

次日，薛姨妈回家将这边的话细细的告诉了宝钗，还说："我已经应承了。"宝钗始则低头不语，后来便自垂泪。薛姨妈用好言劝慰解释了好些话。宝钗自回房内，宝琴随去解闷。（第九十七回）

探究：宝黛钗的情感纠葛最终以钗嫁黛亡为结局，很多读者因此同情黛玉而不喜欢宝钗。这场婚姻对于宝钗来说意味着什么？

明确：这场金玉婚姻实则是家长包办的婚姻，是带有交易性质的，贾家给薛蟠撕掳官事，薛家给贾家冲喜。"宝钗始则低头不语，后来便自垂泪。薛姨妈用好言劝慰解释了好些话。宝钗自回房内，宝琴随去解闷。"宝钗遵从家长的安排，同意了这场包办婚姻。"垂泪"可见宝钗内心的痛苦，这场婚姻对于宝钗来说，无疑也是悲剧。

鉴赏：第九十七回回目"林黛玉焚稿断痴情　薛宝钗出闺成大礼"妙在何处？

明确：回目将"情"与"礼"进行对照，用简洁的语言概括了两个悲剧：宝黛爱情悲剧和宝玉、宝钗的婚姻悲剧。前者追求的是自由爱情，却被封建家长毁掉，宝黛爱情走向悲剧结局；后者遵守的是封建家长制，是谨守封建礼教的一场礼仪，宝玉和宝钗的婚姻实际上也是一场悲剧。

四、课堂小结

宝黛钗的情感纠葛，表现了三个青年男女对爱情的向往。宝钗处处以礼教规范自己，将美好的情感珍藏于心中；宝黛则冲破了礼法的束缚，萌生了思想相通的自由爱情。他们三个人对爱情的向往，最终都被封建礼教和封建家长制无情地毁灭了。"都道是金玉良姻，俺只念木石前盟"，在强大的封建势力面前，能有一份"俺只念"的坚守，就是爱情道路上一道绝美的风景。

五、课后阅读任务

阅读范围：第五十二回至第七十回。

第六课　赏黛玉诗情诗境，悟女儿人性人生

☁ 任务简述 ☁

　　大观园中众位少女的生活是充满诗意的，她们饯花神，起诗社，制灯谜，听戏文，行酒令……大观园宛然是她们青春的乐园。而众姐妹中，最富有诗性的当属林黛玉了。《葬花吟》《题帕三绝》《咏白海棠》《咏菊》《问菊》《菊梦》《秋窗风雨夕》《桃花行》《唐多令》等诗词，既暗含了黛玉孤标傲世的人生态度，也流露着黛玉风露清愁的情感特色。薛宝琴骗宝玉说《桃花行》是自己的作品，宝玉极力肯定其为黛玉之作，且说"林妹妹曾经离丧，作此哀音"。宝玉不愧是黛玉之知己，一语道破黛玉诗歌的独特风格。当然，作者也借宝玉的评价告诉我们，小说中的诗词不是点缀，而是为暗示人物命运、塑造人物形象服务的，读诗即读人。

　　这一学习任务，意在通过朗诵、鉴赏等活动，精读黛玉的诗歌，感受其诗歌的审美价值，理解其人格追求及情感意蕴，学会从意象、意境、语言、情感等方面欣赏诗词，并能运用这些方法，去赏读更多人物的诗词，从而领悟《红楼梦》中引述大量诗词的审美意蕴。

☁ 学习目标 ☁

1. 朗诵林黛玉的诗歌，感受其独特的人生体验和性格。
2. 鉴赏林黛玉的诗句，把握其哀婉凄凉的意境和情感。
3. 阅读其他人的诗词，了解《红楼梦》诗词创作价值。

☁ 自主阅读活动设计 ☁

1. 梳理并朗读林黛玉的诗词作品，选择自己感触深的诗句，编制"林黛玉诗词佳句笺"。要求：摘选诗句，注明出处，并写简评。

2. 从以下题目中任选一个主题，写一则读书心得。要求：贴近文本，列

举林黛玉的经典诗词作为实例，字数不少于 300 字。

（1）林黛玉诗词里的意象

（2）林黛玉诗词里的泪

（3）林黛玉诗词里的意境

（4）林黛玉诗词里的哀音

3. 录制自己最喜欢的《红楼梦》诗词，小组评选"最美朗读者"。要求：配乐适合诗歌意境，朗诵贴合诗词情感。

学习资源

1. 蔡义江《红楼梦诗词曲赋全解》中对"葬花吟"的解读。
2.《白先勇细说红楼梦》中对第三十七回的鉴赏。

学习进程

一、导语激趣，引入对林黛玉诗词的欣赏

"诗言志"，对生活怀着梦想，生命才会洋溢着诗意。《红楼梦》里众女儿结社作诗，海棠社、菊花诗、螃蟹咏、桃花社、柳絮词……大观园宛如一座诗意的乐园，激发了众姐妹对美的礼赞，对青春的体味，对生命的梦想。这种吟诗作赋的生活，既是当时宗室文人、旗人子弟生活的投影，也是小说人物个性的写照。最难得的是，作者写谁的诗词，就能化作这个人的声调口气。书中所有的诗词，都是贴着人物的语气、性格和命运写的。

二、读林黛玉诗词，欣赏其诗意象、意境、语言、情感的独特性

活动1：朗读这首古风（节选），猜猜作者是谁，为什么？

提示：从诗歌选用的意象、运用的词语、营造的意境、表达的情感等角度来表达观点。

文本链接1：

《桃花行》（节选）

胭脂鲜艳何相类，花之颜色人之泪；
若将人泪比桃花，泪自长流花自媚。
泪眼观花泪易干，泪干春尽花憔悴。
憔悴花遮憔悴人，花飞人倦易黄昏。
一声杜宇春归尽，寂寞帘栊空月痕！

示例：这首诗选择了"泪""落花""黄昏""杜宇""月痕"等意象，用了春之"尽"，花、人之"憔悴"，人之"倦"，帘中"寂寞"，月痕之"空"等词语，营造了凄凉萧瑟的意境，景中融入了悲凄、孤独的情感，与林黛玉寄人篱下、多愁善感的性格很贴合，应该是林黛玉的作品。

文本链接2：

宝玉看了并不称赞，却滚下泪来。便知出自黛玉，因此落下泪来，又怕众人看见，又忙自己擦了。因问："你们怎么得来？"宝琴笑道："你猜是谁作的？"宝玉笑道："自然是潇湘子稿。"宝琴笑道："现是我作的呢。"宝玉笑道："我不信。这声调口气，迥乎不像蘅芜之体，所以不信。"宝钗笑道："所以你不通。难道杜工部首首只作'丛菊两开他日泪'之句不成！一般的也有'红绽雨肥梅''水荇牵风翠带长'之媚语。"宝玉笑道："固然如此说。但我知道姐姐断不许妹妹有此伤悼语句，妹妹虽有此才，是断不肯作的。比不得林妹妹曾经离丧，作此哀音。"众人听说，都笑了。（第七十回）

小结：宝玉不愧是黛玉知己，一语道破黛玉的诗歌风格。这也告诉我们，《红楼梦》中的诗词曲赋绝不是可有可无的闲文或者用以炫才传诗的点缀，而是小说的有机部分，是模仿每个人不同的"声调口气"写成的，是为暗示人物不同命运、塑造人物不同个性服务的。

众姐妹中，最有诗性的当属林黛玉了。她的诗歌，正如宝玉所说"曾经离丧，作此哀音"，总带有感怀伤逝的悲苦之情。今天，我们一起欣赏林黛玉的诗词，来感受其离丧之苦，哀音之切。

> 活动 2：比读宝黛海棠诗，深入体会林黛玉诗歌的独特风格

文本链接：

咏白海棠

半卷湘帘半掩门，碾冰为土玉为盆。
偷来梨蕊三分白，借得梅花一缕魂。
月窟仙人缝缟袂，秋闺怨女拭啼痕。
娇羞默默同谁诉，倦倚西风夜已昏。

咏白海棠

珍重芳姿昼掩门，自携手瓮灌苔盆。
胭脂洗出秋阶影，冰雪招来露砌魂。
淡极始知花更艳，愁多焉得玉无痕。
欲偿白帝凭清洁，不语婷婷日又昏。

鉴赏：两首诗里的白海棠有哪些不同情味？你觉得哪首是林黛玉的？请从意象、意境、语言或手法的角度说明理由。

示例：

第一首是林黛玉的诗歌。她笔下的白海棠有以下情味：

高洁——"冰""玉""梨蕊白""梅花魂""缟袂"，洁白无瑕。

哀怨——"秋闺怨女拭啼痕"。

娇羞——"半卷湘帘半掩门""娇羞默默同谁诉"。

孤寂——"娇羞默默同谁诉"。

柔弱——"倦倚西风夜已昏"。

林黛玉诗歌巧妙别致，她选择了"冰""梨蕊""梅花""缟袂""啼痕""西风""夜"等意象，营造了清幽孤寂的意境，透露出其多愁善感的性格。尤其是"偷来梨蕊三分白，借得梅花一缕魂"，想象奇特，真是"风流别致"。

第二首是薛宝钗的诗作。她笔下的海棠又有了不同的情韵：

端庄——"珍重芳姿昼掩门"，宝钗恪守封建礼教，端庄稳重，矜持。

高洁——"胭脂洗出秋阶影""冰雪招来露砌魂""欲偿白帝凭清洁",洗掉胭脂红,如台阶上冰雪般洁白。

淡泊——"淡极始知花更艳",宝钗罕言寡语,随分从时。

内敛——"不语婷婷日又昏",藏愚守拙。

薛宝钗的诗歌中也透露了自己为人处世的态度:端庄稳重、随分从时、淡泊宁静、恪守礼教。《红楼梦》里的诗歌,形象地透露了不同人的"声调口气",成为人物性格的写照和命运的预示。

活动 3:鉴赏并朗诵《葬花吟》,品味林黛玉诗歌哀婉凄切的情感

1. 鉴赏交流,品味诗中情感

听了黛玉的《葬花吟》,宝玉便不觉恸倒山坡之上。惜花,其实是叹世;葬花,其实是伤己。你从《葬花吟》中读出了黛玉的哪些情感?

示例:

(1)"红消香断有谁怜""不管桃飘与李飞""风刀霜剑严相逼",黛玉以花自况,写出了自己寄人篱下、无人怜惜的凄凉处境,也流露了对世态炎凉、人情冷暖的愤懑之情。

(2)"未若锦囊收艳骨,一抔净土掩风流。质本洁来还洁去,强于污淖陷渠沟",以花自喻,表现了黛玉坚守高洁品质、孤标傲世、不愿受辱被污、不甘低头屈服的孤傲不阿的性格。

(3)"尔今死去侬收葬,未卜侬身何日丧?侬今葬花人笑痴,他年葬侬知是谁",感叹生命的短暂和脆弱,充满对未来命运不可预料的伤感。作者也通过黛玉自己所作的诗歌,预示了她短暂悲苦的生命历程。

2. 朗诵体悟,感受诗歌风格

《葬花吟》读来哀婉凄切,就连林黛玉的鹦鹉都爱吁嗟感叹。鹦鹉最喜欢的是哪几句呢?

文本链接:

那鹦哥便长叹一声,竟大似林黛玉素日吁嗟音韵,接着念道:"侬今葬花人笑痴,他年葬侬知是谁?试看春尽花渐落,便是红颜老死时。一朝春尽

<u>红颜老，花落人亡两不知！</u>"黛玉紫鹃听了都笑起来。紫鹃笑道："这都是素日姑娘念的，难为他怎么记了。"黛玉便令将架摘下来，另挂在月洞窗外的钩上，于是进了屋子，在月洞窗内坐了。吃毕药，只见窗外竹影映入纱来，满屋内阴阴翠润，几簟生凉。黛玉无可释闷，便隔着纱窗调逗鹦哥作戏，又将素日所喜的诗词也教与他念。（第三十五回）

鹦鹉学舌，透出诗境；黛玉隔着纱窗戏鹦鹉，展出画境。这段文字读来分外美丽，但笑中偏偏藏着泪。鹦鹉学舌是有趣的，可它学的诗句偏偏表达的是对生命逝去的伤感，对未来命运不可预知的痛苦。

大家选择自己喜欢的诗句，也尝试读出吁嗟的情味。

小结：一首《葬花吟》，成为黛玉多愁善感性格的镜子，成为黛玉孤傲不屈精神的写照，成为黛玉身世命运的谶语，成为黛玉全部哀音的代表。读《葬花吟》，我们读出了黛玉的精神世界和命运遭际。

活动4：展示"林黛玉诗词佳句笺"，交流阅读心得

1. 小组交流"林黛玉诗词佳句笺"，分享佳句鉴赏

宝玉读了黛玉的《桃花行》，便滚下泪来；听了黛玉的《葬花吟》，便不觉恸倒山坡之上。林黛玉的诗歌中有哪些句子打动了你？请各小组打开编写的"林黛玉诗词佳句笺"，推选代表上来分享。

要求：用饱含感情的语言朗读林黛玉的诗词佳句，带着同学们感受其诗情画意，并从其诗的意象、意境、语言或情感的角度说明该组诗句的入选理由。

2. 分主题交流林黛玉诗词阅读心得，要求引诗句为证

（1）林黛玉诗词里的意象

提示：注意梳理归纳林黛玉诗词常用的意象，如"西风""夜""黄昏"等。

（2）林黛玉诗词里的泪

提示：注意梳理林黛玉诗词里怎样写泪，如直接描写、用典、比喻等。

（3）林黛玉诗词里的意境

提示：注意林黛玉诗词的清幽、孤寂的意境。

（4）林黛玉诗词里的哀音

提示：可以从情感字眼中，如"愁""寂寞""偷潜"等，领悟其悲凉伤感的意味。

三、泛读其他人物诗词，体味诗词的不同意境，领悟诗中人物的不同性情和命运

活动5：寻找"最美朗读者"，设计红楼诗词鉴赏展板

1. 评选"最美朗读者"

由各小组课下选出的本组"最美朗读者"朗诵作品，评选班级"最美朗读者"。

要求：自由选择《红楼梦》的人物诗词，配乐朗诵，读出诗中的人物性格和命运遭际。

2. 设计红楼诗词展板

要求：摘抄诗词，从意象、意境、语言、手法或情感的角度写一段鉴赏文字，配上插图，用适合的彩色纸笺誊写，张贴在展板上。

四、课堂小结

《红楼梦》中的诗歌可谓多矣，希望大家在阅读中体味人物不同的声调口气，感受到人物不同的思想性格，捕捉到人物不同的命运遭际。读诗即读人，读诗即读人生。

五、课后阅读任务

阅读范围：第七十一回至第八十回。

第七课　赏日常生活画卷，悟社会文化意蕴

任务简述

《红楼梦》第一回借石头之口陈说本书"离合悲欢，兴衰际遇，则又追踪蹑迹，不敢稍加穿凿"，而其"离合悲欢，兴衰际遇"的大主题偏偏寄寓在对日常生活琐事的描写中。生日、元宵、芒种、端午、中秋……在佳节之际或红白事之时，一家大小设宴，看戏，听书，赏曲，行令，射覆，作诗，制灯谜，祭宗祠，张罗元妃省亲。整本书犹如一轴贵族家庭日常生活的画卷，在我们眼前徐徐展开，既让我们看到了贾母及贾府里年轻一代高度的文化修养和高雅的审美情趣，也让我们看到了贾珍、贾琏、贾蓉等人贪淫好色、道德败坏的无耻嘴脸。

作者以细腻的笔墨，为我们如实记载了贵族世家富贵奢华的日常生活，并在这热闹繁华中，时时奏响衰败的悲音。这种寓衰于荣的独特写法，使得全书的社会内涵极为深刻。贾府无疑是当时整个社会的缩影，其穷奢极欲的生活正是建立在对劳动人民的盘剥之上的。大观园内富贵安宁，园外却"水旱不收，鼠盗蜂起"，贾府经济渐渐入不敷出，只能靠典当、借贷、变卖等方法来维持豪华的生活。最终，这个"钟鸣鼎食之家"走向了衰败。

这一学习任务，旨在引导学生精读《红楼梦》日常生活描写的片段，感受作者在描写贵族世家豪华奢侈的生活里时时隐伏的悲音，从而理解其中的社会内涵、文化内蕴。

学习目标

1. 选读描写贾府日常生活的章回，了解贵族家庭的物质生活及文化趣味。
2. 从日常生活细节中了解人物的文化修养、审美情趣，理解其社会内涵。

自主阅读活动设计

1. 略读第三十九回至第四十二回,完成以下两个活动:

(1)以"才"为标准,选择项目,评一评"红楼巾帼英雄榜",并给每项荣登榜首的巾帼英雄取一个雅号,同时说明入选理由。

(2)将贾母与刘姥姥两位老人的日常生活从吃、饮、穿、住、用等方面进行梳理,然后摘取关键词整理成表格,说说在对比中你读出了哪些意味。

2. 联读第三十九至四十回、第七十五回,比较荣宁二府前后两度宴饮的活动、氛围,体味贾府的盛衰变化。

学习资源

1. 蒋和森《红楼梦论稿》对"大中有细,平处见奇"的论述内容。

2. 孙逊《〈红楼梦〉对于传统的超越与突破》一文中对"《红楼梦》日常生活描写"的论述内容。

学习进程

一、导语激趣,引入对贾府日常生活描写的阅读与欣赏

很多中外小说,爱在"奇"字上下功夫:追求素材的新奇,追求情节的离奇。但是《红楼梦》却不以"奇"取胜,反倒敢于写最普通最平凡的日常生活。过生日,庆元宵,迎中秋……一家大小设宴,看戏,听书,行酒令,猜灯谜,祭宗祠……整本书犹如一轴贵族家庭日常生活的画卷,在我们眼前徐徐展开,虽然写的都是平常琐碎家事,却让人百看不厌。这里面到底有什么秘密呢?

今天,我们一起欣赏这幅画卷,感受十八世纪贵族世家日常生活的独特气息。

二、略读"刘姥姥进大观园"的内容,感受贵族日常生活的审美意趣和社会内蕴

> 活动1:小组合作,以"才华"为标准,一评"红楼巾帼英雄榜"

1. 分享小组评定的"红楼巾帼英雄榜",陈述评定理由

刘姥姥进大观园时,作者借农妇的眼睛给我们展示了贾府大家吃螃蟹、听故事、吃饭、游园、听戏、行酒令、品茶等日常生活场景。而在这些场景中,红楼女子的"小才微善"也得到了充分的展示。请各小组分享自己评定的"红楼巾帼英雄榜",并说说评选理由。

例如:审美大家,残荷知音,美食专家,煮茶圣手,绘画高手……

示例:

"审美大家"当推贾母。为潇湘馆的窗纱配色,给蘅芜苑的宝钗布置房间,安排大家借着水音听音乐,都能见出贾母深厚的艺术修养和独特的审美情趣。这种修养,是多年的富贵闲雅生活熏陶出来的。

"残荷知音"当然非林黛玉莫属了。宝玉认为破荷叶可恨,黛玉偏喜欢,改用李商隐的诗句"留得残荷听雨声"①,表达了自己对凋零的残荷的喜爱之情。一方面展示了黛玉的诗学修养和才华,另一方面也透露了她多愁善感的性格。

"美食专家"可推王熙凤。一道茄鲞的做法,她能娓娓道来,如数家珍。从她对于吃的细致描述,可见贾府日用方面的精致奢华。

"煮茶圣手"当然是妙玉。五年前梅花上的雪,显出了妙玉的高洁脱俗,也显出了贵族家庭生活的精致讲究。

2. 探究:从这些"巾帼英雄"身上,你看到贾府日常生活有什么不寻常的地方?

例如:通过描绘这一个个"巾帼英雄",作者展示了贵族家庭的吃、住、饮、玩、赏等富贵精致的日常生活,展示了红楼女儿极高的文化修养,也反

---

① 原诗为"留得枯荷听雨声",出自唐代诗人李商隐的《宿骆氏亭寄怀崔雍崔衮》。

映了诗礼簪缨之家高雅的文化品位，将日常琐事写出了审美趣味。贾府大观园的平常生活，当然也反映了十八世纪贵族世家日常生活的情趣和习俗。这既是一幅家庭日常生活画卷，也是社会生活画卷的微缩图。

> 活动2：小组合作，以"情趣"为标准，再评"红楼英雄榜"

1. 分享小组评定的"红楼英雄榜"，陈述评定理由

刘姥姥进大观园这一情节，不仅展示了贵族家庭的吃穿住行，还记录了贵族家庭叙家常、游花园、行酒令等生活细节。大家看看这四回的语言描写，再评英雄榜。

例如：逗笑智者，痴情公子，戏谑雅妹，红楼高士……

文本链接1：

那刘姥姥虽是个村野人，却生来的有些见识，况且年纪老了，世情上经历过的，见头一个贾母高兴，第二见这些哥儿姐儿们都爱听，便没了说的也编出些话来讲。（第三十九回）

说着，（凤姐）将一盘子花横三竖四的插了一头。贾母和众人笑的不住。刘姥姥笑道："我这头也不知修了什么福，今儿这样体面起来。"众人笑道："你还不拔下来摔到他脸上呢，把你打扮的成了个老妖精了。"刘姥姥笑道："我虽老了，年轻时也风流，爱个花儿粉儿的，今儿老风流才好。"（第四十回）

刘姥姥笑道："姑娘说那里话，咱们哄着老太太开个心儿，可有什么恼的！你先嘱咐我，我就明白了……"（第四十回）

明确："逗笑智者"是刘姥姥。簪花、行酒令、夹鸽子蛋、认黄杨木、拜"省亲别墅"牌坊，她让大观园里不断响起笑声，给大观园带来了乡情俗趣。表面看是刘姥姥被人捉弄，实际上刘姥姥是深知大家的用意的。她把人家的寻开心当作"修来的福"，还主动逗大家开心，显出了她的人情练达、智慧圆融。

文本链接2：

宝玉且忙着问刘姥姥："那女孩儿大雪地作什么抽柴草？倘或冻出病来

呢？"……（听到"茗玉小姐生到十七岁，一病死了"）宝玉听了，跌足叹惜，又问后来怎么样……"我明儿做一个疏头，替你化些布施，你就做香头，攒了钱把这庙修盖……每月给你香火钱烧香岂不好？"……宝玉信以为真，回至房中，盘算了一夜。次日一早，便出来给了茗烟几百钱，按着刘姥姥说的方向地名，着茗烟去先踏看明白，回来再做主意。那茗烟去后，宝玉左等也不来，右等也不来，急的热锅上的蚂蚁一般。好容易等到日落……（第三十九回）

"痴情公子"当然是贾宝玉。刘姥姥胡诌的一个故事，宝玉却当真，心疼故事女主角，让茗烟去祭拜，可见其对不幸女子的尊重体贴，痴情之中展露出的是善良。

文本链接3：

当下刘姥姥听见这般音乐，且又有了酒，越发喜的手舞足蹈起来。……黛玉笑道："当日圣乐一奏，百兽率舞，如今才一牛耳。"众姐妹都笑了。（第四十一回）

黛玉道："人物还容易，你草虫上不能。"……"别的草虫不画罢了，昨儿'母蝗虫'不画上，岂不缺了典！"……"你快画罢，我连题跋都有了，起个名字，就叫作《携蝗大嚼图》。"众人听了，越发哄然大笑，前仰后合。（第四十二回）

"戏谑雅妹"是林黛玉。第四十一回大观园吃酒，刘姥姥喜得手舞足蹈，黛玉笑道："当日圣乐一奏，百兽率舞，如今才一牛耳。"林黛玉戏称刘姥姥为"牛"，看似尖刻，其实是来源于先前吃饭时刘姥姥的打油诗"老刘，老刘，食量大似牛，吃一个老母猪不抬头"。可谓信手拈来，巧妙自然，足见林黛玉的机智与幽默。第四十二回众姐妹商量画大观园，林黛玉两次戏谑打趣，第一次是戏称刘姥姥是"母蝗虫"，第二次是建议惜春画出"母蝗虫"，给画起名为《携蝗大嚼图》。很多人批评此处，认为黛玉尖酸刻薄。但是这个玩笑也是有来源的。刘姥姥食量很大，跟着贾母在大观园大吃大喝大嚼。大家吃点心，"薛姨妈只拣了一块糕。贾母拣了一个卷子，只尝了一尝，剩的半个递与丫鬟了"，而"刘姥姥原不曾吃过这些东西，且都作的小巧，不显盘堆的，他和板儿每样吃了些，就去了半盘子"，最后刘姥姥因"吃了许多油腻饮食"，不免通泻起来。所以林黛玉借用蝗虫一旦出现就会将庄稼吃个精光的特点，来形容刘姥姥食量之大，是符合刘姥姥特点的，也是被作者认可的，连宝钗也赞同这是"春秋"的法子，"把昨儿那些形象都现出来了"。可见黛玉语言的形象贴切，风趣幽默。林黛玉生活在钟鸣鼎食之家，不了解民间疾苦，而且她自己饮食清淡、食量极小，当然会震撼于刘姥姥食量之大，所以这样开玩笑。这一笑，其实体现了贫富差距，体现了社会上劳动人民生活的贫困。

文本链接4：

宝钗见他羞得满脸飞红，满口央告，便不肯再往下追问，因拉他坐下吃茶，款款的告诉他道："你当我是谁，我也是个淘气的。……诸如这些'西厢''琵琶'以及'元人百种'，无所不有。他们是偷背着我们看，我们却也偷背着他们看。后来大人知道了，打的打，骂的骂，烧的烧，才丢开了。所以咱们女孩儿家不认得字的倒好。男人们读书不明理，尚且不如不读书的好，何况你我。就连作诗写字等事，这不是你我分内之事，究竟也不是男人分内之事。男人们读书明理，辅国治民，这便好了。只是如今并不听见有这样的人，读了书倒更坏了。这是书误了他，可惜他也把书糟踏了，所以竟不如耕种买卖，倒没有什么大害处。你我只该做些针黹纺织的事才是，偏又认得了字，既认得了字，不过拣那正经的看也罢了，最怕见了些杂书，移了性情，就不可救了。"（第四十二回）

"红楼高士"是薛宝钗，博学多识，且维护封建正统思想。从她劝导黛玉可见，她也曾是天真烂漫的少女，如今用封建礼教压抑自己的天性；她认为男儿读书为的是明理，以辅国治民；女儿应专心于纺织女红，看书只能看正经书，不然就移了性情。这让我们看到了一个端方沉稳、谨守封建礼教的形象。"后来大人知道了，打的打，骂的骂，烧的烧，才丢开了"，让我们看到了人的天性被封建家长压制的过程。

2.探究：从这些"巾帼英雄"的语言中，你读出了贾府日常生活中的哪些不寻常？

示例：看起来是刘姥姥被众人取笑，实则是刘姥姥主动"哄着老太太开个心儿"，反映了刘姥姥人情练达、生活艰辛、智慧圆融，为了生活不惜委屈自己、迎合他人，逗乐之中藏的是生活的艰辛和悲酸。

从林黛玉的雅谑中我们看到了她的多面性，她不仅是多愁善感的，还是风趣幽默、机智调皮的。

薛宝钗博学多识，既有天真烂漫的天性，也有端庄沉稳的性格。她深受封建礼教束缚，成为封建正统思想的维护者。

日常生活的描写，刻画了丰富而复杂的人物形象。

活动3：比较贾母与刘姥姥的日常生活，体味其中深藏的社会意蕴

1. 梳理并比较贾母与刘姥姥的日常生活（见表2-1）

表2-1　贾母与刘姥姥的日常生活比读

日常生活	贾母	刘姥姥
吃	①螃蟹，菱粉糕，鸡油卷儿，茄鲞，藕粉桂糖糕，松穰鹅油卷，螃蟹馅小饺儿，奶油炸的小面果…… ②一两银子一个的鸽子蛋 ③"油腻腻的，谁吃这个！"拣了一个卷子，只尝了一尝，剩的半个递与丫鬟了	①枣子，倭瓜，野菜，木头……想吃鱼肉吃不起 ②撮不起来鸽子蛋，滚在地下，要亲自去捡，早有地下的人捡了出去了，"一两银子，也没听见个响声儿就没了" ③小面果子和板儿每样吃了些，就去了半盘子
饮	不吃六安茶，旧年蠲的雨水泡茶	半盏茶一口吃尽
穿	上用内造的上好的纱	想他作衣裳也不能，拿着糊窗子，岂不可惜？

续表

日常生活	贾母	刘姥姥
住	大箱大柜大桌子大床	① 柜子比我们那一间房子还大还高 ② 比画儿还强十倍
用	软烟罗作帐子、糊窗屉，楠木桌，乌木镶银箸，老年四楞象牙镶金筷子，锦䄄蓉簟，雕漆几，乌银洋錾自斟壶，十锦珐琅杯，黄杨根整抠的十个大套杯	木头
行	坐小竹椅，众丫鬟婆子围随	走土地，跌了一跤自己爬起来
坐歇	① 丫鬟们抱大锦褥子铺在栏杆榻板上，倚柱坐下 ② 众丫鬟在旁边，拿着漱盂等	困了枕着木头睡，乏了靠着木头坐
赏	① 借着水音听乐 ② 行酒令，需诗词歌赋或成语俗话，要叶韵 ③ 赏玩鹦鹉	① 手舞足蹈，似牛舞 ② 本色语言入令 ③ 误认黑老鸹子

文本链接：

阿弥陀佛！这一顿的钱够我们庄家人过一年了。（第三十九回）

刘姥姥便伸箸子要夹，那里夹的起来，满碗里闹了一阵好的，好容易撮起一个来，才伸着脖子要吃，偏又滑下来滚在地下，忙放下箸子要亲自去捡，早有地下的人捡了出去了。刘姥姥叹道："一两银子，也没听见个响声儿就没了。"（第四十回）

刘姥姥笑道："怨不得姑娘不认得，你们在这金门绣户的，如何认得木头！我们成日家和树林子作街坊，困了枕着他睡，乏了靠着他坐，荒年间饿了还吃他……"（第四十一回）

2. 探究：从两位老人不同的日常生活中，你读出了哪些意味？

示例：两位老人的日常生活，一雅一俗，一安逸一辛苦，尤其是刘姥姥算螃蟹账、吃鸽蛋、认黄杨木，让我们看到了社会的贫富悬殊。村野农民饱受贫苦，而贵族家庭却穷奢极欲。日常生活的描写，也揭示了社会大背景。

三、比读"史太君两宴大观园"和"开夜宴异兆发悲音"两处情节，体味贾府盛衰变化

1. 梳理并比较前后两度宴饮（见表2-2）

表2-2　贾府的两度宴饮比读

细节	史太君两宴大观园	开夜宴异兆发悲音
时令	八月二十以后，海棠花、菊花、桂花开放，螃蟹已肥	八月十五中秋赏月，宁国府居丧期间不能过节，提到八月十四开晚宴
地点	大观园	大观园，宁国府
食物	螃蟹，菱粉糕，鸡油卷儿，茄鲞，藕粉桂糖糕，松穰鹅油卷，螃蟹馅小饺儿，奶油炸的小面果，一两银子一个的鸽子蛋……	荣国府："如今都是可着头做帽子了，要一点儿富余也不能的""早涝不定，田上的米都不能按数交的。这几样细米更艰难了，所以都可着吃的多少关去，生恐一时短了，买的不顺口" 宁国府：煮一口猪，烧一腔羊，备一桌菜及果品之类，不可胜记
活动	众姐妹起诗社；三宣牙牌令，用诗词歌赋或成语俗话，要叶韵；隔水听乐……	大观园：赏月，击鼓传花，饮酒，说笑话，行酒令，赏桂花，作诗，联诗，听笛…… 宁国府：以习射为由，立罚约，抹骨牌，打天九，打公番，开赌局，戏娈童，赏月作乐，猜枚划拳，吹箫唱曲……
人物	贾母，王夫人，薛姨妈，众姐妹，贾宝玉，刘姥姥……	宝钗姊妹二人回家赏月，李纨、凤姐二人病着，少了四个人，便觉冷清了好些
气氛	哈哈大笑，热闹欢快，箫管悠扬，笙笛并发，风清气爽，使人神怡心旷	风气森森，凉飒，月色惨淡；笛声悲怨，堕下泪来，凄凉寂寞，贾母伤感；尤氏说笑话，贾母已朦胧双眼

2.探究：通过对比前后两度宴饮，你读出了什么？

示例：贾母、宝玉、众姐妹的审美情趣高雅，富贵之中有闲雅；贾珍、贾蓉等生活淫滥无度，一味享乐，情趣低俗。

再如：史太君两宴大观园气氛热闹欢快，正是贾府兴盛之时；而第七十五回的中秋夜宴则凄凉悲怨，见出贾府的经济赤字、家势日渐衰颓。日常生活里见出了家族的兴衰变化。

四、课堂小结

《红楼梦》从贾府日常生活的琐事写来，我们却百读不厌，是因为这日常生活里有复杂人情，有丰富人性，有不同的审美情趣，有深刻的社会内涵。作者小中见大，从寻常中写出了不寻常。不积小流，无以成江海。正是这些日常生活细节的汇合，铺开了社会生活的真实画卷，透出了作品的深刻主题。

五、课后阅读任务

任务一：完成整本书阅读后找出这些高手。

| 医理高手 | 红楼诗灵 | 红楼诗士 | 红楼诗魔 | 联诗高手 |
| 绘画高手 | 女红高手 | 结络高手 | 刺绣能手 | 辞令高手 |

任务二：阅读第八十一回至第一〇〇回。

第八课　品语言雅俗繁简，赏笔墨悲欣浅深

☁ 任务简述 ☁

第二十三回林黛玉读《会真记》，自觉"词藻警人，余香满口"，这八

个字同样适合用来描述《红楼梦》的语言。《红楼梦》的叙述语言明畅而不流于浅露，简练而有表现力，既有自然流泻之感，又时泛微波，读来饶有情趣。描写语言更是细腻动人：写人状物，往往寥寥数笔，则特点鲜明；写景抒情，往往略加点染，则境美情浓。

《红楼梦》虽以白话文为主，但也吸收了中国古典散文及诗歌典雅蕴藉的特色，且语言的雅俗风格与人物个性相贴，与生活场景相协，使得文章读来雅俗共融，浑然一体，毫不生涩。

这一学习任务，主要通过圈点批注的方法，赏析经典片段的语言，感受《红楼梦》独特的语言艺术。

学习目标

1. 精读经典章回及片段，感受作者语言繁简自如、雅俗共赏的特色。
2. 品读语言、动作等描写，理解语言中透露的人物特点和深藏的意蕴。

自主阅读活动设计

从以下四个主题中选择一个，精选自己印象深刻的片段，从语言的角度进行圈点批注，写两则读书笔记，每则不少于200字。

1. 浓淡相宜的笔墨与人物个性
2. 悲欣交集的情味与场景氛围
3. 雅俗共赏的风格与人物意趣
4. 常中见奇的字词与思想意蕴

学习资源

1. 刘梦溪等《红楼梦十五讲》之《曹雪芹和他的文学世界》中对人物描写语言个性化的论述。
2. 周先慎《中国文学十五讲》中对于《红楼梦》语言特色的论述。

☁ 学习进程 ☁

一、导语激趣，引入对《红楼梦》语言艺术的欣赏

蒋和森认为，《红楼梦》"是第一部把白话文运用得最好的小说"。今天，我们一起感受它的语言好在哪里。

二、小组分主题交流读书笔记，领略整本书的语言艺术

课前，我们布置了四个选题，让大家精选自己印象深刻的片段，从语言的角度进行圈点批注，写两则读书笔记，每则不少于200字。我们请各小组派中心发言人上来依次投影读书笔记，进行现场交流。

[活动1：展示读书笔记，说说《红楼梦》浓淡相宜的笔墨与人物个性的关系]

示例1：精读第三回，体会其如何"浓淡相宜写形神"。

文本链接：

众人见黛玉年貌虽小，其举止言谈不俗，身体面庞虽怯弱不胜，却有一段自然的风流态度，便知他有不足之症。（以众人之眼写黛玉之风流态度）

天下真有这样标致的人物，我今儿才算见了！况且这通身的气派，竟不像老祖宗的外孙女儿，竟是个嫡亲的孙女，怨不得老祖宗天天口头心头一时不忘。（以熙凤之语写黛玉之气派）

两弯似蹙非蹙罥烟眉，一双似泣非泣含露目。态生两靥之愁，娇袭一身之病。泪光点点，娇喘微微。闲静时如姣花照水，行动处似弱柳扶风。心较比干多一窍，病如西子胜三分。（以宝玉之眼写黛玉之风露清愁的神韵）

彩绣辉煌，恍若神妃仙子。头上戴着……，绾着……；项上带着……；裙边系着……；身上穿着……，外罩……；下着……。（熙凤之穿着）

一双丹凤三角眼，两弯柳叶吊梢眉，身量苗条，体格风骚。粉面含春威不露，丹唇未启笑先闻。（熙凤之神韵）

鉴赏：这一章回对黛玉衣着不着一字，用笔至淡，乃至淡极而无，正符合绛珠仙子清逸脱俗的特点；但对黛玉神韵，反复描写，不厌其烦。写黛玉的笔墨，于形则简洁轻淡，于神则反复渲染，为我们展现了黛玉超凡脱俗、体弱多病、多愁善感、聪慧敏感的形象。

相反，对熙凤的穿戴描写，作者可谓穷形尽相，不吝笔墨；但对熙凤的神韵，简笔勾勒，用笔轻淡。这种笔墨或简或繁的调用，正符合王熙凤贪婪好利、恃宠专权的特点和八面玲珑、精明能干的才情。

可见，作者的笔墨何时简，何时繁，是随人物特点、创作意旨灵活调度的。大多时候，作者更喜欢一字见精神，特别是在描写人物群像时，寥寥几个字就能写出群像中每个人的个性。有没有小组圈点批注的片段是写群像的？

示例2：试看第二十九回"众人论金麒麟"简洁语言中塑造的人物群像。

文本链接：

贾母因看见有个赤金点翠的麒麟，便伸手拿了起来，笑道："这件东西好像我看见谁家的孩子也带着这么一个的。"宝钗笑道："史大妹妹有一个，比这个小些。"贾母道："原来是云儿有这个。"宝玉道："他这么往我们家去住着，我也没看见。"探春笑道："宝姐姐有心，不管什么他都记得。"林黛玉冷笑道："他在别的上还有限，惟有这些人带的东西上越发留心。"宝钗听说，便回头装没听见。（第二十九回）

鉴赏：

宝钗：心思细腻。关注"金锁""通灵宝玉""金麒麟"等物件。湘云小时候曾在贾母处住着，与宝玉两小无猜，连贾母和宝玉都不知道她有金麒麟；而在第三十七回之前，湘云来贾府，也一直借住在黛玉那里，宝钗居然能准确地说出她的麒麟的大小，可见宝钗之心思细腻。

宝玉：不拘细事。直言"没看见"。

探春：敏锐。能发现宝钗的"有心"。探春理家时能敏锐地应对贾府管理的弊端和经济开支的靡费，大观园被抄检时能预见到贾府衰颓的趋势，可见，"敏"一直是探春言行中透出的独特个性。

黛玉：尖酸犀利。心存对宝玉的真挚爱情，在乎"金玉之论"，唯独自己什么物件都没有，所以忍不住讽刺宝钗。

小结：《红楼梦》的语言十分经济而又内涵丰富，往往以一当百。这个片段语言描写十分简洁，但在片言只语中就表现出人物不同的心理和性格，写出了黛玉心中深藏的感情，也写出了人物之间的关系，让我们看到了宝黛钗之间的情感纠葛。

> 活动2：展示读书笔记，说说《红楼梦》语言悲欣交集的情味与场景氛围的关系

示例1：精读"刘姥姥逗笑众人"一节，体会朴素语言营造的欢乐氛围。

文本链接：

刘姥姥便站起身来，高声说道："老刘，老刘，食量大似牛，吃一个老母猪不抬头。"自己却鼓着腮不语。

众人先是发怔，后来一听，上上下下都哈哈的大笑起来。史湘云撑不住，一口饭都喷了出来；林黛玉笑岔了气，伏着桌子叫"嗳哟"；宝玉早滚到贾母怀里，贾母笑的搂着宝玉叫"心肝"；王夫人笑的用手指着凤姐儿，只说不出话来；薛姨妈也撑不住，口里茶喷了探春一裙子；探春手里的饭碗都合在迎春身上；惜春离了坐位，拉着他奶母叫揉一揉肠子。地下的无一个不弯腰屈背，也有躲出去蹲着笑去的，也有忍着笑上来替他姊妹换衣裳的，独有凤姐鸳鸯二人撑着，还只管让刘姥姥。（第四十回）

一面戴上兜巾，披了斗篷，大家陪着又饮，说些笑话。只听桂花阴里，呜呜咽咽，袅袅悠悠，又发出一缕笛音来，果真比先越发凄凉。大家都寂然而坐。夜静月明，且笛声悲怨，贾母年老带酒之人，听此声音，不免有触于心，禁不住堕下泪来。众人此时都不禁有凄凉寂寞之意，半日，方知贾母伤感，才忙转身陪笑，发语解释。（第七十六回）

鉴赏：刘姥姥在贾母宴大观园时，说出了富有乡土气息的顺口溜，惹得众人哈哈大笑。这是《红楼梦》中少有的欢乐场景，给贾府富贵闲雅的生活融入了乡野俗趣。不同的"笑"既渲染了欢快氛围，也体现出了人物的个性：

湘云的豪爽，黛玉的柔弱，宝玉的受宠，贾母对孙儿的疼爱，王夫人的木讷而又睿智，惜春的娇小……如果将这个欢乐场景与第七十五、七十六回中秋夜宴的场景对比阅读，我们无疑能在作者或悲或喜的笔墨中感受到贾府的盛衰变化。

示例2：精读"元妃省亲"片段，体会朴素笔墨营造的盛中寓衰、喜中藏悲的氛围。

文本链接：

至贾母正室，欲行家礼，贾母等俱跪止不迭。贾妃满眼垂泪，方彼此上前厮见，一手挽贾母，一手挽王夫人，三个人满心里皆有许多话，只是俱说不出，只管呜咽对泣。邢夫人、李纨、王熙凤、迎、探、惜三姊妹等，俱在旁围绕，垂泪无言。

半日，贾妃方忍悲强笑，安慰贾母、王夫人道："当日既送我到那不得见人的去处，好容易今日回家娘儿们一会，不说说笑笑，反倒哭起来。一会子我去了，又不知多早晚才来！"说到这句，不禁又哽咽起来。邢夫人等忙上来解劝。贾母等让贾妃归座，又逐次一一见过，又不免哭泣一番。然后东西两府掌家执事人丁在厅外行礼，及两府掌家执事媳妇领丫鬟等行礼毕。（第十七回至十八回）

1.动作描写

"欲行家礼，贾母等俱跪止不迭""然后东西两府掌家执事人丁在厅外行礼""两府掌家执事媳妇领丫鬟等行礼毕"

明确：元妃省亲，无论年龄长幼、辈分高低都依照不同等级行礼，严格遵循皇家礼仪，唯皇妃为尊，整个场面显得肃穆庄严。

2.肖像描写、动作描写、语言描写

"满眼垂泪""呜咽对泣""垂泪无言""忍悲强笑""哽咽起来""哭泣一番"

明确：用语不见任何藻饰，简朴，但却于肃穆庄严之中透露出浓浓的悲凉气氛，喜中藏悲，让我们看到了元春一入宫门后不能与亲人相聚的孤独寂寞的生活。

《红楼梦》的很多地方往往能在繁华中让人感受到衰颓，在欢乐中看到悲哀，在富贵中看到贫穷。朴素描写之中有着丰富的容量。

> 活动3：展示读书笔记，说说《红楼梦》雅俗共赏的语言风格与人物意趣的关系

示例：精读第六十二回"湘云醉卧芍药裀"一节，感受雅俗共赏的语言风格与人物审美情趣之间的和谐共融。

文本链接：

果见湘云卧于山石僻处一个石凳子上，业经香梦沉酣，四面芍药花飞了一身，满头脸衣襟上皆是红香散乱，手中的扇子在地下，也半被落花埋了，一群蜂蝶闹穰穰的围着他，又用鲛帕包了一包芍药花瓣枕着。众人看了，又是爱，又是笑，忙上来推唤挽扶。湘云口内犹作睡语说酒令，唧唧嘟嘟说："泉香而酒洌，……醉扶归，却为宜会亲友。"众人笑推他，说道："快醒醒儿吃饭去，这潮凳上还睡出病来呢。"湘云慢启秋波，见了众人，低头看了一看自己，方知是醉了。原是来纳凉避静的，不觉的因多罚了两杯酒，娇袅不胜，便睡着了，心中反觉自愧。（第六十二回）

明确："湘云醉卧"表现了湘云闲雅浪漫、洒脱不羁的性格。

1. 古典语言的吸纳

"香梦沉酣""红香散乱""慢启秋波""娇袅不胜"吸纳了古典文言词语，"泉香而酒洌，……醉扶归"的酒令雅句，读来典雅而有韵味。

2. 通俗语言的运用

"四面芍药花飞了一身""手中的扇子在地下""也半被落花埋了，一群蜂蝶闹穰穰的围着他，又用鲛帕包了一包芍药花瓣枕着"，用朴素的生活语言，写出了湘云的洒脱自由与闲雅浪漫。整幅画面充满诗意的氛围，流淌着闲逸的情味。

建议：学生还可以选择"宝钗扑蝶""黛玉葬花""共读西厢"等情节鉴赏。

活动4：展示读书笔记，说说《红楼梦》常中见奇的字词与思想意蕴的关系

示例：精读第三十三回"宝玉挨打"一节，感受简洁的语言中蕴含的丰富的艺术张力。

1. 老姆姆之"聋"与"笑"

那宝玉听见贾政吩咐他"不许动"，早知多凶少吉，那里承望贾环又添了许多的话。正在厅上干转，怎得个人来往里头去捎信，偏生没个人，连焙茗也不知在那里。正盼望时，只见一个老姆姆出来。宝玉如得了珍宝，便赶上来拉他，说道："快进去告诉：老爷要打我呢！快去，快去！要紧，要紧！"宝玉一则急了，说话不明白；二则老婆子偏生又聋，竟不曾听见是什么话，把"要紧"二字只听作"跳井"二字，便笑道："跳井让他跳去，二爷怕什么？"宝玉见是个聋子，便着急道："你出去叫我的小厮来罢。"那婆子道："有什么不了的事？老早的完了。太太又赏了衣服，又赏了银子，怎么不了事的！"（第三十三回）

主问：你觉得小说在这里写这位耳聋的老姆姆有什么作用？

鉴赏：突然在紧张的情节中穿插进看似幽默轻松的一段，使得气氛更为紧张。且"跳井让他跳去，二爷怕什么？""有什么不了的事？老早的完了。太太又赏了衣服，又赏了银子，怎么不了事的！"等语言显露了同为被奴役者的老姆姆老于世故和人性的冷漠。"赏了衣服，又赏了银子"就可以"了"结生命的逝去，听了令人寒心！贾府的下人尚且如此看待生命的消亡，何况是那些穷奢极欲的贵族呢？

而宝玉听到金钏儿自杀，"五内摧伤"，两相对比，可见宝玉对生命本身的怜惜和悲悯。

2. 贾政之"盖"

小厮们不敢违拗，只得将宝玉按在凳上，举起大板打了十来下。贾政犹嫌打轻了，一脚踢开掌板的，自己夺过来，咬着牙狠命盖了三四十下。（第三十三回）

主问：可以把"盖"换成"打"吗？

鉴赏："盖"表明用尽全身力气地压下去，打得更用力。而且"盖"的声调是第四声，干脆利落，比"打"更尽情尽力，用力之猛、愤怒之大、冲突之激烈，都含在了"盖"中，仿佛所有的力气、怒气都冲过去，深刻地揭示了贾政与宝玉之间激烈的思想冲突。从家庭角色上看，这是父子之间的冲突；从价值观的角度看，这是封建正统思想的维护者同叛逆者的激烈冲突。

3. 王氏之"哭"

贾政还欲打时，早被王夫人抱住板子。贾政道："罢了，罢了！今日必定要气死我才罢！"王夫人哭道："宝玉虽然该打，老爷也要自重。况且炎天暑日的，老太太身上也不大好，打死宝玉事小，倘或老太太一时不自在了，岂不事大！"贾政冷笑道："倒休提这话。我养了这不肖的孽障，已不孝；教训他一番，又有众人护持；不如趁今日一发勒死了，以绝将来之患！"说着，便要绳索来勒死。

王夫人连忙抱住哭道："老爷虽然应当管教儿子，也要看夫妻分上。我如今已将五十岁的人，只有这个孽障，必定苦苦的以他为法，我也不敢深劝。今日越发要他死，岂不是有意绝我。既要勒死他，快拿绳子来先勒死我，再勒死他。我们娘儿们不敢含怨，到底在阴司里得个依靠。"说毕，爬在宝玉身上大哭起来。

贾政听了此话，不觉长叹一声，向椅上坐了，泪如雨下。王夫人抱着宝玉，只见他面白气弱，底下穿着一条绿纱小衣皆是血渍，禁不住解下汗巾看，由臀至胫，或青或紫，或整或破，竟无一点好处，不觉失声大哭起来，"苦命的儿吓！"因哭出"苦命儿"来，忽又想起贾珠来，便叫着贾珠哭道："若有你活着，便死一百个我也不管了。"此时里面的人闻得王夫人出来，那李宫裁王熙凤与迎春姊妹早已出来了。王夫人哭着贾珠的名字，别人还可，惟有宫裁禁不住也放声哭了。贾政听了，那泪珠更似滚瓜一般滚了下来。（第三十三回）

主问：你觉得王夫人到底在哭什么？

鉴赏："有意绝我""得个依靠"说明儿子是她的支撑。"若有你活着，便死一百个我也不管了",将"一百个"宝玉与一个贾珠比较,听了叫人寒心。

王夫人哭的其实是自己,她最担忧的不是宝玉被打得怎么样了,而是自己能不能有依靠,能不能保住自己的身份和地位。在古代社会,一个女人如果没有了儿子,就保不住嫡妻的地位,连家族的宗祠都进不了。她更多地是从封建伦理的角度、从封建家庭嫡庶之争的角度来痛哭的,而不只是出于对生命本身的不忍和疼爱。封建伦理秩序把人对生命的珍重、亲人之间的深情扭曲了。

小结:这个章回,场景鲜活,人物个性鲜明,且反映出人物间尖锐的思想冲突,朴素简洁之中蕴含着凝重的力量和深沉的内涵。

三、课堂小结

《红楼梦》的语言,时而简洁朴素,时而典雅蕴藉,而且每一种语言风格的调用,都随着人物不同的审美意趣和性格,可以说是贴着人物来写的。曹雪芹写人物,一个"笑"字,就可以写出千人千面;写场景,一笔可以悲欣交集。看似平常的语言,细品却蕴含深意,让人回味无穷。所以,蒋和森才说《红楼梦》"是第一部把白话文运用得最好的小说"。

四、课后阅读任务

阅读范围:第一○一回至第一二○回。

第九课　读续写之四十回，探艺术之辩证性

☁ 任务简述 ☁

《红楼梦》原作后四十回缺失，对于红学爱好者来说，这既留下了难以弥补的遗憾，又留下了探索的空间。如今我们看到的后四十回，究竟由谁所作，历来没有定论；后四十回的人物命运归宿、情节推进发展，是否符合前八十回的创作初衷，引发了红学家的研讨；后四十回的艺术价值如何，也一直褒贬不定。但是，我们不得不承认，续作后四十回基本保留了前八十回的悲剧结局，让《红楼梦》以相对完整的姿态留在了文学的高峰。

这一学习任务，不在于探佚解谜，而在于引导学生略读后四十回，扣住小说的体裁特点和艺术特色，进行前后比读，从而辩证思考其对于前八十回的意义。

☁ 学习目标 ☁

1. 略读后四十回，从情节展开的角度了解其积极意义。
2. 精读经典回目，从人物塑造、悲剧氛围的营造等方面感受其艺术价值。
3. 激发学生想象，在大胆续写中促进学生对传统文化的吸纳和传承。

☁ 自主阅读活动设计 ☁

课前请各小组选择一个主题开展阅读活动。

1. 后四十回中，贾母、王熙凤、宝钗等人物形象写得较为丰满。请选读后四十回写贾母、王熙凤或宝钗的重要章回，梳理给你留下深刻印象的语言、动作、肖像描写，说说你是否认同对这些人物的续写。

2. 死亡，是《红楼梦》众女儿的一种重要归宿。梳理前八十回中秦可卿之死、晴雯之死、尤二姐之死、尤三姐之死和后四十回中黛玉之死的场景描写，你觉得"黛玉之死"的场景写得好吗？为什么？

3. "树倒猢狲散",是《红楼梦》前八十回预示的家族发展的总趋势。后四十回,续写贾宝玉中乡魁和贾家沐皇恩延世泽,你认同这种结局吗?

学习资源

1. 张爱玲《红楼梦魇》之"红楼梦未完"选读。
2. 王蒙《红楼启示录》之"以什么为标准批评后四十回"选读。
3. 俞平伯《红楼梦辨》之"高鹗续书底依据"选读。

学习进程

一、导语激趣,激发学生阅读《红楼梦》后四十回的兴趣

张爱玲在《红楼梦魇》中说:"有人说过'三大恨事'是'一恨鲥鱼多刺,二恨海棠无香',第三件不记得了,也许因为我下意识的觉得应当是'三恨《红楼梦》未完'。"①《红楼梦》成为断臂之作,引得一代代读者深为怅恨。续作后四十回的作者究竟是谁,后四十回的艺术价值到底如何,历来没有定论。但是,正如夏志清先生所说:"没有这后四十回,我们就没有评价这本伟大小说的基础文本,因此我觉得光看前八十回的表现而抹杀后四十回的价值是一种不诚实的行为。"②

这一学习任务,我们通过略读后四十回,来了解其对于前八十回的意义。

二、小组展示自主阅读成果,辩证思考后四十回的价值

活动1:梳理人物言行,谈谈是否认同后四十回的人物续写

要求:梳理后四十回的贾母、王熙凤、宝钗等人物描写的重要部分,任选一个人物,说说你是否认同后四十回的续写。为什么?

示例:略读第一〇六回、第一〇七回、第一一〇回中写贾母的内容。

---

① 张爱玲. 红楼梦魇[M]. 北京:北京十月文艺出版社,2018:6.
② 夏志清. 中国古典小说[M]. 香港:香港中文大学出版社,2016:197.

主问：你喜欢后四十回中的贾母吗？请结合文本细节表达自己的看法。

1. 祷天

且说贾母见祖宗世职革去，现在子孙在监质审，邢夫人、尤氏等日夜啼哭，凤姐病在垂危……扎挣坐起，叫鸳鸯等各处佛堂上香，又命自己院内焚起斗香，用拐拄着出到院中。……上香跪下磕了好些头，念了一回佛，含泪祝告天地……（第一〇六回）

（1）向皇天菩萨表虔诚之心；

（2）述儿孙骄侈暴佚，暴殄天物，以致合府抄检；

（3）挺身担罪，认为是一人罪孽，不教儿孙；

（4）求皇天保佑，逢凶化吉，合家罪孽，一人承当，饶恕儿孙，赐己一死，宽免儿孙之罪。

鉴赏：前八十回里贾母作为贾府的宝塔尖，善良仁慈，富贵闲雅，有极高的艺术修养，懂得享受生活。但当贾府被查抄、人心惶惶的时候，贾母作为贾府的灵魂和支柱，显出了自己饱经风霜的豁达、临危不乱的气度和独撑大厦的大义，更显出了自己对儿孙的理性认识和感性的慈爱，显示了自己承担家族责任的决心和气魄。

2. 散余资

（1）正面描写

贾母叫邢王二夫人同着鸳鸯等开箱倒笼，将做媳妇到如今积攒的东西都拿出来，又叫贾赦、贾政、贾珍等一一分派：给贾赦三千两，其中两千做盘费，一千给邢夫人；三千给贾珍，其中的两千留尤氏；惜春的亲事贾母出钱；给凤姐三千；祖上的衣服分给大家；五百两给贾琏，送林黛玉棺材回南。把若干金子给贾政，变卖还账；剩下的金银东西分给宝玉和李纨母子。吩咐贾政当家，将下人合理分派；让贾政把园子交了，田地交贾琏清理，该卖的卖，该留的留，断不要支架子做空头。把甄家存在这里的银子还回去，免得他们"躲过了风暴又遇了雨"。安排自己的丧事费用，其余的赏给丫鬟。

鉴赏：贾母在家族崩塌之时，独撑大厦，从内到外，从上到下，从钱物到人员，都做了有条不紊的安排分派，使得贾家虽被抄检、经济难支，也能在困境中不慌乱，体现了贾母的大将风度。

（2）贾母语言描写

"你们别打量我是享得富贵受不得贫穷的人哪，不过这几年看着你们轰轰烈烈，我落得都不管，说说笑笑养身子罢了，那知道家运一败直到这样！若说外头好看里头空虚，是我早知道的了。只是'居移气，养移体'，一时下不得台来。如今借此正好收敛，守住这个门头，不然叫人笑话你。你还不知，只打量我知道穷了便着急的要死，我心里是想着祖宗莫大的功勋，无一日不指望你们比祖宗还强，能够守住也就罢了。"（第一○七回）

明确：教导子孙要能享富贵也能受贫穷，要辩证看待穷通祸福变化，正好借此收敛整顿，要继承祖宗创业的遗志，守住家业。贾母对子孙的教育可谓深切，对人生变幻的态度可谓通达，对儿孙的安慰鼓励可谓熨帖。

贾母道（安慰凤姐）："那些事原是外头闹起来的，与你什么相干。就是你的东西被人拿去，这也算不了什么呀。我带了好些东西给你，任你自便。"说着，叫人拿上来给他瞧瞧。（第一○七回）

明确：贾母在这样的时候——抚慰众人，对凤姐的宽慰显出了自己心胸的豁达，对财富的淡然。将贾母之大气与凤姐之惶恐两相比较，贾母的言行显得特别感人。

（3）侧面描写

贾政见母亲如此明断分晰，俱跪下哭着说："老太太这么大年纪，儿孙们没点孝顺，承受老祖宗这样恩典，叫儿孙们更无地自容了！"

贾政本是不知当家立计的人，一听贾母的话，一一领命，心想："老太太实在真真是理家的人，都是我们这些不长进的闹坏了。"（第一○七回）

鉴赏：贾母在这个时刻，不自私，不小气，而是拿出自己多年的积蓄，散给众人，冷静安排，让贾家得以临危不乱，显得大气从容，也彰显了她独撑大厦的大义，发挥了她作为贾府的首脑、灵魂与支柱的作用。

3. 临终遗言

主问：人之将死，其言也善。贾母临终嘱托包含了哪些意思？

（1）"从年轻的时候到老来，福也享尽了"，体现了对生活的达观从容。

（2）"儿子孙子也都算是好的了"，哪怕子孙不肖，穷奢极欲，但最后的评价，表现了对子孙宽厚包容的态度。

（3）"我的儿，你要争气才好"，体现了对宝玉的期望和教育，始终不舍下自己对家族的责任感。

"将来你成了人，也叫你母亲风光风光"，对贾兰的教育，其实表达了对李纨的同情、理解、悲悯，也寄托了对家族未来的期望。

（4）"你是太聪明了，将来修修福罢"，对凤姐爱之深，看之亦清，识之亦明。

明确：临终之时，贾母也显得大气从容、清醒宽厚。贾母这个人物形象在后四十回变得更加丰满了，塑造得很成功。

主问：你觉得后四十回中的贾母写得不好的地方在哪里？

争鸣：第九十八回黛玉死后，贾母说："并不是我忍心不来送你，只为有个亲疏。你是我的外孙女儿，是亲的了，若与宝玉比起来，可是宝玉比你更亲些。"这不符合贾母疼爱黛玉、豁达大度的形象。

活动2：梳理场景描写，谈谈是否认同后四十回的场景续写

梳理前八十回中"秦可卿之死""晴雯之死""尤二姐之死""尤三姐之死"的场景，比读后四十回的"黛玉之死"，你觉得"黛玉之死"的场景写得好吗？为什么？

示例：精读第九十八回中对"黛玉之死"的场景描写。

1.第一环节：展示圈点批注的读书笔记，扣住语言、动作、肖像、景物描写进行鉴赏，思考其描写是否符合黛玉的性情

（1）语言描写

"妹妹，我这里并没亲人。我的身子是干净的，你好歹叫他们送我回去。"

鉴赏：道出了自己孤苦无依的处境，"干净"表达了自己孤标傲世的情怀，"送我回去"表达了对这个让自己失望的地方的决绝。语言描写符合黛玉的性格。

"宝玉，宝玉，你好……"

鉴赏："你好……"意犹未尽，让我们感受到了黛玉内心的怅恨。

（2）景物描写

惟有竹梢风动，月影移墙，好不凄凉冷淡！

鉴赏：以景衬情，渲染了黛玉之死的凄凉。

（3）侧面烘托

紫鹃、探春等人的"泪如雨下""哭""大哭"，渲染了黛玉之死给人带来的浓重悲伤。

小结：黛玉之死，只是"千红一窟（哭）""万艳同杯（悲）"中的一个悲剧。她的死让我们想到了"侬今葬花人笑痴，他年葬侬知是谁？试看春残花渐落，便是红颜老死时。一朝春尽红颜老，花落人亡两不知"的诗句。黛玉离世，正如花落水流红，宝玉却浑然不知，读来怎能不让人心痛！

2. 第二环节：比较阅读"黛玉之死""可卿之死""晴雯之死"的场景描写

主问：你觉得"黛玉之死"的场景写得好吗？请以比较阅读的结果为据谈谈自己的看法。

（1）可卿之死

托梦王熙凤，预言贾府运势，"只听二门上传事云板连叩四下，将凤姐惊醒"，写得缥缈空灵。

（2）晴雯之死

晴雯托梦宝玉，梦中诀别，宝玉哭了，道："晴雯死了。"笔墨写得很轻，写得缥缈。

（3）黛玉之死

动作描写"两眼一翻"，有违黛玉超凡脱俗仙姝的气质。且"只听得远远一阵音乐之声，侧耳一听，却又没有了"这句话将黛玉升入太虚幻境、魂归离恨天的结局写得太生硬。

小结：对于金陵十二钗中第一位逝去的薄命女子秦可卿的死，对于黛玉的影子晴雯的死，作者都不曾正面描写，只是通过托梦的方式间接描写，显得缥缈空灵，而第九十八回黛玉之死直接写其动作，写其场景，缺少了黛玉孤标傲世、目无下尘的脱俗之气。

> 活动3：梳理人物及家族结局，谈谈是否认同后四十回的情节设计

要求：前八十回作者多次暗示人物归宿和贾家结局，后四十回续写设计了"贾宝玉中乡魁"和"贾家沐皇恩延世泽"的结局，你认同吗？为什么？

示例：阅读第一一九回。

"宝玉中举""赦珍被赦""官复原职""世职承袭""家产赏还"等结局，和第五回的"落了片白茫茫大地真干净"是不吻合的，和秦可卿托梦的"树倒猢狲散"的结局是不吻合的，破坏了原作者的悲剧意旨。

三、课后写作任务

1. 续写后四十回梗概

很多人认为后四十回在思想内容和艺术形式上与前八十回有一定差异，如果让你续写八十回以后的故事，你会怎么设定主要人物的命运？请尝试写出你设想的后四十回的故事梗概。

例如：

花落水流红，树倒猢狲散
——我来设计《红楼梦》人物和家族命运

如果让我设计后四十回，我会让大观园的姐妹们如落花飘散一样，各奔东西，甚至生离死别。

都说晴雯是黛玉的影子，晴雯立身高洁，从不刻意讨好宝玉，守身如玉，但却因人谗言，而被王夫人指为"妖精"，从而被赶出了贾府，最后病逝。那么晴雯的遭遇应该就是黛玉的预演，黛玉也应该是赵姨娘进谗言或袭人暗示王夫人，从而被误解。因为在前文宝黛相处时，赵姨娘就会趁便过来关心黛玉，名为关心，实则探听，所以赵姨娘应该是为嫡庶之争，要为难宝玉，从而进谗言。或者袭人给王夫人进言，谈男女之大防，引得王夫人误解宝黛。

而黛玉天性高洁，追求"质本洁来还洁去"，是绝不能忍受受人非议的。另外，黛玉来到凡间是为还泪，我觉得她应该是在对宝玉的担忧中抑郁终日，终于泪尽而逝，而不是怀着对宝玉的恨离开。

贾府的结局，应该是彻底衰颓败落。而其他三大家族，也应该是一损俱损，均走向衰颓。因为第五回已经预示了"为官的，家业凋零"，贾府最终会落得"白茫茫大地真干净"。具体情节应该是元妃薨逝，贾母宾天，贾家被查抄，子孙零落，最终家亡人散，正应了"树倒猢狲散"的预言。

2. 写一则读书笔记，以"我从《红楼梦》中读出了_____"为题，不少于 400 字

例如：

我从《红楼梦》中读出了伤逝的意味

我从《红楼梦》中读出了对美、对生命、对青春相继凋逝的伤感。大观园的桃花、菊花、桂花、梅花、杏花、并蒂菱、夫妻蕙，洋溢着四季的芬芳，但是最终都"花落水流红"。整部小说常常以落花为背景，让我们看到自然中的美的凋零。尤其是宝黛葬花、黛玉吟咏《葬花吟》，激发了我对美的珍惜，对美逝去的伤感。

而大观园里的姐妹们，可卿、晴雯、尤二姐、尤三姐、鸳鸯、香菱、黛玉等，一个个富有青春梦想的女子，一个个美丽的生命，都相继死去。一个生机勃勃的大观园，最终落得萧条冷清，也让我深感生命逝去的无可奈何。尤其是饱含诗意的香菱、黛玉，在封建贵族家庭大多数男性奢侈淫滥的生活中，她们犹如出水的芙蓉，尽情散发着纯洁高雅的人格魅力，但最终还是走向了毁灭！

当然，还有美好生活的流逝。众姐妹们在大观园吟诗作赋、簪花弄草、扑蝶放风筝，这是多么自由而富有诗意的生活啊！但是随着贾府的衰颓，曾经的自由烟消云散，曾经的诗意荡然无存，让我感到作者笔墨间对难以回转的美好生活的无限怀念。

四、课堂小结

《红楼梦》的后四十回，受很多红学家诟病。但是，今天我们通过文本探讨，发现它虽有不尽如人意之处，但也有可圈可点之处。我们在阅读时，不可因为他人的诟病而对其全盘否定。一部作品的艺术价值，应该基于它自身的文本进行评定，而不是尽信专家的评论，我们应该在阅读中读出自我。

《红楼梦》的后四十回还有很多研读的方法，大家课后还可以找一找，续文在谈读书、叙理家、写爱情等方面，有哪些情节模仿了前八十回？两相对比，你觉得后四十回的续写合理吗？

总之，后四十回我们要读，而且要以一双辩证之眼来读，以一颗思辨之心来赏，这样我们的文学鉴赏能力逐渐会得到提升。

第十课 探主题之多元丰富，悟思想之博大精深

☁ 任务简述 ☁

《红楼梦》作为长篇章回体小说，其高度的艺术成就让许多研究者沉醉其中，多元的主题让各位红学家探索不尽，丰富的思想内涵让不同的读者深受启发。这一学习任务，通过交流读书笔记，让学生自由表达自己阅读《红楼梦》的收获，梳理和探讨其主题意蕴，吸纳和借鉴其思想文化，在相互碰撞中，引导学生深入理解、反复阅读、继续探究。

☁ 学习目标 ☁

1. 梳理《红楼梦》主题研究主要观点，撰写综述。
2. 梳理作者创作意旨，结合阅读，探究小说主题。
3. 交流触动自己的思想或文化理念，传承文化。

自主阅读活动设计

1. 梳理作者自叙创作意旨的文本。
2. 查阅论述《红楼梦》主题的文献。
3. 梳理作品中启发自己的思想理念，并谈谈自己的感触。
4. 思考作品中的文化现象在当今社会的传承方式及现状。

学习资源

1. 蒋和森《红楼梦论稿》中对于《红楼梦》主题的论述。
2. 刘再复《红楼梦悟》中对于"诗意生命系列的创造"的论述。

学习进程

一、导语激趣，引入《红楼梦》整本书阅读的笔记交流活动

《红楼梦》是一部百科全书，是一座艺术宝库。阅读《红楼梦》，还要读它丰富的思想意蕴，思考它多元的主题意旨，探讨它对于当下的积极意义，从书中读出一个"我"来。这一学习任务，我们一起来交流大家的读书笔记，展示阅读《红楼梦》的收获。

二、交流《红楼梦》渗透的思想理念，辩证思考其时代价值

活动1：回顾读书笔记，回归文本，体悟思想理念

提示：翻阅随文批注和读书笔记，结合文本说说文中哪些思想曾引发你的思考。可以用摘记并写阅读感悟、绘制思维导图或整理表格等方法进行整合。

1. 摘记文本、写作阅读感悟示例

示例1：对世事无常、盛衰变化的伤感。

文本链接：

那红尘中有却有些乐事，但不能永远依恃；况又有"美中不足，好事多魔"八个字紧相连属，瞬息间则又乐极悲生，人非物换，究竟是到头一梦，万境归空，倒不如不去的好。（第一回）

俗语说的好，"千里搭长棚，没有个不散的筵席"，谁守谁一辈子呢？不过三年五载，各人干各人的去了。那时谁还管谁呢？（第二十六回）

试想林黛玉的花颜月貌，将来亦到无可寻觅之时，宁不心碎肠断！既黛玉终归无可寻觅之时，推之于他人，如宝钗、香菱、袭人等，亦可到无可寻觅之时矣。宝钗等终归无可寻觅之时，则自己又安在哉？且自身尚不知何在何往，则斯处、斯园、斯花、斯柳，又不知当属谁姓矣！（第二十八回）

感悟：生老病死、兴衰变化，本是自然和人事发展变化的规律。人之生命有涯，面对花朵的凋零、人事的聚散，曹雪芹借宝玉、小红之感叹，兴发叹息伤感，本是常情。但是，我们面对这自然规律，不可沉迷于消极情绪，而应该知道，正因为认识到生命的短暂无常，我们才更应当珍惜生命，正因为明白物有衰荣，我们才更应当惜物惜人惜时光。

示例 2：对人性复杂的哲学思考，对纯洁人性的向往和追求。

文本链接：

天地生人，除大仁大恶两种，余者皆无大异。若大仁者，则应运而生，大恶者，则应劫而生。运生世治，劫生世危。……大仁者，修治天下；大恶者，挠乱天下。清明灵秀，天地之正气，仁者之所秉也；残忍乖僻，天地之邪气，恶者之所秉也。今当运隆祚永之朝，太平无为之世，清明灵秀之气所秉者，上至朝廷，下及草野，比比皆是。所余之秀气，漫无所归，遂为甘露，为和风，洽然溉及四海。彼残忍乖僻之邪气，不能荡溢于光天化日之中，遂凝结充塞于深沟大壑之内，偶因风荡，或被云摧，略有摇动感发之意，一丝半缕误而泄出者，偶值灵秀之气适过，正不容邪，邪复妒正，两不相下，亦如风水雷电，地中既遇，既不能消，又不能让，必至搏击掀发后始尽。故其气亦必赋人，发泄一尽始散。使男女偶秉此气而生者，在上则不能成仁人君子，下亦不能为大凶大恶。置之于万万人中，其聪俊灵秀之气，则在万万人之上；其乖僻邪谬不近人情之态，又在万万人之下。若生于公侯富贵之家，则为情痴情种；若生于诗书清贫之族，则为逸士高人；纵再偶生于薄祚寒门，断不能为走卒健仆，甘遭庸人驱制驾驭，必为奇优名倡。（第二回）

原来天生人为万物之灵，凡山川日月之精秀，只钟于女儿，须眉男子不过是些渣滓浊沫而已。因有这个呆念在心，把一切男子都看成混沌浊物，可有可无。（第二十回）

感悟：曹雪芹在第二回借贾雨村对人性的复杂性进行了哲理层面的溯源，"正邪两赋"正是对人之清浊共存、人性之优劣并存的哲学概括。宝玉厌弃男儿，正是对人性之恶、之浊的逃避；亲近女儿，正是对纯美人性、高洁人生的向往和追求。当然，宝玉以性别作为人性清浊的分界，是有局限性的。但他给我们的启示是：我们看待他人，当择其善者而从之；我们自身的追求，亦当向上向善。

示例3：对平等自由的向往。

文本链接：

家里姐姐妹妹都没有，单我有，我说没趣；如今来了这们一个神仙似的妹妹也没有，可知这不是个好东西。（第三回）

我只恨我天天圈在家里，一点儿做不得主，行动就有人知道，不是这个拦就是那个劝的，能说不能行。虽然有钱，又不由我使。（第四十七回）

感悟：宝玉说过很多富有民主思想的话，例如第三回摔玉，就是对男女平等思想的捍卫。人人都奉通灵宝玉为至宝，贾母甚至说这是宝玉的命根子，但是宝玉因为"家里姐姐妹妹都没有，单我有，我说没趣"，就认为它"不是个好东西"。可见，在宝玉的心里，衡量"好"的标准不是物质价值，而是精神价值——姐姐妹妹们是否和自己一样。这就是尊重女性、追求平等的思想。

而宝玉身为封建贵族公子，深感没有自由，经济上不独立，人格上不自由，贾府的诗礼簪缨的生活，对他来说未尝不是一种束缚。所以，他多次说，死后要化成灰甚至烟，到无何有之乡，到圹埌之野，葬在姐妹们眼泪流成的纯洁之河里，这是一种对污浊现实的鄙弃，对自由纯洁世界的向往。这种思想在当下现实也有着积极意义。

2. 绘制思维导图示例（见图2-3）

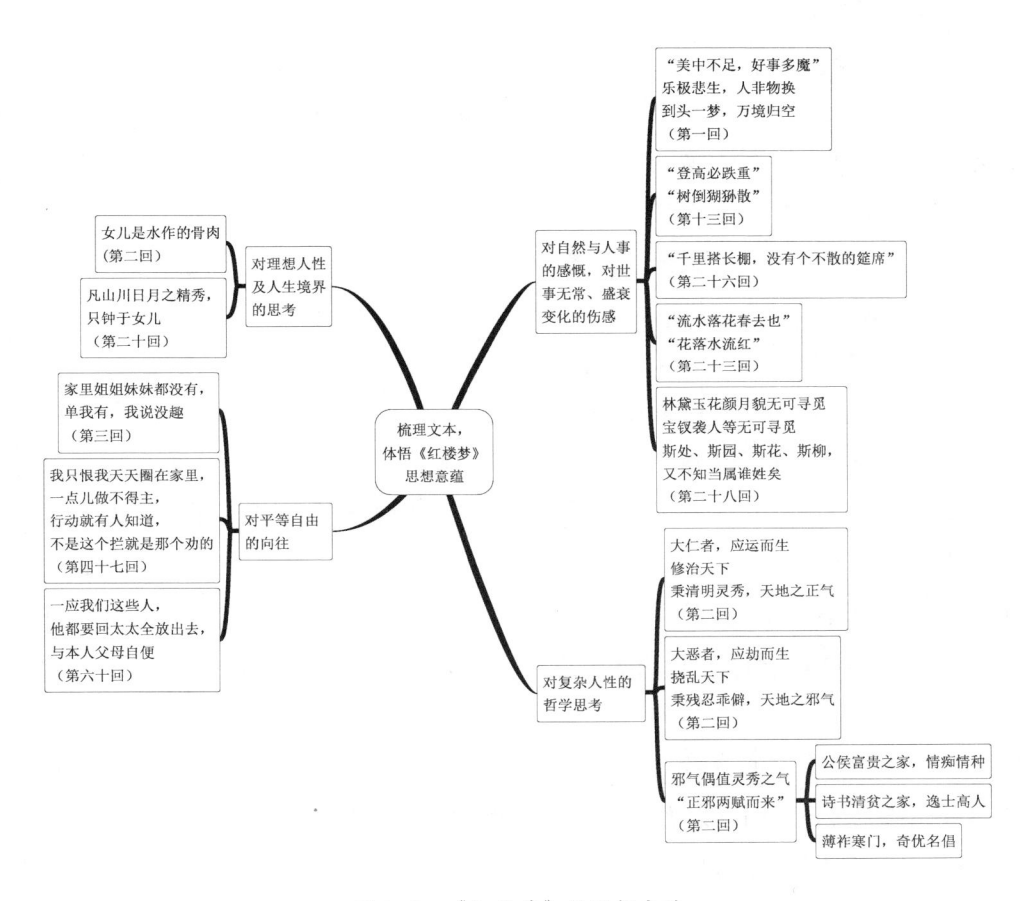

图2-3 《红楼梦》的思想意蕴

中心主题：梳理文本，体悟《红楼梦》思想意蕴

分支一：对理想人性及人生境界的思考
- 女儿是水作的骨肉（第二回）
- 凡山川日月之精秀，只钟于女儿（第二十回）

分支二：对平等自由的向往
- 家里姐姐妹妹都没有，单我有，我说没趣（第三回）
- 我只恨我天天圈在家里，一点儿做不得主，行动就有人知道，不是这个拦就是那个劝的（第四十七回）
- 一应我们这些人，他都要回太太全放出去，与本人父母自便（第六十回）

分支三：对自然与人事的感慨，对世事无常、盛衰变化的伤感
- "美中不足，好事多魔"乐极悲生，人非物换 到头一梦，万境归空（第一回）
- "登高必跌重""树倒猢狲散"（第十三回）
- "千里搭长棚，没有个不散的筵席"（第二十六回）
- "流水落花春去也""花落水流红"（第二十三回）
- 林黛玉花颜月貌无可寻觅 宝钗袭人等无可寻觅 斯处、斯园、斯花、斯柳 又不知当属谁姓矣（第二十八回）

分支四：对复杂人性的哲学思考
- 大仁者，应运而生 修治天下 秉清明灵秀，天地之正气（第二回）
- 大恶者，应劫而生 挠乱天下 秉残忍乖僻，天地之邪气（第二回）
- 邪气偶值灵秀之气 "正邪两赋而来"（第二回）
  - 公侯富贵之家，情痴情种
  - 诗书清贫之家，逸士高人
  - 薄祚寒门，奇优名倡

三、梳理各家对《红楼梦》主题的论述，整合归纳，为撰写综述积累素材

> 活动2：梳理各家主题说，归类整合，草拟主题研究综述提纲

提示：梳理并摘抄各家论述《红楼梦》主题的文献（包括作者自己的阐述），用思维导图或表格的形式，分门别类，归纳整理，草拟"《红楼梦》

主题研究综述"提纲。

1. 梳理并摘抄作者自叙创作意旨的文本，整合阅读体会

文本链接：

……编述一集，以告天下人：我之罪固不免，然闺阁中本自历历有人，万不可因我之不肖，自护己短，一并使其泯灭也。……敷演出一段故事来，亦可使闺阁昭传，……此回中凡用"梦"用"幻"等字，是提醒阅者眼目，亦是此书立意本旨。（第一回）

至若离合悲欢，兴衰际遇，则又追踪蹑迹，不敢稍加穿凿，徒为供人之目而反失其真传者。（第一回）

虽其中大旨谈情，亦不过实录其事……（第一回）

整合：从作者第一回自述来看，《红楼梦》的创作意旨并不单一：一是为闺阁立传，记述她们的"行止见识""或情或痴""或小才微善"，而"梦""幻"等字眼，既说是此书立意本旨，则意味着这些异样女子的美好青春、小才微善会成空成幻；二是记述人生的离合悲欢，兴衰际遇；三是大旨谈情，抒写"儿女之真情"。

2. 交流课前梳理的各家对《红楼梦》主题的论述，并说说自己读出了什么

提示：小组中心发言人将本组梳理的各家主题观的摘抄笔记，绘制成思维导图或整理成表格，课上进行投影展示和口头交流。

（1）文本摘抄示例

① 人情说

"大旨谈情"。

——《红楼梦》第一回

全书所写，虽不外悲喜之情，聚散之迹，而人物事故，则摆脱旧套，与在先之人情小说甚不同。……此派（人情派）小说，即可以著名的《红楼梦》做代表。

——鲁迅《中国小说史略》

《石头记》作者自云，"此书大旨谈情"。他所谓的"情"是倾注于"千

红一窟（哭）、万艳同杯（悲）"的不幸命运的同情、真情。……《石头记》一书不是爱情故事，也不是婚姻悲剧，甚至也不是像作者自云的悲欢离合、炎凉世态那一个层面的事情和意义，这部书所包含的中华文化乃至宇宙精华的一层一面，细究起来，其博大精深早已超越了个别人物、个别事件、个别经历、个别感受的狭隘范围了。……雪芹之《石头记》并非挽歌……其实，雪芹著书之"大旨谈情"原即包含真善美三者而总括之言。盖雪芹之情专指真情、至情，情至极处，即所谓情痴、情种。

——周汝昌《周汝昌校订批点本石头记》序言

② 色空说

总的来说，《红楼梦》所描写的贾府生活有两个聚焦点：一个是"情"，一个是"政"（指家政也指人际关系）……情的种种演变的结果是悲剧，有情人难成眷属，无情人互相折磨。最后，色即是空，空即是色，无限柔情，归于大荒。……"政"的种种演变的结果是衰败，……政与情之上是一个统一的"命"，即命运。一切皆有定数，非人力所能挽回。

——王蒙《红楼启示录》

③ 挽歌说

全书的重心就在于对美好事物的全心向往与无比珍爱，并且对于这些美好事物的终必幻灭不胜唏嘘而无限感悼，……这些美好事物正包含了个人的青春、贵族家庭的生活，以及使个人青春和贵族生活得以存在维持的整个红尘人世，而辐辏于贾宝玉，以同心圆的模式环环相扣、层层展开。因此，《红楼梦》的主旨应该可以归纳为：

- 青春生命之挽歌
- 贵族家庭之挽歌
- 尘世人生之挽歌

——欧丽娟《大观红楼1：欧丽娟讲红楼梦》

④ 反封建说

一部分是：描写了以贾府为主以及与之荣枯相连的薛、史、王这四大封建家族由繁华而衰落的过程，从而在一定程度上反映出封建统治阶级及其所寄生的封建社会"无可奈何"地走向破败的"末世"命运；另一部分则是"谈情"，即以宝、黛、钗为主的爱情描写及其走向悲剧的过程。……无论是爱情描写或家庭社会描写，都从不同的方面归向一个总的创作意旨，这就是揭露、批判封建社会制度的腐朽和黑暗；这就是控诉封建势力对生活中美好的新生的事物的迫害和摧残。一句话：反封建主义！

——蒋和森《红楼梦论稿》

（2）绘制思维导图示例（见图2-4）

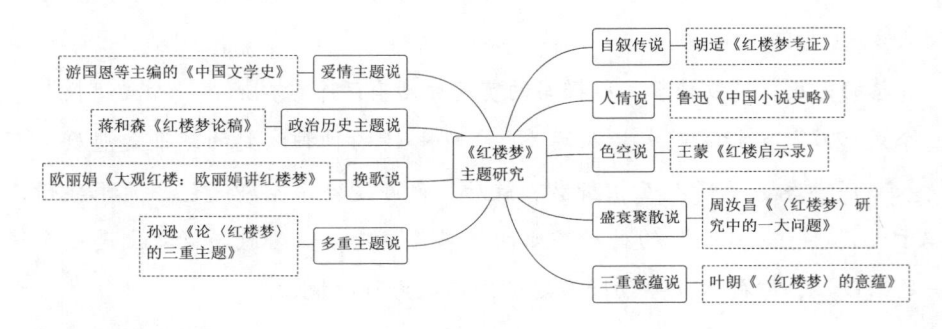

图 2-4 《红楼梦》主题研究

梳理各种研究《红楼梦》主题的文章，我们会有以下收获：

第一，各家提出的观点与作者的自述有呼应，或是作者自述的延伸。我们将各家观点与文中读出的思想意蕴勾连起来，不难发现，各家观点与作者自述本旨的观念是息息相关的，是对作者自述的深入探讨。这启示我们，探讨《红楼梦》的主题需要尊重作者的本旨，听听作者自己怎么说。

第二，领悟《红楼梦》的思想意蕴或主题意旨应有开放的胸怀和多元的视角。如鲁迅和周汝昌从"情"的角度理解小说，并启示我们，"情"并不拘泥于爱情，还有真情、至情，是人生真善美的总括；王蒙抓住了"空"与"命"来理解小说，认为无论是情还是政，都走向了幻灭，一切命定，人力难以挽回；欧丽娟则抓住了"幻灭"和"感悼"来理解小说，认为它表达了对所有美好事物终必幻灭的感伤；而蒋和森则站在社会体制的角度，认为小说揭露、批判封建社会制度的腐朽和黑暗……还有孙逊、叶朗等主张多重主题、意蕴，视角更多元。这告诉我们，探讨《红楼梦》的主旨，不可思想僵化，而应持客观、全面的态度，不要执着于唯一的结论。

第三，综述各类观点时，要注意研究者提出观点的思维方式，他们大多从文本中寻找依据，在与其他观点的比较鉴别中得出自己的结论。这启示我们，应该在探讨的过程中领悟其丰厚的思想内涵和主题意蕴，学习研究者的学术态度和思维方式。

3. 草拟"《红楼梦》主题研究综述"提纲，小组交流

提示：《红楼梦》的主题研究，学术界观点众多。高中生写作综述，不必求全，选择几种主要的观点进行陈述即可，要求遵循"全面、准确、客观、清晰"的基本原则，尤其是要清晰地标明引文出处。

提纲示例见图 2-5。

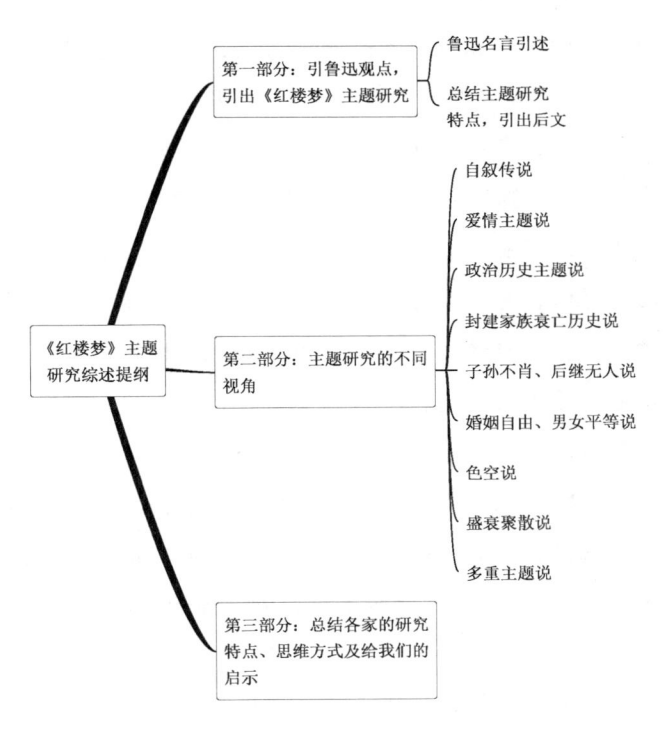

```
《红楼梦》主题研究综述提纲
├── 第一部分：引鲁迅观点，引出《红楼梦》主题研究
│   ├── 鲁迅名言引述
│   └── 总结主题研究特点，引出后文
├── 第二部分：主题研究的不同视角
│   ├── 自叙传说
│   ├── 爱情主题说
│   ├── 政治历史主题说
│   ├── 封建家族衰亡历史说
│   ├── 子孙不肖、后继无人说
│   ├── 婚姻自由、男女平等说
│   ├── 色空说
│   ├── 盛衰聚散说
│   └── 多重主题说
└── 第三部分：总结各家的研究特点、思维方式及给我们的启示
```

图 2-5 《红楼梦》主题研究综述提纲

四、梳理《红楼梦》里的文化现象，思考其在当下的传承和发展情况

> 活动3：梳理文本，说说自己感兴趣的文化现象，体悟文化理念

提示：从诗词曲赋、灯谜、酒令、花名签等文化现象中，选择自己感兴趣的内容，梳理文本。

文本链接：

遂命开门，只见迎面一带翠嶂挡在前面。……贾政道："非此一山，一进来园中所有之景悉入目中，则有何趣。"（第十七回至十八回）

"此处置一田庄，分明见得人力穿凿扭捏而成。远无邻村，近不负郭，背山山无脉，临水水无源，高无隐寺之塔，下无通市之桥，峭然孤出，似非大观。争似先处有自然之理，得自然之气，虽种竹引泉，亦不伤于穿凿。古人云'天然图画'四字，正畏非其地而强为地，非其山而强为山，虽百般精而终不相宜……"（第十七回至十八回）

听了这两句，不觉点头自叹，心下自思道："原来戏上也有好文章。可惜世人只知看戏，未必能领略这其中的趣味。"（第二十三回）

"这个纱新糊上好看，过了后来就不翠了。这个院子里头又没有个桃杏树，这竹子已是绿的，再拿这绿纱糊上反不配。""那个软烟罗只有四样颜色：一样雨过天晴，一样秋香色，一样松绿的，一样就是银红的，若是做了帐子，糊了窗屉，远远的看着，就似烟雾一样，所以叫作'软烟罗'。那银红的又叫作'霞影纱'。"（第四十回）

"如今我说骨牌副儿，从老太太起，顺领说下去，至刘姥姥止。比如我说一副儿，将这三张牌拆开，先说头一张，次说第二张，再说第三张，说完了，合成这一副儿的名字。无论诗词歌赋，成语俗话，比上一句，都要叶韵。错了的罚一杯。"（第四十回）

"头号排笔四支，二号排笔四支，……生姜二两，酱半斤。""你那里知道。那粗色碟子保不住不上火烤，不拿姜汁子和酱预先抹在底子上烤过了，一经了火是要炸的。"（第四十二回）

"不过是起承转合,当中承转是两副对子,平声对仄声,虚的对实的,实的对虚的,若是果有了奇句,连平仄虚实不对都使得的。"(第四十八回)

"这些书都是一个套子,左不过是些佳人才子,最没趣儿。把人家女儿说的那样坏,还说是佳人,编的连影儿也没有了。"(第五十四回)

"音乐多了,反失雅致,只用吹笛的远远的吹起来就够了。""……须得拣那曲谱越慢的吹来越好。"(第七十六回)

感悟:《红楼梦》涉及丰富多样的文化样式,让我们看到了贾母及大观园众女儿高雅的生活情趣、深厚的审美修养,也让我们看到了中华民族传统文化的博大精深和蓬勃的生命力。

活动4:查文献,做访谈,了解文化现象的传承现状,提出创造性建议

提示:查阅资料,并深入现实访谈、调查,了解这一文化现象在现实中传承与发展的现状,并对文化传统在现实中的创造性发展提出建议。

示例1:小说中贾政与宝玉发表了对于园林艺术的观点,认为可巧妙用隔的手法形成意趣、园林造景应彰显自然,这对我们当前各类公园的造景和布景都有启示意义。

示例2:贾母对于软烟罗的介绍,丰富了我们关于丝织品的审美知识;她依据环境的色彩配窗纱的看法,彰显了自己的审美素养;贾母对于在哪里听笛、怎样吹笛的见解,也很有艺术见地;她对于传统戏曲小说的批评,则告诉我们文学创作贵在以现实基础作为创作的土壤,而不能脱离现实胡编乱造。贾母的这些观点对提高我们的审美素养,有着不可小觑的作用。

示例3:黛玉论诗,打破了格律的束缚,以意为上,颇有格局。即便是行酒令,也不同于当代社会的某些斗酒的滥俗形式,而是用诗词曲赋作为令词,充满诗意和雅趣。综艺节目《中国诗词大会》的"飞花令"就是对中华优秀传统文化的继承和发扬。

总之,大观园的女孩子们有着对真善美的向往和追求,她们在日常生活中参与家族的文化活动,散发着浓浓的诗意。这也启示我们,在现代社会,不能过于浮躁、急功近利,而应提升自己的审美素养,心向远方。

五、课堂小结

《红楼梦》的主题是多元的,思想意蕴是丰富的,文化现象是广博的。我们在阅读中,应以辩证的思维、审慎的态度和发展的眼光,进行合理吸纳和借鉴。对于主题的理解,不要浮于既定的结论,而应紧贴文本,读出自己的见解;对于思想的吸纳,不要全盘接受,而应以扬弃的态度,去粗取精;对于文化现象,不要满足于形式的模仿,而应深入内核,寻找中华优秀传统文化的精髓。这样,我们通过阅读获得的不仅仅是文学欣赏体验,更是审美的提升、精神的丰富和生命的成长。

六、课后阅读任务

任务一:整理笔记,修改提纲,撰写"《红楼梦》主题研究综述"。

任务二:运用圈点批注法,再次阅读《红楼梦》原著。

任务三:阅读《脂砚斋重评石头记》,跟同学交流阅读体验。

第二章　教学思考

思考一　阅读《红楼梦》的五个方法

《红楼梦》是一部让人百读不厌的书。"百读"当然不是一朝一夕的事情，更不是单调的重复阅读。我与《红楼梦》相识的数十年，也是阅读方法逐渐成熟的过程。"书卷多情似故人，晨昏忧乐每相亲"，亲历多番阅读，我始知读《红楼梦》有法，方能更有情味，更有意趣。下面我结合自己的阅读体验，分享常用的阅读方法。

一、不求甚解读原著

老师要想指导学生对《红楼梦》进行整本书阅读，首先得自己裸读原著，这样才能切身体会学生阅读可能存在的疑点或可能遇到的难点，才有阅读方式和经验的积累，才能有设计导读活动的视野和格局。

《红楼梦》整本书共一百二十回，初读前五回时我就遇到一些困难。第一回的叙述者、叙述的时间及空间、叙述的对象都在不断变化，容易让人感到头绪复杂、时空错综，人物在现实和神幻之间频繁穿梭。第五回又出现众多金陵女子的簿册判词和《红楼梦》曲词，让人有眼花缭乱的感觉。后面的章回也是人物多，情节复杂。所以，在初步通读中，我主要用了以下方法。

1. 思维导图法

《红楼梦》内容之多、人物之众、情节之繁，往往会让我们看了后面忘前面，甚至连人物辈分及关系都混淆。我们可以在阅读中梳理，并将梳理的内容用思维导图的形式呈现出来，借以理清群体人物之间的关系，梳理个别人物生平命运及喜好，梳理整体或局部情节的脉络等。

2. 编写提纲法

编写提纲，可以帮助我们概括每一章回的内容，梳理每一章回的情节。养成编写提纲的良好阅读习惯，我们就可以随时回顾或查阅相关章回的内容，便于就同类主题深入研读并探讨。编写提纲，贵在以简洁的语言，清晰而有条理地概括章回内容，梳理情节主线。

3. 读书笔记法

可以运用摘抄文本、抒写心得、编写人物志、设计人物书签等多种方式来做读书笔记，与文本互动。

4. 版本比较法

《红楼梦》版本较多，各个版本在回目、内容上存在不少差别。我常常会比较同一章回的不同版本，体会各种版本艺术效果的差异。例如第三回，程乙本回目是"托内兄如海荐西宾　接外孙贾母惜孤女"，庚辰本是"贾雨村夤缘复旧职　林黛玉抛父进京都"。后者上句以贾雨村为主语，"夤缘"二字就描画了他钻营攀附的形态，前者下句以"惜孤女"三字概括林黛玉寄人篱下的孤寂辛酸生活，两个版本回目各有千秋。

二、梳理探究读原著

读书应由梳理始，在梳理中整合文本，在探究中理解文本，才能让整本书阅读真正落地。新课标也很强调"梳理""探究"。教师要带领学生对《红楼梦》进行整本书阅读，自己首先得在通读中梳理、整合、探究。

1. 阅读传记，梳理曹雪芹家世及自身成长史

我仔细阅读了周汝昌的《泣血红楼——曹雪芹传》《曹雪芹小传》和樊志斌的《曹雪芹传》，对曹雪芹家族及其本人进行了三个角度的梳理。

（1）家族百年史

天祖：曹世选　大明官吏→被俘

高祖：曹振彦　旗人包衣→从军为官（正白旗包衣旗籍，两浙盐运使）

曾祖：曹　玺　顺治侍卫→江宁织造（续妻孙氏为康熙保母[①]）

祖父：曹　寅　康熙侍卫→江宁织造（康熙南巡，曹家四次接驾；长女次女，嫁入王府）

---

① "保母"指古代君主姬妾中专事抚养子女的人，后泛称为人抚育、管领子女的妇女。与现在的"保姆"不同。

父亲：曹 颙　江宁织造→嗣任三载而卒

叔父：曹 頫　江宁织造→抄家入狱

自己：曹 霑　充任侍卫→宗学任职

（2）个人生活史

金陵富贵，博览群书→杂学旁通，京师著书→西郊隐居，嗜酒狂放→潦倒穷愁，举家困顿→儿子夭折，感伤离世

（3）家族学养史

祖父：曹 寅　通经史，工诗文，创作戏曲，喜欢藏书和刻书

叔祖：曹 荃　能文善武，擅长绘画

舅祖：李 煦　善于舞文弄墨，藏书丰富，爱好戏曲

父亲：曹 颙　文武全才，英年早逝

叔父：曹 頫　好古嗜学，爱好诗文，通晓戏曲（雪芹的启蒙者）

自己：曹 霑　家塾读书，演习骑射，颇爱纸鸢，博览群书，杂学旁通；
　　　　　　　官学求学，饱学儒典，琴棋书画，医卜星相，样样皆通；
　　　　　　　听取禅理，嗜酒狂放，发愤著书，传抄问世

2. 梳理回目，探究《红楼梦》的结构与线索

《红楼梦》线索纷繁，如何入手解读呢？打开它的回目，这些对偶工整的句式本身就概括了每一回的内容，精致而简洁。我试着梳理并整合了《红楼梦》的主线。

（1）读回目，梳理贾家命运

第二回　　　贾夫人仙逝扬州城　冷子兴演说荣国府

第九回　　　恋风流情友入家塾　起嫌疑顽童闹学堂

第十七至十八回　大观园试才题对额　荣国府归省庆元宵

第四十回　　史太君两宴大观园　金鸳鸯三宣牙牌令

第五十三回　宁国府除夕祭宗祠　荣国府元宵开夜宴

……

整合回目中的地点词和家族兴衰变化词，我们会发现小说以家道中落为纵向主线，描写了以贾府为中心的贵族世家的日常生活，叙述了四大家族由

鼎盛走向衰败的过程。

（2）读回目，了解女儿命运

第三回　林黛玉抛父进京都（黛玉寄人篱下）

第四回　薄命女偏逢薄命郎（英莲被卖）

第五回　游幻境指迷十二钗　饮仙醪曲演红楼梦（千红一窟〈哭〉，万艳同杯〈悲〉）

第十三回　秦可卿死封龙禁尉

第三十二回　含耻辱情烈死金钏

……

整合回目中人物称谓和命运变化关键词，我们又会发现小说以人物聚散为横向主线，以宝黛的爱情悲剧为中心，叙述了众多女子的不幸命运。

3.梳理文本，结合主题研读深入探究

我在组织学生就贾雨村、甄士隐、晴雯、香菱等人物形象进行主题研读前，自己反复阅读全书，对这些人物的生平经历和经典细节进行了梳理。以甄士隐和贾雨村的主题研读为例，下面是我梳理的叙写甄士隐的情节：

第一回　甄士隐梦幻识通灵，热心助穷儒

第一〇三回　贾雨村升职，渡口遇士隐

第一〇四回　士隐庙被烧，雨村未解救

第一二〇回　士隐说太虚，雨村结红楼

我梳理并整合了关于甄士隐和贾雨村的文本后，又从以下方面进行了探究：小说第一回从甄士隐和贾雨村写起，最后一回又是由甄士隐和贾雨村来收束。从结构线索上来说，这两个人物意味着什么？

在阅读《红楼梦》的过程中，我经常会结合学生的疑难确定主题，梳理原著中相关文本。如有的学生说不喜欢整天流泪的林黛玉，这反映出学生不理解黛玉之"泪"的内涵，为此，我确定了"探究'绛珠还泪'的意蕴"这一阅读主题，梳理了所有写黛玉眼泪的文本，引导学生仔细体味其泪为何而流；如有的学生说贾宝玉是花花公子，这当然是对宝玉的误解，为了探究"贾宝玉之情"，我梳理了所有体现宝玉读书观、人性观、情感观、生死观等的文本，引导学生辩证思考其情的深层内涵。

每一次围绕一个具体主题通读全书、梳理文本、探究问题，都能让我更细致地了解人物的生平和性情志趣，更深入地领会《红楼梦》的丰富意蕴，也让我更清晰地知道如何让学生基于"整体"的格局来阅读《红楼梦》。

三、圈点批注读原著

《红楼梦》最让人怅恨的是什么？是"书未成，芹为泪尽而逝"[①]。幸而脂砚斋等人几度阅读，呕心沥血地对《石头记》进行批注，为后代读者解悟《红楼梦》提供了宝贵资料。我阅读时就借鉴其法，从五个方面进行文本细读。

1. 评价人物形象

《红楼梦》塑造了许多鲜明可爱的人物形象，即使是出身相近、命运相似的人物，也有着独特的心理、情感、志趣和性格。阅读，既是自我与文本对话的过程，也是自我与人物共情的过程。圈点细节，评点人物，是走近小说的重要桥梁。

2. 欣赏场景描写

《红楼梦》往往在清淡的笔墨中渲染出不同场景的浓郁氛围，如元妃省亲的盛典，作者偏写出了亲人相见的伤感氛围。我读到这里，忍不住为这大喜之中渗透的苦况写下感慨："亲人相见，久别多年，却只是哭！只是垂泪！可见戕残人情、人性的宫廷生活！"

3. 品味精妙语言

王蒙说《红楼梦》是"语言的百科全书"，咀嚼欣赏《红楼梦》雅俗共赏的语言，是一种妙不可言的审美活动。如第十六回"这里凤姐却坐享了三千两，王夫人等连一点消息也不知道"，看到"坐享"二字，我心有所动，忍不住评点："坐享！王熙凤以他人生命为代价，以别人的爱情作牺牲，只为满足自己贪利弄权之心。对比鲜明，极具讽刺意味！"

[①] 出自《脂砚斋重评石头记（己卯本）》第一回的脂批。

4. 点评情节手法

《红楼梦》在情节上多处运用"草蛇灰线"的手法，我们在阅读中时常能发现小说精巧的情节布局。如第十五回："水溶细细的看了，又念了那上头的字，因问：'果灵验否？'贾政忙道：'虽如此说，只是未曾试过。'"从情节的伏笔与呼应的角度，能从"未曾试过"预见到后文定有叙写通灵宝玉除邪祟的情节，于是我略作评点："伏后文除邪祟疗冤疾，终要试矣！"

5. 探究意蕴内涵

《红楼梦》的纵向主线是叙写贾府由盛而衰的运势，为了营造大厦将颓的气氛，作者在多处借人物形象对主题进行暗示。如读到第十三回："秦氏道：'天机不可泄漏。只是我与婶子好了一场，临别赠你两句话，须要记着。'因念道：'三春去后诸芳尽，各自须寻各自门。'"这分明是借秦可卿之口暗示了小说主题，于是批注："预示众位女儿将凋零殆尽，走向不幸结局；贾家'树倒猢狲散'，大厦将倾。"

四、借他山石读原著

研究《红楼梦》的文献浩如烟海，我们穷尽一生也难以读完，所以合理挑选方能读有所获。我就自己的阅读体会，与大家分享。

1. 作者传记类

周汝昌的《泣血红楼——曹雪芹传》《曹雪芹小传》，樊志斌的《曹雪芹传》。

2. 文本细读类

周汝昌的《红楼小讲》，王蒙的《红楼启示录》，白先勇的《白先勇细说红楼梦》，欧丽娟的《大观红楼：欧丽娟讲红楼梦》，蒋和森的《红楼梦论稿》，刘梦溪等的《红楼梦十五讲》。

3. 专题研究类

王国维的《〈红楼梦〉评论》，刘再复的《红楼梦悟》，余英时的《红楼梦的两个世界》，周汝昌的《红楼十二层》，邓云乡的《红楼梦导读》《红楼识小录》，车瑞的《20世纪〈红楼梦〉文学批评史论》，李希凡、李萌的《传神文笔足千秋：〈红楼梦〉人物论》，马瑞芳的《红楼梦风情谭》，李鸿渊的《〈红楼梦〉人物对比研究》，刘梦溪的《红楼梦的儿女真情》，蔡义江的《红楼梦诗词曲赋全解》等。

4. 相关作品类

《诗经》《楚辞》《西厢记》《牡丹亭》等。

参读著作贵在借鉴红学研究者的研读视角、研读方法，了解其研读成果，以加深自己对原著的理解，从而提升自己的鉴赏能力。所以，参读最终要唤醒自己，从而获得阅读与鉴赏《红楼梦》的门径。这个时候再读原著，无论是对细节的品味，还是对深意的领悟，抑或对艺术特色的鉴赏评价，都会有不一样的见解，真有"博观而约取，厚积而薄发"的顿悟之感。

五、设身处地读原著

身为老师，我们还应尝试着不断变换身份或角度来读《红楼梦》，以便将自己从《红楼梦》中体悟到的丰富情味、思想内蕴、审美感受分享或传递给学生。我主要采用了这样几种身份和角度来重读原著。

1. 站在新课标、新教材的角度，重读原著

新课标对学习任务群"整本书阅读与研讨"从宗旨、目标、内容和教学提示等角度作了详尽要求，这是帮助我们将自己的阅读收获转化为学生的精神收获的纲领性指导。我们开展任务，必须贴着课标、贴着教材，这样才能真正让《红楼梦》成为拓展学生视野、建构阅读整本书的经验、形成自主阅读方法、提升阅读鉴赏能力、学习和思考中华民族优秀传统文化的平台。

2. 站在学生阅读需求的角度，重读原著

我在开展《红楼梦》整本书阅读的过程中，曾对学生进行问卷调查，比如问他们在阅读时存在哪些困难，对开展整本书阅读有什么想法。整理学生提出的疑惑和要求，可以更好地把握他们的原生态阅读情况。于是，我从学生的角度再读原著，设身处地地感受他们的疑难和需求，再进行教读设计。

思考二　教读《红楼梦》，关键在于"贴"

2013 年 6 月，广西师范大学出版社就"死活读不下去的书"对近三千名读者进行调查并发布排行榜，位列榜首的居然就是头顶耀眼光环的《红楼梦》！因此，如何让《红楼梦》这只"旧时王谢堂前燕"，能"飞入寻常百姓家"，是高中语文老师必须思考的重要课题。

很多老师拿到新课标，看到新教材的目录，首先困惑的是——引导高中学生就《红楼梦》开展"整本书阅读"，到底应该以怎样的标准来确定教学的起点、落点或重难点？我认为，教读《红楼梦》，最关键的是做好三个紧"贴"。

一、紧贴课标，找准教读落点

《红楼梦》内容博大，内涵丰富，有很高的思想价值、文学价值和审美价值。但在高一阶段开展整本书阅读，并不是进行红学研究，我们该依据什么来合理确定教学落脚点？我想，作为高中语文老师，首先需要反复研读新课标，贴着课标的要求来确定教读内容。

新课标对学习任务群"整本书阅读与研讨"的意旨进行了整体描述：

本任务群旨在引导学生通过阅读整本书，拓展阅读视野，建构阅读整本书的经验，形成适合自己的读书方法，提升阅读鉴赏能力，养成良好的阅读习惯，促进学生对中华优秀传统文化、革命文化、社会主义先进文化的深入学习和思考，形成正确的世界观、人生观和价值观。

而对该任务群的学习目标和内容，新课标也提出了明确要求：

在阅读过程中，探索阅读整本书的门径，形成和积累自己阅读整本书的经验。重视学习前人的阅读经验，根据不同的阅读目的，综合运用精读、略读与浏览的方法阅读整本书，读懂文本，把握文本丰富的内涵和精髓。

综合新课标对"整本书阅读与研讨"的整体描述与界定，结合《红楼梦》这一长篇小说的文体特点，我们可以确定以下教学落脚点。

1. 通读、略读、精读等方法

高中阶段完成整本书阅读的学习任务，第一要旨在引导学生探索阅读整本书的门径，建构阅读整本书的经验。可以引导学生习得以下阅读方法。

（1）综合阅读法。可以根据不同目的，综合运用通读全书、略读章回、精读细节、研读主题、参读资料、共读分享等方法反复阅读《红楼梦》。

（2）拟写提纲法。《红楼梦》共一百二十回，可以要求学生通读全书，梳理故事情节，用简洁的语言编写内容提纲。

（3）思维导图法。《红楼梦》章回多，篇幅长，人物多，情节复杂，场景纷繁，可以要求学生通过略读章回，运用思维导图，整理情节脉络，梳理人物关系，理清场景层次。

（4）圈点批注法。可引导学生精读细节，就人物形象、场景描写、情节推进、精妙语言等方面随文圈点批注，感受小说的文学价值、思想价值和审美价值。

（5）读书笔记法。《红楼梦》语言运用简洁而有表现力，场景描写寥寥数语而见氛围，人物刻画三言两语而有神韵，可以引导学生精读细节，勤于摘抄，感受语言之精美传神、技巧之巧妙贴切。《红楼梦》艺术魅力独特，思想内蕴深厚，社会内涵丰富，可要求学生研读主题，体会小说主旨，研究小说艺术价值，写作阅读心得。

（6）撰写综述法。整本书阅读是一个漫长的过程，可引导学生撰写综述，回顾和整合阅读过程，以建构自我阅读经验，同时参读资料，深入学习和思考中华优秀传统文化，促进自我精神丰富和生命成长。

2. 梳理、鉴赏与探究等活动

高一学生应该充分开展梳理与探究、阅读与鉴赏、表达与交流等活动，逐步深入地阅读《红楼梦》整本书。

（1）整体感知文本。要求学生能梳理小说的感人场景，理清人物关系，弄清小说的整体艺术架构。

（2）初步读懂文本。要求学生能整体感受作品的形象，把握作品的主要内容，领悟作品的丰富内涵和精髓。

（3）用心品味文本。要求学生能感受、欣赏人物形象的复杂性，欣赏语言表达的精彩之处，赏析小说的感人场景，体味小说的艺术魅力，领会小说主旨。

（4）深入探究文本。要求学生探究人物的精神世界，研究小说的艺术价值，学习和思考其蕴藏的中华优秀传统文化，并能写作阅读心得、主题综述等。

二、紧贴教材，确定教读重点

很多老师觉得《红楼梦》内容博大，思想丰厚，在课标规定的课时内不知从哪些内容入手。其实，高中《语文》必修下册对《红楼梦》整本书阅读进行了详细而切实的阅读指导，我们仔细揣摩，就能明白教读的重点。

1. 导读前五章回，把握纲领作用

《红楼梦》前五回讲述了"石头补天""绛珠还泪""梦游太虚幻境"三则神话故事，叙述了甄士隐和贾雨村的遭遇、冷子兴演说荣国府、林黛玉进贾府、葫芦僧乱判葫芦案等现实故事。老师要引导学生领会这些故事寄寓的深刻内涵，领悟前五回在整本书中的总纲作用。

2. 梳理情节主线，发现结构特点

《红楼梦》不是单线推进，而是多线贯串，情节复杂。我们要帮助学生理清纵横主线，体会小说多线交织的网状结构。

3. 理清人物关系，欣赏人物性格

《红楼梦》写了数百个人物，具有典型性格的人物多达几十个，人物关系错综复杂。我们要借助思维导图法，引导学生了解贾府五世以来人物间复杂关系；要通过精读细节，品读人物的肖像、语言、心理、行动描写，欣赏人物性格的复杂性和丰富性。

4. 品味生活细节，领会社会内涵

《红楼梦》不像传统戏曲小说那样追求情节的离奇，而是在日常生活细节的铺叙描写中，反映社会现实。我们要引导学生于细节中领悟主旨，感受其审美价值、思想价值。

5. 感知文化内涵，了解生活习俗

《红楼梦》是中华民族古典文化殿堂里的一块瑰宝，蕴藏着丰富的文化现象，反映了十八世纪封建社会政治、经济、文化等各个领域的发展状态，也反映了社会各个阶层的生存方式。我们可以引导学生领悟小说的社会意义，从而更深入地把握小说的艺术成就。

6. 品味精彩语言，学会鉴赏运用

《红楼梦》的叙述语言简洁，描写语言形象，往往寥寥几字就能渲染场景氛围、凸显人物性格，有以一当十的效果。其语言既吸纳了日常生活的通俗用语甚至乡土俚语，又融入了典雅凝练的文言词语或诗词曲赋，风格多样，贴切地表现了人物丰富而复杂的性格。我们可以引导学生运用圈点批注法，品味和欣赏小说语言表达的精彩之处，提高对语言的鉴赏能力和运用能力。

三、紧贴学生，寻觅教学切口

高中《语文》必修下册第七单元为《红楼梦》的整本书阅读设计了六个"学习任务"，并且提示我们："以下任务供参考，可以选择其中一部分完成，也可以自行设计任务。"教材给我们既提供了范例，又留下了自由教读的空间。当然，范例仅供参考，自由须有限制。我们教读的任务设计当以学生需求为本。在教读前期、中期和后期，都要调查了解学生的阅读困惑和需求，设计并及时调整任务安排。我曾进行问卷调查，结合学生的需求，增加了一些学习任务，形成了以下系列安排。

读回目梳理主线，知读法探索门径。引导学生梳理整本书的回目，画纵横主线的思维导图，感知整本书独特的结构。

读前五回之神话，解判词曲文深意。理解"石头补天""绛珠还泪""神游幻境"等神话故事的隐喻意义，探究"金陵十二钗"簿册判词和《红楼梦》曲词表现人物性格及命运的方法。

读四则现实故事，探前五章回意义。梳理甄士隐、贾雨村等人物及家族命运起伏变化曲线图，依据冷子兴演说荣国府画出贾府人物关系及性格思维导图，从林黛玉的眼中了解贾府的空间布局及人物地位性情。

读宝玉言行细节，赏人物描写艺术。精读细节，以贾宝玉为例，从读书观、人性观、情感观、生死观等角度细读文本，理解其复杂性格，感受《红楼梦》写人的艺术特色。

读宝黛钗之纠葛，悟爱情婚姻悲剧。品读描写宝黛钗爱情婚姻的经典细节，感受宝黛爱情超越传统的意义，深入领会宝黛钗爱情悲剧的思想价值和社会内涵。

赏黛玉诗情诗境，悟女儿人性人生。朗诵并欣赏林黛玉诗词，领会《红楼梦》各个人物创作的诗词曲赋的风格之美，并体味这些诗词对表现人物不同性情志趣的作用。

赏日常生活画卷，悟社会文化意蕴。略读第三十九回至第四十一回，精读对贾府日常生活细节的描写，领悟其丰富的文化内蕴和深厚的社会内涵。

品语言雅俗繁简，赏笔墨悲欣浅深。品味小说精彩的语言，从场景描写、人物刻画等方面感受其语言风格和艺术魅力。

读续写之四十回，探艺术之辩证性。略读后四十回，从环境描写、人物刻画、情节设计等角度比读探究，辩证思考后四十回的价值。

探主题之多元丰富，悟思想之博大精深。体会小说主旨，并通过读书心得的共享交流，深入领悟小说思想意义、艺术价值。推介参读书籍及资料，引导学生享受深入阅读《红楼梦》的乐趣。

《红楼梦》整本书阅读的学习任务设计，当以新课标精神、教材指导和学生的需求为标准，紧贴课标，紧贴教材，紧贴学生，这样方能让整本书阅读真正帮助学生建构阅读经验，提升阅读鉴赏能力，吸纳中华优秀传统文化，形成正确的世界观、人生观和价值观。

思考三　教读《红楼梦》的四大困难与解决方法

很多老师对高一阶段开展《红楼梦》整本书阅读，感到茫然无措，甚至忧心忡忡。可见，开展《红楼梦》整本书阅读，是一项充满挑战的工作。《红楼梦》的整本书阅读会出现哪些困难？如何解决呢？

一、阅读时间安排

1. 具体表现

（1）课标规定与图书篇幅之间的矛盾。在新课标中，必修阶段的整本书阅读安排了1学分，18课时。这意味着《红楼梦》与《乡土中国》合起来才18课时，即《红楼梦》可能只有10—14课时。在这么紧张的课时内，完成一部古典文学巅峰之作的教读，无疑是巨大挑战。

（2）导读时间与自读时间之间的配合。《红楼梦》离不开老师的导读，"甩手掌柜"式的不作为，在当前教学环境下是绝对不允许的；《红楼梦》也离不开学生的自读，"自生自灭"式的随意状态也是当前阅读要求所不允许的。但是，学生自主阅读到底花多长时间？老师导读到底采用怎样的教学节奏，才能与学生阅读节点彼此配合，导而有效？

（3）紧张节奏挤压阅读时间的尴尬。学生学习任务重，《红楼梦》的整本书阅读可能被很多时间不从容的学生边缘化甚至虚化。

（4）不同阅读能力与阅读速度的差异。每个学生的阅读素养、阅读习惯、阅读方法、阅读能力不同，在阅读《红楼梦》的过程中，会产生阅读量和阅读速度的差异。有的学生两周就读了九十多回，而有的学生只读了五六回。这也给我们有效开展导读带来了挑战。

2. 解决方法

（1）寻找阅读时间。我们得承认，《红楼梦》绝对不是在10至14课时的时间里能够读完的。整本书阅读不是课堂作秀，不能走过场，不仅要让学生读，还要让学生积累阅读经验，领悟作品内涵，促进生命成长。矛盾是客观存在的，因此我们要合理安排课上导读和课下自读的时间和节奏。我在试教过程中，采用了三个时间块来组织学生阅读。

利用寒假大块时间，组织学生通读全书。我印发了人物、环境、情节、主题等方面的任务清单，让学生在寒假中"连滚带爬"地读完全书。

利用周末小块时间，切分周期略读章回。我让学生在每周周末或阅读四至六个章回，或开展主题阅读。对于周末阅读，切忌放任自流，一定要确定章回，印发阅读示范和任务清单，让学生在清晰的任务情境下分阶段或分主题重读全书。

利用课上课下时间，组织学生精读细节。每周我会安排两节阅读课，或学生自主阅读，或老师导读，保证课堂阅读的效率。同时，我会利用一周中课余的零散时间，要求学生精读片段，细读文本。

（2）正确认识新课标的整本书阅读。这一任务群并不是让学生完全在课堂上读完全书，而是让学生摸索阅读门径，形成自己的阅读方法，提升鉴赏能力，从而能够自主阅读。因此，老师的导读只是提供门径、方法，激发学生的阅读兴趣，而读完整本书，最终还得靠老师组织学生课下自读。

（3）设计阅读任务清单。针对学生阅读速度参差不齐的现象，我们可以通过阅读任务清单的分层来进行督促激励，所以任务清单的设计要明确具体，有针对性，能切实地带动大部分学生梳理文本、探究问题。有了具体切实的任务清单的引导和激励，学生自主阅读就可能避免虚化，阅读时间就可能得到保证。

二、阅读版本选择

《红楼梦》刊行的版本很多，每一种版本都有其优劣之处，而新课标和新教材都没有对版本提出明确建议。那么，老师有没有权力统一版本？教读现场有没有必要统一版本？如果要统一，老师要站在怎样的教读立场来统一？

在试教开始时，我曾经做过调查，很多学生的家庭藏书中都有《红楼梦》。面对这种藏书现状，我们当然没有必要让学生再去购买新书。但是，如果学生家里没有，我们可以选择一个相对统一的版本。

在我们的试教中，有的老师使用的是人民文学出版社出版的《红楼梦》，全书一百二十回，每页有注释，能够帮助学生理解文本；也有的老师选择了广西师范大学出版社出版的《红楼梦》，全书一百二十回，每回后面有启功所作注解；还有的老师选择的是译林出版社出版的《周汝昌校订批点本石头记》，全书八十回，有周汝昌的随文评点。

确定相对统一的版本，这样在导读课中容易组织学生共享阅读心得，不至于因为版本不同，而影响交流。所以，老师确定阅读版本，选择的出发点不是版本的优劣，而是教读过程组织的方便与否。

三、学生理解

我在试教过程中，曾经对学生进行过问卷调查，对于"你觉得自己在阅读《红楼梦》时存在哪些困难"这一问题，学生作了如下回答：时间不足，不能细细品读；对名著内容理解不到位，易出偏差；对人物性格把握不够细致，流于故事表面；对宗教专有名词不理解；文化常识略弱，对诗的意思无法理解透彻；抓不住某些意象与文中内容的联系；对个别诗句理解不够透彻，对意象及用典不能深刻理解，抓不住其传达的情感及人物性格特点。

分析学生提供的回答，我们不难发现，大部分困难源于学生的知识积淀不够、鉴赏和理解能力不强，这是导读时要着力解决的问题。

首先，针对学生知识积淀不足的问题，我们可以对症下药，开展小专题讲座。如开展"趣说《红楼梦》的文化"的讲座，从"宗教名词""诗词谶语""文化常识"等方面进行解说，充实学生的知识储备。

其次，针对学生的鉴赏能力和理解能力不强的问题，我们可以结合《红楼梦》的文体特征、艺术特色，设计任务，教给学生举一反三的方法。如选读第五回簿册判词和《红楼梦》曲词，教给学生解读的密钥——谐音法、图画法、隐喻法、拆字法等，让学生能学以致用，自主阅读其他判词、曲词。

例如对人物形象的欣赏，我们可以教给学生梳理文本的方法，如梳理贾宝玉阅读或引用的书本，梳理林黛玉流泪的细节，让学生揣摩文本中对人物肖像、语言、心理、动作的描写，体味其情感、性格或志趣。

最后，针对学生不能领悟作品里诗词意蕴的问题，我们可以挑选林黛玉的诗词进行赏析，从意象选择、意境营造、技巧运用、情感抒发等角度把握诗如其人的特点，从而帮助学生赏析其他人物的诗词，理解其性情志趣。

四、阅读效果评价

《红楼梦》整本书阅读虽然已经进入新课标、统编教材，但究竟用什么方式考查，尚在探索。我们在组织学生阅读的过程中，如何评价学生的阅读效果，也是一个空白区。我在测评方面主要做了以下工作。

1. 借鉴高考真题，把握考查现状

我仔细阅读了江苏十多年来关于《红楼梦》《三国演义》等古典名著的高考题，参考阅读了北京卷的考查题目，发现有客观选择题，有主观简答题。先摘选其中两道题：

（2008年江苏高考附加题）25.简答题（2）《红楼梦》中写道："都道是金玉良缘，俺只念木石前盟。"请说说"金玉良缘""木石前盟"的含义。（5分）

参考答案："金玉良缘"指薛宝钗有金锁，贾宝玉有宝玉，两人应结成姻缘。"木石前盟"指林黛玉前生为绛珠仙草，贾宝玉前生为女娲炼石补天余下的石头化成的神瑛侍者，两者有恩有义，今世应结成姻缘。

（2010年江苏高考附加题）22.下列有关名著的说明，不正确的两项是（　　）。（5分）

A.《阿Q正传》中，阿Q为了革命，用砖砸开了静修庵，砸了庵里"皇帝万岁万万岁"的龙牌，并顺手拿走了观音娘娘座前的宣德炉。

B.《女神·湘累》中，屈原在洞庭湖上说："我效法造化底精神，我自由创造，自由地表现我自己。"作者借此表现了五四个性解放精神。

C.在《边城》的结尾部分,傩送出走了,白塔倾圮了,老船夫也死了,老马兵觉得自己却成了翠翠"这孤雏的唯一靠山唯一信托人"。

D.《哈姆莱特》中所写的哈姆莱特、雷欧提斯和小福丁布拉斯三人复仇的举动,既是为了各自故去的父亲,也是为了争得骑士荣誉。

E.《红楼梦》中贾宝玉梦游太虚幻境所见判词:"子系中山狼,得志便猖狂。金闺花柳质,一载赴黄粱。"其中暗示了迎春的悲惨命运。

参考答案:AD

从考查内容上看,试题涉及小说的人物形象、环境描写、情节推进、主题探讨、技巧赏析、内容理解等各方面。这为我们设计《红楼梦》阅读的评价内容提供了有力的参考。

2. 设计自评表格,调控阅读过程

为了让学生切实了解阅读的发展区间,我设计了阅读自评表(见表3-1),以督促学生随时调整自我阅读进程和阅读方式,帮助学生增加阅读经验,习得阅读方法,提升阅读能力。

表3-1 《红楼梦》阅读自评表

自评项目	自评标准	优秀	良好	合格	未达标
阅读能力	1.能自主阅读并简洁概括《红楼梦》的内容。				
	2.能梳理《红楼梦》的情节,并通过整合理清其纵横主线。				
	3.能理清全书人物关系,并辩证理解人物形象,深入探讨其思想。				
	4.能有理有据地点评全书的精彩场景、鲜明人物或平白如话的语言。				
	5.能发现并探究小说的艺术特点,并撰写读书笔记或读书报告。				
	6.能自主表达对小说主题的看法。				

续表

自评项目	自评标准	优秀	良好	合格	未达标
	7. 能关注并欣赏小说中诗词曲赋、品茶、射覆、猜谜等活动的文化意义。				
	8. 积累并形成阅读长篇章回小说的经验，并能迁移到其他同类小说的阅读。				
阅读方法	1. 能通过阅读回目、拟写提纲的方法把握章回内容。				
	2. 能运用浏览、略读的方法自主阅读整本书。				
	3. 能运用跳读、联读的方法提取并整合人物信息，用思维导图呈现人物生平。				
	4. 能运用圈点批注的方法进行感想式、质疑式、联想式、评价式或补充式批注。				
	5. 能运用比较阅读、主题研读的方法，深入探究人物命运、性格、精神。				
	6. 能运用资料联读、品味细节的方法，联系典型环境来理解人物形象。				
	7. 能运用读书笔记的方法，大胆表达自己的感悟、理解，记录精神成长的轨迹。				
	8. 能运用摘录、复述、改写、辩论、配插图、朗诵、表演等方式读出趣味。				
阅读内容	1. 能清晰地讲述贾、史、王、薛四大家族的兴衰史。				
	2. 能清晰地讲述和评价四大家族主要男性的性格特征及人生志趣。				
	3. 能清晰地复述众姐妹的经典故事，概括其各自命运。				
	4. 能描画贾府的平面示意图，能为大家导游大观园。				

续表

自评项目	自评标准	优秀	良好	合格	未达标
	5. 能描述贾宝玉对待不同阶层、不同性别的人和无情感的物的感人细节。				
	6. 能富有诗意地想象宝黛钗情感生活的美好画面。				
	7. 能理解《红楼梦》中诗词曲赋等文化活动的文化价值和社会意义。				
	8. 能从字里行间读出故事的时代背景,理解作者在悲剧故事中寄寓的深厚意旨。				
自我建议					

3. 拟制考查题目,检查阅读效果

在开展《红楼梦》整本书阅读过程中,我尝试着针对每一阶段或主题的阅读,设计了检测题,以检查学生的阅读效果。如针对人物形象这一导读任务,我采用了高考题改编、自主原创两种方式编拟了测评试题:

(1)从《红楼梦》中选择一个可爱又可悲的人物,用简洁、连贯、生动、鲜明的语言介绍和评述这个人物。字数不超过100字。(据2018年高考北京卷改编)

参考答案:薛宝钗是一个令人敬服的女孩子。她博学多识,端庄平和,随分从时,沉着稳重,善良体贴,自甘淡泊,贾府上下都很喜爱她。但是,她也有可悲之处:为了谨守封建道德礼教,压抑了自己的情感,让自己成了封建道德规范的牺牲品。

(2)红学前辈王昆仑有一句关于王熙凤的名言,道是"恨凤姐,骂凤姐,不见凤姐想凤姐"。纵观整本《红楼梦》,你觉得凤姐有什么可恨可骂之处?有什么可想之处?

参考答案:凤姐可恨可骂之处是心狠手辣,逞威弄权,滥施刑罚,贪利敛财。如王熙凤毒设相思局害死贾瑞，铁槛寺弄权，拆散张金哥与守备儿子的婚事等。凤姐的可爱之处是：语言幽默诙谐，能言善道，逗得贾母及众人开心；擅长理家，不辞辛劳，协理宁国府，对症施治，责任到人，赏罚分明，颇有治理之才；她对秦可卿体贴照顾，对邢岫烟妥善安排，这些地方都能看到她可爱的一面。

《红楼梦》整本书阅读，在教读实践中遇到困难是不奇怪的。正是这些困难，促使我们去探索、去思考、去解决，才能让我们在这个崭新的领域收获经验，获得成长。我相信，当我们合全国一线教师之力，去深入思考这一学习任务群的时候，困难也将化为台阶。

思考四　教读《红楼梦》的五个误区与避免方法

《红楼梦》的整本书阅读可能存在什么误区？如何避免呢？下面我结合自身的实践和观察，谈几点看法。

一、确定教学边界

指导学生阅读《红楼梦》，很容易脱离新课标的要求和教材的指导，超越边界。红学是一门显学，专家们对于《红楼梦》的研究成果浩如烟海，只要我们肯查阅这些文献，就不愁找不到教学资源。这是值得我们一线教师挖掘的宝藏，但也容易让整本书教读失去边界。

例如，有的课聚焦《红楼梦》的谐音手法，进行全书大罗列，一味在求奇探秘上下功夫；有的课聚焦脂砚斋的评语，着力在写作对象和素材来源的探佚上用劲；有的课聚焦行令、拇战、占花名儿等娱乐形式，极力在文化的现象、形式、演变历程上拓展、逗趣……

这些当然都是《红楼梦》这座艺术殿堂里耀眼的地方，但是，当我们从这些角度切入整本书阅读的时候，是否考虑过我们应该走向哪一个方向、走到哪一个维度？如果一讲谐音就单纯陶醉于其多、其趣，一说脂评就停留于追索白首双星是谁、脂砚斋是谁，一说行令就沉迷于研究有哪些令、怎么行令，那么导读会失去边界，偏离新课标和教材。

最开始我接到"整本书阅读与研讨"的试教任务，在教学边界的确定上，很是为难。第一轮设计交给吴泓老师审查的时候，他作为统编高中《语文》必修下册第七单元"整本书阅读"的编写者，否定了我的设计，认为没有体现新课标的要求。老师一味站在学术的高度，将高中的整本书阅读引向了求奇求深的误区，而且没有设计循序渐进的任务、贴合学生的情境和有趣的活动。

他告诉我，要想避免走入学术化的误区，就得先埋头读新课标、教材，教读设计做到三个"贴"：一是贴着新课标的要求设计，二是贴着教材的指导设计，三是贴着学生的学情设计。比如上面提到的几种课型，如果以谐音法来指导第五回判词曲文的阅读，以脂砚斋评语来辅助人物、情节、环境的理解，以行令的令词来分析人物思想性格的差异，这样贴住文本阅读，在借用学术成果的时候做好减法，才能守住高中整本书教读的合理边界。

二、选择导读内容

在语文课堂的导读过程中，我们常常挂着整本书之名，行的是阅读节选文字之实。例如欣赏宝黛爱情之美，我曾经节选了"黛玉含酸""静日生香""共读西厢""黛玉看望被打的宝玉""秋霖夜探"等场景，在一堂课上带领学生赏析了五个节选片段。

上完导读课，我自己不断反省，怀疑自己走入了以零代整的误区。我这样选择片段的理由是什么？这些片段能不能从整体上反映宝黛爱情之美？整本书阅读，到底怎么体现其"整体"感？如何能既走入文本细腻之处，又涵盖整本书的内涵或特色？

当初准备这节导读课时，我选择这五个片段，是从宝黛爱情的"准备与萌芽""觉醒与试探""热恋与抗争""预兆与毁灭"等阶段中挑选的，刚好涵盖了宝黛爱情的整个发展和变化过程。而且这五个片段，有含酸，有欢乐，有浪漫，有深情，有共融，将宝黛爱情的不同意趣也分别呈现了出来。

所以，要想避免导读走入以零代整的误区，就要注意零散片段与整本书之间的辩证关系，这样才能既走入文本细处，也兼及整本书的宏阔之处，达到窥一斑而见全豹的效果。在课堂导读中，还要善于教给学生阅读鉴赏的方法，让学生能学以致用，举一反三。

三、确立课堂主体

如果学生课前阅读进度滞后、阅读鉴赏能力不足或阅读任务被虚化，在《红楼梦》导读课中，学生作为阅读主体的地位极容易被老师挤占，使课堂成为老师的"一言堂"。当然，有些导读内容是需要以老师讲授为主的，比如前五回三则神话故事的导读，第五回太虚幻境的簿册判词和《红楼梦》曲词的导读。但其他导读内容，不能都由老师"满堂灌"。整本书阅读的宗旨在于帮助学生积累阅读经验，形成自我阅读方法，学习和吸纳中华优秀传统文化，促进精神成长。

要避免出现老师霸占课堂这一误区，首先，老师要精心设计活动，以活泼有趣的活动调动学生参与阅读。例如欣赏《红楼梦》的环境描写，我们可以让学生动笔画大观园中自己最喜爱的亭台馆阁，自己当导游，带领游客游览贾府和大观园，或者自己撰写贾府的解说词。如欣赏人物描写艺术时，我们可以让学生制作人物书签，配上适合人物性格的花和表达人物情志的诗词曲赋，或画上人物肖像。其次，老师要让自己的导读成为推广经验、方法的渠道，教给学生欣赏长篇章回体小说的方法，让学生能迁移运用，从而自主阅读其他内容。例如赏析林黛玉的诗词时，我们教给学生从意象选择、意境营造、技巧运用、情感抒发的角度欣赏，课后可以让学生运用所学的方法去鉴赏薛宝钗的诗词，感受《红楼梦》中诗词符合人物口吻、体现人物情志追求的艺术特色。

四、尊重学生阅读个性

学生受心理发展阶段和自身阅读能力的限制,在阅读《红楼梦》的过程中可能会出现偏激的见解,对此老师不能视而不见。我们常说"有一千个读者就有一千个哈姆莱特",似乎学生的个性解读都是合理的存在,应该得到尊重。但是,我们不要忘了,最终读出的应该还是哈姆莱特,而不能变成雷欧提斯。

例如对贾宝玉这一人物形象,有些学生说不喜欢。喜欢与否是学生的自由,但是这个学生不喜欢的理由是他觉得贾宝玉是个花花公子。这个理由无疑是对贾宝玉的误解,我们作为老师就不能视而不见了。我觉得老师有必要找到切入点,帮助学生客观公正地理解和评价贾宝玉。我在和学生交流中,发现有的学生被表面现象迷惑,认为宝玉多情滥情,谁都喜欢。为此我以宝玉的"情"为内容,专门组织了一次主题研读,带领学生从文本的细节中体悟:其"情"的真正内涵是尊重体贴,是平等博爱,是愿为天下女儿担负所有痛苦的仁怀;我还通过对宝玉和贾琏等人的比较阅读,让学生体会到宝玉之体贴、利物济人的胸怀与贾琏之淫滥、悦己乐己的享乐之间的截然分别,从而引导学生正确理解宝玉之情的真谛。

学生对《红楼梦》误读的地方还有很多。如狭义理解全书主旨,认为它就是一部爱情小说;对林黛玉形象的理解以偏概全,认为其小家子气、敏感多愁,动不动就哭,实在莫名其妙;沉溺于索隐,停留于探索故事的取材来源和人物的原型。对于学生存在的解读误区,我们不能忽略,应该有针对性地引导。

五、确定教学起点

带领高一学生阅读《红楼梦》,过分拔高或刻意降低,都是步入了误区。过高,则给学生阅读增加心理压力,容易减淡其阅读兴趣;过低,则让学生找不到发展区域,容易降低其探究欲望。我在第一轮导读中,发现学生对林黛玉爱流泪很是不屑。面对学生对"绛珠还泪"这一神话传说意蕴的误解，我很不甘心。于是紧扣"还泪"这一关键词，让学生梳理文本，找出写黛玉流泪的场景和关键词，探究黛玉之泪因何而流，黛玉之泪还在何处。后来发现，自己上得饶有趣味，可是学生仍有隔膜，我的主题研读设计得过深了。

另外，对于学生阅读成果的呈现，也容易出现过分拔高的现象。有老师要求学生写阅读论文，这对少数学生来说是可以的，但把论文写作作为对全体学生的测评方式，显然是缺少普适性的。

但引导学生开展《红楼梦》的整本书阅读，也不可将教学起点定得过低。新课标对这一学习任务的目标和内容是有明确标高的："读懂文本，把握文本丰富的内涵和精髓"。而高中《语文》必修下册第七单元的单元导语也对这一任务群提出了明确的学习要求："理解和欣赏人物形象，探究人物的精神世界，整体把握小说的思想内容和艺术特点"，"获得审美感悟，丰富自己的精神世界"。这些要求都告诉我们，整本书阅读应该是一个循序渐进的过程，要在分析人物形象、环境描写、情节、手法等基础上，深入领悟《红楼梦》的内涵、精髓，了解其思想内容和艺术特点。学生读完后，不能只记得几个人物形象、几处环境描写、几个印象深刻的情节、几种特征鲜明的艺术手法，而应该在鉴赏中逐步体悟其反映的人性、人情和社会内涵。

当然，在新课标倡导"情境""任务""活动"的当下，我们还要防备整本书阅读走入为了有情境而生硬设置情境的误区，走入表面热闹而雁过无痕的误区，或活动设计去语文化的误区。要避开这些误区，一定要做到"贴着课标设计""贴着教材教""贴着文本读""贴着学生导"。《红楼梦》的整本书阅读，应该结合新课标要求、教材指导和学生能力结构等，综合设计，合理把握广度和深度，帮助学生回归文本，开展"梳理与探究""阅读与鉴赏""表达与交流"等本色的语文活动，最终使学生提升学科素养，形成健康积极的价值理念，实现生命的成长。

第四章 学生阅读指导

总 述

学生应该怎么阅读《红楼梦》整本书？新课标对这一学习任务群提出了以下"学习目标与内容"：

在指定范围内选择阅读一部长篇小说。通读全书，整体把握其思想内容和艺术特点。从最使自己感动的故事、人物、场景、语言等方面入手，反复阅读品味，深入探究，欣赏语言表达的精彩之处，梳理小说的感人场景乃至整体的艺术架构，理清人物关系，感受、欣赏人物形象，探究人物的精神世界，体会小说的主旨，研究小说的艺术价值。

这段表述明确提出"通读全书"和"反复阅读"两个阶段，前者着重于宏观把握，后者着重于扣住小说进行文本细读。可见，整本书阅读不是一遍就可以收工大吉的，应该有通读全书、精读章回、细读文本等多个阅读阶段，以达到"反复阅读"的要求。

在"学习目标与内容"中，新课标还提出：

利用书中的目录、序跋、注释等，学习检索作者信息、作品背景、相关评价等资料，深入研读作家作品。

这段表述，强调了学生不仅要读章回正文，还要读整本书的目录、序跋，甚至还要查阅文献，了解作家作品，以"深入研读"。

而在"教学提示"中，新课标还建议：

学生在反复阅读过程中，每读一遍，重点解决一两个问题，有些地方应仔细推敲，有些地方可以略读或浏览。

从这些表述，我们可以发现，指导学生阅读要把握适当的广度和深度，不要越界或拔高，跑到学术的高地上炫耀。"重点解决一两个问题"，即抓住主题进行研读。

综合新课标和教材提出的要求、作出的提示，结合教学实践，我们可以开展以下几个步骤的阅读：

通读全书。教师精心设计一组问题，带动学生利用假期大块时间，自主通读全书。

读回目及序。认真设计活动，引导学生阅读回目和序言，以思维导图或表格梳理作家作品信息，整合回目关键词，以梳理主线、鸟瞰全书。

精读章回。按照教读安排，结合新课标的课时要求，贴合文本设计梳理、整合、鉴赏、探究等活动，让学生分阶段、分周期自主开展章回略读与精读等活动。

主题研读。在阅读过程中，要随时调查学生阅读存在的困难、疑惑，了解学生阅读的需求，从而针对误区或疑点，适当设计主题，进行研读指导。

第一阶段　拟订计划，问题引导，通读全书

一、版本介绍，合理选择

《红楼梦》版本繁多，整本书阅读开始前，学生往往会问老师买哪个版本。老师可以结合自己的阅读实践，提供当前几种版本的客观介绍，让学生酌情自主选择；也可以出于教读的实际需求，合理建议版本。我读过的主要有以下三种版本：

人民文学出版社出版的《红楼梦》（红研所校注本），总共一百二十回。这个版本 1982 年问世，经过多次修订，凝聚了众多红学专家的心血，其注释采用脚注的方式，方便查阅。

广西师范大学出版社出版的《红楼梦》（程乙本校注版），总共一百二十回。这个版本由启功注评，注释集中放在各章回的末尾。书页留白较足，可以随时作批注、笔记。

《脂砚斋重评石头记》，书中有脂砚斋的批语，有志于深入探究《红楼梦》的同学可以收藏。

二、问题引导，通读全书

　　高中生阅读《红楼梦》，不在于考证或索引，而重在文本细读。《红楼梦》是小说，可以从情节、人物、环境、主题、线索、文化意蕴等方面进行文本品味与鉴赏，遇到自己会心的关键词句，可以圈点批注，写上自己的阅读心得。

　　学生假期自主通读，是一个不可控的过程，如果只是提出要求而不给具体任务，这一阶段的阅读可能会被虚化。所以，老师要设计适量的学习任务，引导学生将通读落到实处。以下学习任务可供参考。

　　1.《红楼梦》是章回小说，每一章的回目工整凝练，概括了该章回的主要内容。通读整本书的一百二十组回目，读准字音，查阅词义，并结合正文的具体内容解释每一组回目的含义。

　　2. 阅读完每一章回，试着用精练的语言概括其内容，整理成简洁明了的内容提纲。

　　3. 将自己感兴趣的或印象深刻的情节分享给亲朋好友。

　　4. 细读第二回，参考网上资料，画出贾府人物关系树，重点理清重要人物之间的辈分亲疏关系。

　　5. 第五回中的金陵十二钗正册、副册、又副册的判词分别预示了哪些人的命运？《红楼梦》十二支曲子分别预示了哪些人的命运？

　　6. 薛宝钗、林黛玉、史湘云、妙玉四位姑娘，你更喜欢谁？或者她们身上有没有你不喜欢的地方？请从容貌、才华、情感、待人接物等方面，结合小说的细节描写，进行比较阅读。

　　7. 袭人、晴雯、平儿和鸳鸯几个丫鬟你更喜欢谁？为什么？认真读一读香菱学诗的内容，你喜欢这个女孩吗？

　　8. 请你设计一套红楼女儿的书签，画上红楼女儿的肖像，配上其诗词和一种能象征其品格志趣的植物。

　　9. 如果你是导游，带领《红楼梦》爱好者游览贾府，你会怎样设计路线？

　　10. 试着梳理大观园各姐妹住处的环境特点，想一想这些亭台馆阁的空间布局、屋内陈设和居住者性格志趣之间的关系。

11. 在贾府众女儿中，为什么贾宝玉与林黛玉最为亲密？贾宝玉、林黛玉的感情发展中你最喜欢的细节是什么？

12. 贾宝玉说"男儿是泥作的骨肉""浊臭逼人"，你觉得贾宝玉认为的"浊臭逼人"的男人世界到底指什么？

13. 大观园中最有诗意的当是诗社吟诗作赋的场景。在咏海棠诗、菊花诗、柳絮词三次活动中，你会评谁的诗为冠？为什么？

三、拟订计划，有序阅读

阅读目录，根据阅读周期长短和章回多少，拟订阅读计划（见表4-1）。阅读计划应包括阅读章回、阅读时间、阅读进度的自我监控等。

表 4-1 阅读计划

周次	阅读章回	阅读方法（泛读、精读、比读等）	阅读成果呈现方式（拟写提纲、圈点批注、撰写札记、绘制思维导图、做读书笔记、撰写人物志、设计人物书签等）
第一周	第一回至第五回		
第二周	第六回至第十六回		
第三周	第十七回至第三十回		
第四周	第三十一回至第四十回		
第五周	第四十一回至第五十回		
第六周	第五十一回至第六十回		
第七周	第六十一回至第七十回		
第八周	第七十一回至第八十回		
第九周	第八十一回至第一〇〇回		
第十周	第一〇一回至第一二〇回		

第二阶段 阅读前言,梳理回目,鸟瞰全书

一、自主阅读前言,梳理内容,撰写摘记

1. 阅读前言,梳理曹家家世,填入表4-2。

表4-2 曹家家世

人物	年代	生活地域	官职变更	主要经历
曹振彦				
曹玺				
曹寅,曹荃				
曹颙,曹𫖯				

2. 阅读前言,梳理雪芹一生,填入表4-3。

表4-3 曹雪芹一生经历及特质

人生阶段	人生重要经历	性情志趣	才华
幼年			
青年			
晚年			

3. 阅读前言,从思想倾向、人物形象、情节结构、语言艺术四个方面梳理全书艺术特点。

4. 每年4月23日是"世界读书日",学校将在那天举办读书会。请写一段推荐语,在读书会上推介《红楼梦》。要求准确概述作品特点,语言简明

流畅，不少于 80 字。

二、自主阅读回目，梳理整合，鸟瞰全书

1. 朗读整本书的回目，标注以下加点字读音。

第三回　　贾雨村夤缘复旧职　林黛玉抛父进京都

第五回　　游幻境指迷十二钗　饮仙醪曲演红楼梦

第十四回　林如海捐馆扬州城　贾宝玉路谒北静王

第十五回　王凤姐弄权铁槛寺　秦鲸卿得趣馒头庵

第二十回　王熙凤正言弹妒意　林黛玉俏语谑娇音

第二十一回　贤袭人娇嗔箴宝玉　俏平儿软语救贾琏

第二十二回　听曲文宝玉悟禅机　制灯谜贾政悲谶语

第二十五回　魇魔法姊弟逢五鬼　红楼梦通灵遇双真

第二十八回　蒋玉菡情赠茜香罗　薛宝钗羞笼红麝串

第三十三回　手足眈眈小动唇舌　不肖种种大承笞挞

第四十九回　琉璃世界白雪红梅　脂粉香娃割腥啖膻

第五十回　　芦雪广争联即景诗　暖香坞雅制春灯谜

第五十八回　杏子阴假凤泣虚凰　茜纱窗真情揆痴理

第五十九回　柳叶渚边嗔莺咤燕　绛云轩里召将飞符

第七十八回　老学士闲征姽婳词　痴公子杜撰芙蓉诔

第八十三回　省宫闱贾元妃染恙　闹闺阃薛宝钗吞声

第一〇二回　宁国府骨肉病灾祲　大观园符水驱妖孽

第一一一回　鸳鸯女殉主登太虚　狗彘奴欺天招伙盗

第一一二回　活冤孽妙尼遭大劫　死雠仇赵妾赴冥曹

2. 用"/"标注下列回目的节奏，并放声朗读。

第一回　　甄士隐梦幻识通灵　贾雨村风尘怀闺秀

第三十回　宝钗借扇机带双敲　龄官划蔷痴及局外

第三十一回　撕扇子作千金一笑　因麒麟伏白首双星

第三十三回　手足眈眈小动唇舌　不肖种种大承笞挞

第三十九回　村姥姥是信口开河　情哥哥偏寻根究底

3.查阅词典，疏通回目中生僻字词，深入理解其内涵，从而初步理解回目含义。如："夤缘""指迷""仙醪""铁槛寺""箴""谶语""眈眈""笞挞""戏彩斑衣"。

4.挑出表示人物活动空间、家族盛衰变化、人物及其性格特征或命运归宿的词。示例：

（1）第二回　贾夫人仙逝扬州城　冷子兴演说荣国府

活动空间：扬州城、荣国府

（2）第十三回　秦可卿死封龙禁尉　王熙凤协理宁国府

活动空间：宁国府

人物：秦可卿

人物命运：死

（3）第五十六回　敏探春兴利除宿弊　时宝钗小惠全大体

家族盛衰：宿弊

人物：探春、宝钗

性格特征：敏（聪敏）、时（审时度势）、小惠（涵容大度）、全大体（圆熟世故）

5.整合所挑出的关键词，并思考：《红楼梦》到底写了什么内容？它是围绕哪两条线索交织推进的？

第三阶段　章回分组，确定周期，精读章回

一、第一周期——阅读前五回

结合表4-4的阅读提示，精读前五回。

表 4-4　前五回阅读提示

阅读范围	阅读任务	学习目标与内容
第一回	1. 梳理第一回内容，拟写提纲。 2. 阅读"石头下凡""绛珠还泪"两则神话故事，查阅词典，理解"神瑛""绛珠"的含义，并分析"顽石""神瑛侍者""绛珠仙子"三者的特征、情感、际遇和隐喻义。 3. 阅读甄士隐与贾雨村的现实故事，从家世、志趣、际遇等角度梳理文本。画出甄士隐人生变化曲线图，探究这则现实故事对于小说的隐喻意义。 4. 背诵石头偈、《金陵十二钗》绝句、《好了歌》及《好了歌》解注，查阅词典，理解诗词中的疑难词语，并体会其思想意蕴。	1. 学会运用拟写提纲的方法梳理小说每一章回的情节。 2. 品读细节，理解小说意蕴。
第二回	1. 精读冷子兴演说荣国府的内容，完成以下任务： （1）梳理贾府人物关系表，并标注主要人物的身份、志趣、性格等。 （2）概括贾家家运变化趋势及其变化的原因。 2. 精读冷子兴介绍贾宝玉、贾雨村介绍林黛玉和甄宝玉的内容，说说宝黛的性格特征。	1. 梳理人物关系，了解人物特点。 2. 了解贾家家运变化。
第三回	1. 通读第三回，如果你是导游，带游客参观贾府，你将怎样设计参观路线？ 2. 梳理贾母住所、贾赦住所、荣禧堂、贾政住所的空间位置、建筑特色、陈设特点及其体现的家族地位或人物志趣。 3. 精读王熙凤出场的肖像、语言、动作描写，初步了解其性格特点。 4. 精读宝黛初会的场景描写，从肖像、心理、语言描写中体会二者的性格差异。	1. 从建筑布局中了解贾府地位、人物关系及特点。 2. 学会运用圈点批注法，赏析人物的正面描写、侧面描写。
第四回	1. 略读贾雨村和门子判案过程，了解封建贵族"连络有亲"的社会背景。 2. 说说英莲薄命之处。 3. 找出描写薛蟠和薛宝钗的文字，概括兄妹二人的特点。	1. 了解小说的社会环境。 2. 了解薛宝钗的家世、际遇和生活志趣。

续表

阅读范围	阅读任务	学习目标与内容
第五回	1. 精读比较薛宝钗与林黛玉的文字,摘抄关键词语,概括二者的不同性格。 2. 熟读金陵十二钗的簿册判词、《红楼梦》十二支曲,探究其预示人物性格、命运的方法。	1. 了解人物性格及其命运。 2. 初步感知第五回对全书提纲挈领的作用。

二、第二周期——阅读第六回至第二十回

1. 比读第三回与第六回,同样是初进贾府,你觉得林黛玉与刘姥姥在观察贾府时有什么异同?梳理并整合这两回中对建筑空间的描写,填写表4-5。

表4-5 贾府建筑空间

建筑空间	建筑总体特点	空间方位及布局	陈设布置	人物志趣
贾府大门				
贾母处				
贾赦处				
荣禧堂				
贾政处				
凤姐处				

2. 略读第七回,画出周瑞家的送宫花的路线,并在文中画出众姐妹接受宫花的动作、语言描写,比较她们的性格志趣。

3. 略读前二十回,梳理宝玉常引用什么书,并将宝玉与其他人的读书观进行比较,体会他们思想上的冲突,并填写表4-6。

表 4-6　人物读书观

人物	第三回	第八回	第九回	第十七回至十八回	整合归纳
宝玉(引用之书)					
宝钗					
袭人					
贾政					

4.精读第八回、第十一回、第十五回、第十九回、第二十回中描写宝玉体贴的细节，圈出关键词，说说宝玉之情有什么特点，并填写表 4-7。

表 4-7　宝玉体贴之细节

章回	情节概括	贴切词语	动人细节	情感特点
第八回				
第十一回				
第十五回				
第十九回				
第二十回				

5.略读第六回、第十一回、第十四回、第十五回中描写王熙凤的情节，说说王熙凤何以被秦可卿评价为"脂粉队里的英雄"。前二十回中，凤姐令你喜爱或佩服的地方在哪里？令你失望的地方在哪里？

6.略读第十七回至十八回，比较贾政携清客、宝玉游赏大观园和元妃游幸大观园，填写表 4-8。

表 4-8　游赏大观园比读

两次游赏	游赏方式	游赏线路	游赏关注点
贾政携清客、宝玉游赏			
元妃游幸			

7. 精读元妃省亲的场景描写，圈出关键词语，深入体味这些描写营造了怎样的省亲氛围。

8. 仔细阅读第十七回至十八回，画出大观园里你最喜欢的馆阁，并为它配上解说词。

9. 精读第十九回描写"静日生香"的情节，说说宝玉对黛玉的体贴之处。

10. 精读第二十回宝黛争吵的场景，说说宝黛为何在争吵中要反复提到"死"。

三、第三周期——阅读第二十一回至第三十回

1. 略读第二十一回至第三十回，梳理叙写宝钗的情节，重点赏析"宝钗扑蝶""宝钗羞笼红麝串"两个片段，填写表4-9。请尝试画出你心中的宝钗形象，并为人物画配上简短说明。

表 4-9　宝钗情节分析

情节	章回	肖像	语言	心理	动作	性格
探问袭人						
两次点戏						
说《寄生草》戏文词藻						
扑蝶						
羞笼红麝串						
论金麒麟						

2. 略读第二十一回至第三十回，赏析黛玉"听曲词落泪""春困发幽情""葬花"等片段，在自己印象深刻的文字旁边圈点批注，为黛玉画一幅肖像画，并配上人物点评。

3. 略读第二十三回和第二十七回,精读"共读西厢""宝黛葬花"和"黛玉吟咏《葬花吟》"三处,感受场景之美。尝试画出其中一个场景,探究宝黛的共同点。

4. 联读第二十四回、第二十六回、第二十七回,你觉得贾芸与小红有什么共同点?作者为什么要叙述他们的爱情?你觉得小红的人生态度对你将来走入职场有什么启示?

5. 略读第二十一回至第三十回中宝黛争吵的场景,从争吵起因、争吵过程和争吵结果三个阶段梳理情节,说说宝黛争吵的真正原因。

6. 众儿女在元宵节拟制的灯谜,引得一向严肃的贾政伤心感叹,为什么?

7. 阅读第二十五回,精读贾环推倒蜡灯烫伤宝玉的细节,说说宝玉的兄弟之情的可贵之处。

8. 曹雪芹常常会将一组组人物对比着写。阅读第二十四回卜世仁和倪二对贾芸态度的描写、第二十九回贾母与王熙凤对小道士态度的描写,说说在对比中突出了这些人物的什么特点。

9. 精读第三十回"龄官划蔷",试着画出这幅图画,说说它美在哪里。

四、第四周期——阅读第三十一回至第五十一回

1. 比读第三十一回"晴雯撕扇"、第四十四回"平儿理妆"、第四十六回"鸳鸯女誓绝鸳鸯偶",圈点三位丫鬟的肖像、语言、行动描写,说说她们各自的性格特点。

2. 精读第三十二回"宝玉与湘云分歧"、第三十六回"宝玉焚书"等情节,说说为什么宝玉会在众女儿中独独钟情于黛玉。

3. 联读第三十二回、第三十三回、第四十三回,比较宝钗、袭人、王夫人、耳聋的老婆子、宝玉对金钏儿之死的态度,说说你从中读出了人物各自什么特点,并填写表4-10。

表 4-10　不同人物对金钏儿之死的态度

人物	肖像	语言	动作	心理	性格特点
宝钗					
袭人					
王夫人					
老婆子					
宝玉					

4. 精读第三十三回至第三十四回，细读"宝玉挨打""钗黛探望宝玉""宝玉赠帕"的情节，填写表 4-11。

表 4-11　宝玉挨打相关情节梳理

人物	肖像	动作	心理	语言	性格或思想
贾政					
王夫人					
宝钗					
黛玉					

5. 略读第三十五回、第三十七回、第四十一回、第四十三回、第四十四回、第四十六回、第五十一回，梳理宝玉与不同女性相处的情节，说说宝玉之情有什么特点，并填写表 4-12。

表 4-12　宝玉之情特点

情节及特点	对贾母和王夫人	对宝钗、黛玉、妙玉	对玉钏儿、金钏儿、平儿、鸳鸯、晴雯	对刘姥姥
重要情节				
情感特点				

6. 精读第三十七回、第三十八回，比较薛宝钗、林黛玉的海棠诗和菊花诗，说说诗中渗透的人物情感或性格特点，并填写表4-13。

表4-13　钗黛诗歌比较

诗歌		意象	意境	词语	情感或志向
海棠诗	宝钗诗				
	黛玉诗				
菊花诗	宝钗诗				
	黛玉诗				

7. 略读第三十九回至第四十一回，梳理贾母携刘姥姥游逛大观园的情节，完成以下任务：

（1）试着画出大观园中你最喜欢的馆阁，并配上解说词。

（2）请和同学评选红楼英雄榜，如审美大家、煮茶圣手、绘画高手等。

（3）精读刘姥姥"算螃蟹宴的账目"和"认黄杨木"两处细节，说说你读出了什么社会现实。

8. 精读第三十六回，是什么促使宝玉的生死观发生变化？这一变化体现了宝玉之情怎样的发展过程？

9. 精读第四十七回，从家世地位、性情爱好、人生遭际等方面梳理叙述柳湘莲的内容，说说柳湘莲是一个什么样的人。

10. 精读第三十七回、第四十九回，梳理史湘云的正面和侧面描写，说说她身上体现了哪些魏晋名士风范。

五、第五周期——阅读第五十二回至第七十回

1. 略读第五十二回，精读晴雯"生病骂大夫""用一丈青乱戳坠儿""勇补雀金裘"三个细节，梳理文本内容，填写表4-14。

表 4-14　晴雯相关情节梳理

情节	肖像	动作	语言	侧面描写	性格特征
生病骂大夫					
用一丈青乱戳坠儿					
勇补雀金裘					

2. 比读第五十三回"领春祭恩赏"与"乌进孝缴租"两个情节，梳理文本内容，填写表 4-15，并分析这两处情节的作用。

表 4-15　第五十三回情节比读

情节	贾珍态度	贾府地位	年成及天气情况	贾府经济状况
领春祭恩赏				
乌进孝缴租				

3. 略读第五十四回，精读贾母"破陈腐旧套"一节。贾母从哪几个角度批评传统的才子佳人之书？你认同贾母的观点吗？简要陈述理由。

4. 略读第五十五回、第五十六回、第六十二回，比读李纨、探春、宝钗等理家的情节，梳理文本内容，填写表 4-16。

表 4-16　姐妹共理大观园

描写及性格特点		李纨理家	探春理家	宝钗协理	平儿辅助
正面描写	赵国基发丧赏银				
	蠲免重复开支				
	花园兴利除弊				
	改革管理配置人员				

续表

描写及性格特点		李纨理家	探春理家	宝钗协理	平儿辅助
侧面描写	下人前后反应				
	凤姐评价				
	宝玉评价				
	黛玉评价				
	他人陪衬				
性格特点					

5. 略读第五十八回至第六十四回，梳理宝玉对众女儿体贴的细节，填写表4-17。你喜欢这样的宝玉吗？

表4-17　宝玉对众女儿的态度

描写方式	对邢岫烟、妙玉、黛玉	对藕官、芳官	对莺儿、五儿、玉钏儿	对香菱
直接描写				
间接描写				

6. 略读第六十一回，比较贾宝玉、平儿、王熙凤对待玫瑰露和茯苓霜事件的态度，说说三个人的性格特点，填写表4-18。

表4-18　不同人物应对玫瑰露和茯苓霜事件

人物	出发点	处事方法	性格特点
贾宝玉			

续表

人物	出发点	处事方法	性格特点
平儿			
王熙凤			

7. 精读第六十二回的细节描写，完成以下学习任务：

（1）精读"湘云醉卧芍药裀"的场景描写，说说它美在何处。

（2）精读"香菱情解石榴裙"，说说哪些地方体现了宝玉的体贴。

（3）精读"宝玉葬夫妻蕙与并蒂菱"的细节描写，联系第二十三回宝玉葬桃花的细节，你喜欢这样的宝玉吗？

8. 精读第六十三回宝玉生日时"群芳夜宴"的情节，完成以下学习任务：

（1）梳理文本。宝玉生日的夜晚，姐妹抽花名签分别抽到了什么花？签上各自题了什么字？分别写的是什么诗？填写表4-19。

表4-19 群芳夜宴占花名游戏分析

人物	花名	题字	题诗	花与人的相似之处
薛宝钗				
贾探春				
李纨				
史湘云				
麝月				
香菱				
林黛玉				
袭人				

（2）除了她们，你还对大观园里的哪个女子印象深刻？如果用花来描述

她，你会选择什么花？为什么？

（3）依据小说文本，设计一套金陵十二钗的花名书签，画出人物肖像、花朵，配上文字。

9. 略读第六十六回至第六十七回"尤三姐自杀，柳湘莲入空门"的情节。听说柳湘莲入空门，薛姨妈、薛蟠、薛宝钗的反应有什么不同？你从中读出了人物各自怎样的性格特征？

10. 略读第七十回"宝玉读《桃花行》落泪""黛玉替宝玉临字"等情节，完成以下学习任务：

（1）朗诵《桃花行》，从意象、意境、语言、情感等角度说说宝玉为什么能猜出这是林黛玉的作品。

（2）探春、宝钗、黛玉都替宝玉临字帖以应付贾政检查，黛玉临帖时有哪些感人的细节？

（3）比读姐妹们的"柳絮词"，说说你最喜欢谁的，为什么？

（4）联读"宝玉读《桃花行》落泪"和"黛玉替宝玉临字"两处细节，说说宝黛爱情动人之处在哪里。

（5）大观园姐妹一起放风筝，黛玉放风筝时，黛玉、紫鹃和宝玉各自的反应是怎样的？你看到了三者怎样的性格特征？

六、第六周期——阅读第七十一回至第八十回

1. 略读第七十一回，完成以下学习任务：

（1）梳理尤氏与下人婆子、赵姨娘与林之孝家的、邢夫人与凤姐之间的关系，说说在贾母八旬寿辰的热闹日子里，展现了人物之间的哪些矛盾。

（2）梳理贾母评价凤姐、叮嘱下人对待喜姐儿和四姐儿不要势利的内容。你喜欢贾母这个人物形象吗？为什么？

（3）精读鸳鸯、探春、宝玉、李纨谈论贾府人际关系的片段，说说贾府人际关系如何，并从大家的对话中了解宝玉对人际俗务的态度。

2.略读第七十二回，完成以下学习任务：

（1）联系第七十一回，了解司棋与潘又安的感情，说说你对司棋的看法。

（2）精读贾琏向鸳鸯借当、宫中太监接二连三强索银子等情节，探究贾府当时的经济状况和社会关系。

3.略读第七十三回至第七十四回，完成以下学习任务：

（1）大观园里为什么会进行抄检？梳理文本，归纳原因。

（2）梳理众姐妹在抄检大观园中不同的反应，概括各自的性格特点，并填写表4-20。

表4-20 抄检大观园时众姐妹的反应

人物	态度	性格
袭人		
晴雯		
紫鹃		
探春		
惜春		
司棋		

（3）梳理"累金凤"事件中，迎春、迎春乳母、王住儿媳妇、探春、平儿各自不同的态度，了解各自不同的性格，深入探究这一事件反映了贾府什么人际矛盾，并填写表4-21。

表4-21 "累金凤"事件中的人物反应

人物	态度	性格	人际矛盾
迎春			
迎春乳母			

续表

人物	态度	性格	人际矛盾
王住儿媳妇			
探春			
平儿			

（4）细读宝玉温书的情节，了解当时科举考试的内容。

4. 略读第七十五回至第七十六回，完成以下学习任务：

（1）画出探春论说贾府人际关系的语言，认识世家大族诗礼簪缨表象下的人性现实。

（2）略读贾母吃饭的场景，画出介绍不同种类米饭的词语，说说这一细节道出了怎样的社会现实。

（3）贾府中秋赏月，作者描写了雅俗两个不同场景，给你印象最深的场景是什么？你从中感受到了怎样的氛围？

（4）略读湘云、黛玉、妙玉联句续句的情节，最打动你的诗句是哪几句？你感受到怎样的氛围？你觉得湘云和黛玉的性格有哪些不同？

5. 略读第七十七回至第八十回，完成以下学习任务：

（1）梳理叙述司棋、晴雯、四儿、芳官、蕊官、藕官、迎春等命运的情节，你从中感受到大观园里众女儿怎样的命运？

（2）精读宝玉夜探晴雯的细节，你觉得最感人的地方是什么？作者是通过哪些方法来写宝玉和晴雯之间纯洁的情感的？

（3）精读宝玉写《芙蓉女儿诔》的细节，你从中读出了一个怎样的晴雯？宝黛改写诔文词句的细节，让你预感到黛玉怎样的命运结局？

（4）梳理叙述香菱命运的情节，"香菱"之名被改为"秋菱"，这两个名字有什么不同？香菱令人同情的地方是什么？

七、第七周期——阅读第八十一回至第一〇〇回

1. 联读第七十八回、第八十回至第八十二回，完成以下学习任务：

（1）梳理描写邢夫人、王夫人、宝玉对迎春出嫁后受夫家虐待的不同反应的内容，填写表4-22，并分析人物的性格特点。

表4-22　不同人物对迎春出嫁受虐待的反应

描写	邢夫人反应	王夫人反应	宝玉反应	我的阅读感受
肖像				
语言				
动作				
心理				

（2）略读贾政教导宝玉读书并亲自送宝玉去家学的情节，联读第七十八回作者叙及贾政对宝玉读书态度的语句，你觉得第八十一回这一情节续写符合前八十回贾政的性格或思想发展的逻辑吗？为什么？

（3）精读第八十二回宝黛论读书的情节，联读第三十二回史湘云与宝玉论仕途经济的情节、第三十四回宝玉表白人生态度的情节、第三十六回宝玉焚书的情节，你觉得黛玉在第八十二回谈论读书的观点续写得好吗？为什么？

2. 略读第八十三回至第八十五回，完成以下学习任务：

（1）略读王熙凤和周瑞家的谈论管家艰难的情节，说说哪些地方显出了贾府的颓势。

（2）贾政升了郎中，文中写"宝玉此时喜的无话可说，忙给贾母道了喜，又给邢王二夫人道喜"，联系第十六回宝玉对元妃省亲这一盛事的态度，你觉得续写者这样写符合宝玉的性情吗？

（3）略读第八十五回写黛玉生日的情节，画出文中对黛玉进行肖像描写的句子，你觉得这些描写符合你心中的黛玉形象吗？

（4）第二十二回薛宝钗生日时，宝黛争吵，黛玉曾说"你既这样说，你特叫一班戏来，拣我爱的唱给我看。这会子犯不上趖着人借光儿问我"；而第八十五回黛玉生日，偏偏听的也是王家送来的戏，你觉得续写的情节合理吗？为什么？

3. 略读第八十六回至第九十一回，选择一到两个学习任务，与同学合作完成。

（1）精读第八十六回黛玉谈操琴之道，比读第四十八回黛玉教香菱学诗时谈论作诗之法，你觉得第八十六回续写黛玉谈操琴之道这一情节设计合理吗？为什么？

（2）细读第八十六回黛玉收到王夫人送来兰花后的心理描写。你喜欢这样的黛玉吗？为什么？

（3）前八十回，曹雪芹常常拟作人物诗词，写谁的诗词就化作谁的声调口气，让诗词曲赋成为人物性格及命运的写照。第八十七回宝钗送给黛玉一封书信，认真读一读，你觉得这与宝钗的性格相合吗？

（4）第八十七回惜春和妙玉下棋时，宝玉和妙玉有一段对话，画出关于妙玉肖像、动作、语言、心理描写的语句，你觉得这些续写与第四十一回栊翠庵品茶之妙玉的性格吻合吗？为什么？

（5）略读第八十九回，宝玉赏黛玉房里新挂的《斗寒图》，宝黛之间言谈举止，分外客套，续写者还细致描绘了黛玉的穿着。仔细品读，说说你的阅读感受。

（6）第九十回凤姐怜惜照顾邢岫烟的情节，是对前文哪一个情节的仿写？这个情节表现了王熙凤怎样的性格特征？

4. 阅读第九十二回至第一〇〇回，选择一到两个学习任务，和同学一起探讨完成。

（1）略读第九十二回宝玉给巧姐儿理书的情节，你觉得宝玉所论读书之理，符合他的性格吗？

（2）略读第九十二回续写的司棋和潘又安悲惨而壮烈的结局，回顾全书对两者爱情的描写，你觉得续写者这样设计结局好吗？为什么？

（3）精读第九十五回、第九十七回宝钗面对包办婚姻的细节，并联读第九十六回、第九十七回贾母与众人商量金玉良缘的情节，从中体味宝钗命薄在何处。

（4）精读第九十七回、第九十八回黛玉之死的场景描写，梳理第十三回秦可卿之死、第三十二回金钏儿之死、第六十六回尤三姐之死、第六十九回尤二姐之死、第七十七回晴雯之死的场景描写，填写表4-23。你觉得黛玉之死续写得好吗？为什么？

表4-23　死亡场景比读

死亡场景	环境	肖像	语言	动作	心理	侧面描写
黛玉之死						
秦可卿之死						
金钏儿之死						
尤三姐之死						
尤二姐之死						
晴雯之死						

（5）略读第九十八回，梳理贾母、宝玉、宝钗、王夫人对待黛玉之死的态度，这些人物续写中有哪些让你觉得好的地方？有哪些让你觉得不好的地方？

八、第八周期——阅读第一〇一回至第一二〇回

1.联读第一〇一回至第一〇二回，完成以下学习任务：

梳理王熙凤、尤氏、贾赦先后进入大观园的情节，画出对大观园进行环境描写的语句，与第十七回至十八回、第三十九回至第四十回比较阅读，体味大观园氛围有何变化，并填写表4-24。小说这样写的用意是什么？

表 4-24　大观园的前后状态

进大观园	环境描写	所遇怪事	人物反应	营造氛围
王熙凤进大观园				
尤氏进大观园				
贾赦进大观园				

2. 阅读第一〇三回至第一〇四回，贾政被参劾回京，反映了贾政怎样的政治才能？从中你看到了贾府子孙怎样的特征？

3. 阅读第一〇五回至第一一〇回，完成以下学习任务：

（1）精读第一〇五回，略读锦衣府堂官带司官查抄宁国府的情节，说说小说营造了怎样的氛围。联读第七十四回"惑奸谗抄检大观园"这一情节，你觉得续写者对查抄贾府的过程写得好吗？为什么？

（2）精读第一〇六回"贾母祷天消祸患"这一情节，梳理贾母应对贾府危难的细节，分析贾母这一人物形象有哪些动人之处。

（3）精读第一〇六回和第一〇七回"贾母处理家务和临危散余资"的情节，梳理贾母临危分派财物的语句，体会贾母这一人物形象的伟大之处。

（4）精读第一一〇回，梳理贾母临终遗言，说说贾母这一人物形象的动人之处。

（5）精读第一一〇回凤姐操办贾母丧事的情节，凤姐在哪些地方被掣肘？联读第十三回"王熙凤协理宁国府"的内容，说说导致凤姐被掣肘的原因。

4. 略读第一一一回至第一二〇回，完成以下学习任务：

（1）梳理史湘云、鸳鸯、妙玉、惜春、紫鹃、王熙凤、香菱、邢岫烟、贾探春、平儿、薛宝钗、袭人、巧姐等人的命运结局，感受红楼众女儿的薄命之处。你觉得这些姐妹的命运设计合理吗？如果你来设计，会怎样叙述她们的结局？

（2）精读第一一三回王熙凤向刘姥姥托付巧姐的情节，和前文刘姥姥一进荣国府比较阅读，说说贾府前后氛围、凤姐前后地位有什么不同。

（3）精读第一一九回，梳理宝玉拜别家人的场景，填写表4-25，并说说场景描写好在何处。

表4-25　宝玉拜别家人情景梳理

拜别家人	肖像	动作	语言	好在何处
别王夫人				
别宝钗				

（4）第一一九回叙述了贾宝玉中举、贾家受恩恢复世职两个情节，你觉得是否合理？如果觉得不合理，你会怎么设计贾宝玉的人生结局？你会怎么叙述贾家的命运？

（5）精读第一二〇回宝玉拜别贾政的场景，你觉得这个场景续写得好吗？为什么？

第四阶段　结合学情，针对困惑，主题研读

学生在自主阅读过程中，会遇到困难，教师要随时与学生交流互动，了解学生的阅读需求。对于大多数同学的阅读困惑或误区，教师要设计主题研读及时进行引导。我在试教中，发现学生出现了以下几个方面的困惑或理解误区：

1. 为什么前五回不主要写主人公贾宝玉和林黛玉？写甄士隐和贾雨村的目的何在？

2. 宝玉见一个女孩就喜欢一个，又不爱读书，作者为什么写这样的花花公子？

3. 林黛玉整天哭哭啼啼，有什么好喜欢的？

显然，对这些问题的理解关系到能不能读懂《红楼梦》，能不能理解作品的人物形象和思想意蕴，不容忽视。

为此，我以问题作引导，设计了相应的主题研读。主题研读要精心选择文本、设计问题，下面列举一则案例以作示范。

案例："甄士隐与贾雨村"人物研读

一、研读导语

1. 甄士隐的姓名渊源

《中庸》言："君子之道费而隐。"以南宋朱熹为代表的学者认为，此句应断句为"君子之道 / 费而隐"，"费"即广大，"隐"即精微。整句话的意思是说，君子的中庸之道广大而精微。但是以东汉郑玄为代表的学者认为这句话应该断句为"君子之道费 / 而隐"。唐朝孔颖达疏曰："言君子之人，遭值乱世，道德违费，则隐而不仕；若道之不费，则当仕也。""费"意为荒废。他认为正因为君子的中庸之道荒废了，所以君子才隐居不做官。

甄士隐的名与字当由此而来。甄士隐，名费，谐音"真废"；字士隐，谐音"真事隐"，即将真事隐去。

正如《红楼梦》第一回中作者自云：因曾历过一番梦幻之后，故将真事隐去，而借"通灵"之说，撰此《石头记》一书也。故曰"甄士隐"云云。

2. 贾雨村的姓名渊源

贾雨村，名化，谐音"假话"；别号"雨村"，谐音"假语存"；表字"时飞"，谐音"实非"。胡州人士，谐音"胡诌"。其名字暗示《红楼梦》用假语村言来实录其事，也暗暗道出了人物的个性特点。

正如《红楼梦》第一回中作者自云："……用假语村言，敷演出一段故事来，亦可使闺阁昭传，复可悦世之目，破人愁闷，不亦宜乎？"故曰"贾雨村"云云。

二、问题引导

小说第一回从甄士隐和贾雨村写起,且回目为"甄士隐梦幻识通灵　贾雨村风尘怀闺秀";小说第一二〇回,又是由甄士隐和贾雨村来收束。从结构线索来说,写这两个人物意味着什么?

贾雨村生于家族末世,父母祖宗根基已尽,只能进京求取功名以再整基业。他的人生道路和甄士隐的人生道路分别体现了哪种中华民族传统文化思想?这两个人物的命运和结局对于贾宝玉来说有什么意义?

请大家认真阅读下面的章回,写一则400字以上的读书笔记,就这两个人物出现在整本书第一回的用意进行自主探讨和思索。(自主选择有深切体会的角度进行文本细读,读书笔记不用面面俱到。)

探讨思索角度提示:可以从甄士隐与贾雨村在整部小说结构线索方面的作用角度探讨;可以从两者所蕴含的中华民族传统文化(儒?道?佛?)思想底蕴的角度探讨;可以从两者对贾宝玉人生的隐喻意义的角度探讨;画出甄士隐及贾雨村个人与家族命运变化曲线图。

三、文本梳理

1. 写甄士隐的章回

第一回:士隐识通灵,出资济穷儒。

第一〇三回:贾雨村升职,渡口遇士隐。

第一〇四回:士隐庙被烧,雨村未解救。

第一二〇回:士隐说太虚,雨村结红楼。

2. 写贾雨村的章回

(1)前八十回

第一回:生于诗书仕宦之家,处于家族末世,父母祖宗根基已尽,人口衰丧。经甄士隐资助盘费,进京参加春闱。

第二回:得中进士,选入外班,升任知府,有贪酷之弊,恃才侮上,被革职。游至扬州，谋得林府西宾一职。遇冷子兴，听冷子兴演说荣国府。

第三回：后遇起复旧员，经林如海推荐，得贾政帮助，谋了金陵应天府的职任。

第四回：在任上与门子密谋，胡乱判了英莲被拐案。

第十七回至十八回：贾政谈话间提到贾雨村。

第三十二回：贾雨村来贾府。

第四十八回：通过平儿叙述石呆子的扇子一事，介绍雨村现状。

第五十三回：贾雨村补授了大司马，协理军机参赞朝政。

第七十二回：林之孝说贾雨村被降职。

（2）后四十回

第九十二回：贾政、贾琏、冯紫英三人议论贾雨村。

第九十五回：贾琏与王夫人又提及贾雨村。

第一〇三回：贾雨村升了京兆府尹兼管税务，在急流津渡口遇到甄士隐，二人未相认。

第一〇四回：贾雨村见遇甄士隐的庙被烧，未去解救。贾政被参，自江西粮道回来在朝内谢罪。皇上降旨问："前放兵部后降府尹的不是也叫贾化么？"

第一〇七回：贾家获罪之际，借路人之口虚写贾雨村"狠狠的踢了一脚"，使荣、宁二府终被抄家。

第一一七回：贾府赖、林两家的子弟说贾雨村被捉拿审问。

第一二〇回：贾雨村斧索犯案，审明定罪，身遇大赦，褫籍为民。

第五章 测试与评价

第一部分　高考真题

一、历年高考真题

1. 江苏省（见表5-1）

表5-1　江苏省高考真题

时间	题型	真题	考点聚焦
2008年	简答题	《红楼梦》中写道："都道是金玉良缘，俺只念木石前盟。"请说说"金玉良缘""木石前盟"的含义。（5分）	能力层级：B理解（理解文中重要概念的含义）内容：理解宝黛钗情感纠葛及爱情婚姻悲剧。
2009年	简答题	概括说说《红楼梦》"冷子兴演说荣国府"的主要内容。（6分）	能力层级：C分析综合（筛选并整合文中的信息）内容：掌握家族运势及人物性格。
2010年	选择题	下列有关名著的说明，不正确的两项是（5分）E.《红楼梦》中贾宝玉梦游太虚幻境所见判词："子系中山狼，得志便猖狂。金闺花柳质，一载赴黄粱。"其中暗示了迎春的悲惨命运。	能力层级：B理解（理解文中重要句子的含意）内容：了解人物悲剧命运。
2011年	简答题	《红楼梦》判词："柱自温柔和顺，空云似桂如兰。堪羡优伶有福，谁知公子无缘。"判词所指是谁？"优伶"和"公子"指小说中的哪两个人物？（4分）	能力层级：B理解（理解文中重要句子的含意）内容：理解诗词韵文，了解人物形象。
2012年	简答题	"若问渠侬多少恨，数完庭榭堕飘花。一声你好香消散，别院笙箫月影斜。"	能力层级：B理解（理解文中重要句子的含意）

续表

时间	题型	真题	考点聚焦
		这首诗末两句写了《红楼梦》中哪两件事？前一件事发生在大观园中什么地方？（4分）	内容：理解诗词韵文，熟悉故事情节。
2013年	简答题	《红楼梦》中抄检大观园时，在入画的箱子里寻出一大包金银锞子、一副玉带板子和一包男人的靴袜等物，在司棋的箱子里发现一双男子的锦带袜、一双缎鞋和一个小包袱，包袱里有一个同心如意和她表弟潘又安写的大红双喜笺。入画和司棋分别是谁的丫鬟？在处置入画和赶走司棋时，她们的主子各是什么态度？（6分）	能力层级：C 分析综合（筛选并整合文中的信息） 内容：细读人物言行，感知人物形象。
2014年	简答题	《红楼梦》不同的版本中，凹晶馆联诗一回，黛玉的名句，一为"冷月葬花魂"，一为"冷月葬诗魂"。请从小说情节和主题两个方面，分别说明"葬花魂"与"葬诗魂"的依据。（6分）	能力层级：F 探究（对作品进行个性化阅读和有创意的解读） 内容：理解诗词韵文，了解小说情节和主题。
2015年	简答题	在《红楼梦》第四十回"史太君两宴大观园 金鸳鸯三宣牙牌令"中，鸳鸯说："天天咱们说，外头老爷们吃酒吃饭，都有一个篾片相公，拿他取笑儿。咱们今儿也得了一个女篾片了。"鸳鸯她们要取笑的"女篾片"指谁？请结合本回情节，归纳她的性格特征。（5分）	能力层级：D 鉴赏评价（鉴赏作品的文学形象） 内容：理解人物形象。
2016年	简答题	《红楼梦》"大观园试才题对额 荣国府归省庆元宵"两回中，贾政称宝玉为"无知的孽障"，"手足眈眈小动唇舌 不肖种种大承笞挞"一回中，又称之为"不肖的孽障"。请结合相关情节，说明这两处的"孽障"分别表达了贾政对宝玉什么样的感情。（6分）	能力层级：D 鉴赏评价（体会重要语句的丰富含意，评价作品表现出的价值判断和审美取向） 内容：理解人物关系和情感。

续表

时间	题型	真题	考点聚焦
2017年	简答题	《红楼梦》第四十五回"金兰契互剖金兰语 风雨夕闷制风雨词"中,黛玉对宝钗说:"我最是个多心的人,只当你心里藏奸……往日竟是我错了,实在误到如今。"请说明黛玉对宝钗的认识发生变化的原因。(6分)	能力层级:F探究(从不同角度和层面发掘作品的意蕴、民族心理和人文精神) 内容:理解人物关系及性格。
2018年	简答题	《红楼梦》"散余资贾母明大义 复世职政老沐天恩"一回中,贾母得知府中库藏已空、入不敷出的实情后,将自己多年的积蓄拿出来,以渡难关。请结合这一情节,分析贾母的形象特点。(6分)	能力层级:D鉴赏评价(鉴赏作品的文学形象) 内容:理解人物形象。
2019年	简答题	《红楼梦》"寿怡红群芳开夜宴 死金丹独艳理亲丧"一回中,群芳行令,宝钗摇得牡丹签,上云"任是无情也动人"。请结合小说概括宝钗的"动人"之处。(6分)	能力层级:C分析综合(筛选并整合文中的信息) 内容:理解人物形象。
2020年	简答题	《红楼梦》第五十回"芦雪广争联即景诗 暖香坞雅制春灯谜"中,众人联句,起句为王熙凤所作,她说,"你们别笑话我,我只有一句粗话","就是'一夜北风紧'"。请结合这句诗简析王熙凤的形象。(6分)	能力层级:D鉴赏评价(鉴赏作品的文学形象) 内容:理解人物形象。

2. 北京市(见表5-2)

表5-2 北京市高考真题

时间	题型	真题	考点聚焦
2017年	微写作	请从《红楼梦》中的林黛玉、薛宝钗、史湘云、香菱之中选择一人,用一种花来比喻她,	能力层级:E表达应用

续表

时间	题型	真题	考点聚焦
		并简要陈述这样比喻的理由。要求：依据原著，自圆其说。180字左右。（10分）	内容：人物形象，物象"花"的隐喻意义。
2018年	微写作	从《红楼梦》《呐喊》《平凡的世界》中选择一个既可悲又可叹的人物，简述这个人物形象。要求：符合原著故事情节。150—200字。（10分）	能力层级：E 表达应用 内容：人物形象的复杂性。
2019年	微写作	在《边城》《红楼梦》中，谁是"心清如水"的人？写一首诗或一段抒情文字赞美他（她）。要求：写出赞美对象的姓名和特点，不超过150字。（10分）	能力层级：E 表达应用 内容：人物形象。
2020年	微写作	有的同学觉得阅读《红楼梦》《平凡的世界》等"大部头"名著太费时间和精力，不如读缩写本或连环画省时省力。对此你有什么看法？请阐述自己的观点。要求：观点明确，言之有据。150字左右。	能力层级：E 表达应用 内容：读原著的重要意义。
2021年	简答题	根据要求，回答问题。（共6分） 《红楼梦》第十三回，秦可卿去世前向王熙凤托梦，说道： 若目今以为荣华不绝，不思后日，终非长策。眼见不日又有一件非常喜事，真是烈火烹油、鲜花着锦之盛。<u>要知道，也不过是瞬息的繁华，一时的欢乐，万不可忘了那"盛筵必散"的俗语。</u>……我与婶子好了一场，临别赠你两句话，须要记着：三春去后诸芳尽，各自须寻各自门。 （1）这里说的"非常喜事"在小说中指什么？（2分） （2）画线的部分与小说后续情节有何关系？请结合原著，举例说明。（4分）	能力层级：D 鉴赏评价（体会重要语句的丰富含意，评价作品表现出的价值判断和审美取向） 内容：了解小说的情节，鉴赏评价其作用。

3. 福建省（见表5-3）

表5-3 福建省高考真题

时间	题型	真题	考点聚焦
2007年	简答题（选做）	《红楼梦》第二十三回"西厢记妙词通戏语"是一个著名的情节，请简述书中宝玉、黛玉共读《西厢记》的故事，100字左右。（5分）	能力层级：C 分析综合（归纳内容要点，概括中心意思）内容：复述小说情节及场景。
2009年	简答题（选做）	简述《红楼梦》中贾珍请王熙凤到宁国府协理秦可卿丧事的原因和过程，100字左右。（5分）	能力层级：C 分析综合（归纳内容要点，概括中心意思）内容：复述小说情节。
2010年	选择题	下列各项中，对作品故事情节的叙述不正确的两项是（5分）B. 宝玉去探望生病的黛玉，黛玉看见通灵宝玉上面的字，念道："莫失莫忘，仙寿恒昌。"晴雯说这与黛玉项圈上的字是一对。宝玉果然看到金锁上刻着癞头和尚送的字"不离不弃，芳龄永继"。（《红楼梦》）	能力层级：A 识记 内容：情节识记与人物形象。
2011年	选择题	下列各项中，对作品故事情节叙述不正确的两项是（5分）A. 贾宝玉将北静王赠给他的一件珍宝转赠给林黛玉，林黛玉拒绝接受，说："什么臭男人拿过的！我不要这东西。"（《红楼梦》）	能力层级：A 识记 内容：情节理解与人物形象。
2012年	选择题	下列各项中对作品故事情节的表述，不正确的两项是（5分）A. 宝玉挨打后，黛玉前来探望，两个眼睛肿得桃子一般，满面泪光，抽抽噎噎地说道："你从此可都改了罢！"（《红楼梦》）	能力层级：A 识记 内容：情节识记与人物形象。

续表

时间	题型	真题	考点聚焦
2013年	简答题（选做）	阅读下面的《红楼梦》选段，回答问题。（5分） 媳妇们回说："外头派了焦大，谁知焦大醉了，又骂呢。" 焦大因何事醉后骂人？宁国府怎样处治焦大？请复述原著相关情节。	能力层级：A 识记 内容：情节复述。
2014年	简答题（选做）	阅读下面的《红楼梦》第十七回（大观园试才题对额）选段，完成后面的题目。（5分） 至院外，就有跟贾政的几个小厮上来拦腰抱住，都说："今儿亏我们，老爷才喜欢，老太太打发人出来问了几遍，都亏我们回说喜欢；不然，若老太太叫你进去，就不得展才了。人人都说，你才那些诗比世人的都强。今儿得了这样的彩头，该赏我们了。" 被小厮抱住的人是谁？引得"老爷喜欢"的有什么事？几个小厮讨赏的结果如何？请简述相关情节。	能力层级：A 识记 内容：情节复述与人物形象理解。
2015年	选择题	下列各项中，对作品故事情节的叙述，不正确的两项是（6分） B. 黛玉从傻大姐儿的话里得知贾府要宝玉娶宝钗，就去见宝玉，宝玉只会傻笑。回到潇湘馆后，病情日重一日，她感到绝望，便烧了诗帕和诗稿。（《红楼梦》）	能力层级：A 识记 内容：情节识记。

4. 湖北省（见表5-4）

表5-4 湖北省高考真题

时间	题型	真题	考点聚焦
2012年	简答题	请用对偶句描述下面《红楼梦》中宝黛初会的情景，字数不超过30字。（4分）	能力层级：E 表达应用

续表

时间	题型	真题	考点聚焦
		黛玉一见，便吃一大惊，心下想道："好生奇怪，倒像在那里见过一般，何等眼熟到如此！"……宝玉看罢，因笑道："这个妹妹我曾见过的。"贾母笑道："可又是胡说，你又何曾见过他？"宝玉笑道："虽然未曾见过他，然我看着面善，心里就算是旧相识，今日只作远别重逢，亦未为不可。"	内容：概括场景或情节。
2013年	选择题	下列有关文学常识的表述，有错误的一项是（3分） B.《红楼梦》第五回，贾宝玉随贾母等赴宁国府赏梅，午间去房间休息，看见房内挂着一副对联"世事洞明皆学问，人情练达即文章"，宝玉觉得这副对联蕴含丰富，十分喜爱，铭记在心。	能力层级：D 鉴赏评价（鉴赏作品的文学形象） 内容：理解诗词韵文，分析人物形象。
2015年	选择题	下列有关文学常识和名著阅读的表述，有错误的一项是（3分） C."凹晶馆联诗悲寂寞"一回中，月圆之夜，湘云、黛玉相约联诗。二人越联越妙，渐入佳境，湘云出句"寒塘渡鹤影"，黛玉对出了"冷月葬花魂"。这两句诗正是湘云、黛玉各自悲剧人生的写照与象征。	能力层级：D 鉴赏评价（鉴赏作品的文学形象） 内容：理解诗词韵文，了解人物形象及命运。

二、历年高考真题简析

纵观江苏、北京、福建、湖北历年来对《红楼梦》进行考测的29道题，我们发现名著阅读现有的考测方式及内容，有以下特征。

1. 所属题块

虽然四省市高考试卷结构不尽相同，但总体上包括现代文阅读、古诗文阅读、语言文字运用、写作等内容。对《红楼梦》的考查，江苏省连续13年都放在语文Ⅱ（附加题）的"名著阅读"题块，北京卷连续4年都放在"微写作"题块，但2021年放在"名著阅读"题块，福建省8年都放在"文学名著、文化经典阅读"题块，湖北省则略有差异，2012年放在"语言文字运用"题块，2013年、2015年放在"语文基础知识"题块。综合来看，江苏、福建是专设"名著阅读"或"文学名著、文化经典阅读"题块，北京则放在"微写作"或"名著阅读"考查，这两种主要的方式都值得我们借鉴。

2. 所用题型

以上29道《红楼梦》相关知识考查题目，题型明确：共18道简答题，占62.1%；7道选择题，占24.1%；4道微写作，占13.8%。因此，在进行模拟测试题的设计时，我们可以适当多设计简答题，其次是选择题和微写作题。另外，福建省的简答题一般以选做的形式出现，提供2—4本名著的相关题目，让学生自由选择，具有开放性，尊重了不同学生的阅读个性，值得我们借鉴。当然，统编高中语文教材已经将《红楼梦》与《乡土中国》都纳入单元教学内容，在考查题型上应该还会有创新（比如阅读题），对此我们也不可忽视。

3. 所考内容

《红楼梦》是中国古典长篇章回体小说，从体裁的角度看，属文学类文本，在新课标明确指出的"学习目标与内容"中，有以下表述：

通读全书，整体把握其<u>思想内容</u>和<u>艺术特点</u>。从最使自己感动的<u>故事</u>、<u>人物</u>、<u>场景</u>、<u>语言</u>等方面入手，反复阅读品味，深入探究，欣赏语言表达的精彩之处，梳理小说的感人场景乃至整体的艺术架构，理清人物关系，感受、欣赏人物形象，探究人物的精神世界，体会小说的<u>主旨</u>，研究小说的艺术价值。

圈点这一段话的关键词，我们会发现，我们应从"思想内容""艺术特点""故事""人物""场景""语言""主旨"等角度开展整本书阅读，考测与评价也尽量不要越界或拔高。

观察以上高考真题会发现，各省市也相对集中考测这些内容，有些题目同时涵盖多方面的内容。比如2011年福建卷考查"黛玉扔鹡鸰香串"这一情节，它既是一道情节识记题，也是一道人物形象理解题。又如2013年湖北卷考第五回贾宝玉看"世事洞明皆学问，人情练达即文章"对联的反应，表面看这是一道情节识记题，但本质上是人物形象鉴赏和句子理解题。如果我们理解了宝玉对封建正统思想的叛逆精神，理解了这副对联所宣扬的理学观念，自然能准确判断，宝玉不可能喜欢这样一副对联。

略作统计，以上高考真题有18道考查人物性格或命运，占62.1%；有11道考查情节概述或压缩，占37.9%；有2道考查故事内容，占6.9%；还有1道考查阅读原著的意义，占3.4%。①

另外，从考题所涉及的章回看，各省市考题除2015年福建卷考到后四十回，其他题都重点考查前八十回的内容。

4. 所考能力点

以上考题的题干中，有一些字眼值得我们注意："说说""含义"，"说明""依据"，"归纳""性格特征"，"表达""感情"，"分析""形象"，"概括""'动人'之处"，"简析""形象"，"简要陈述""理由"，"简述""人物形象"，"阐述""观点"，"简述""故事"，"复述原著相关情节"，"用对偶句描述"……这些字眼不仅从能力层级上进行了定位，也从答题方法上作出了指导。现有的高考真题，考查《红楼梦》时多用概括、归纳、复述、分析等方法，我们要多训练学生对文本进行筛选、整合、归纳、概括。

5. 所赋分值

《红楼梦》这类名著阅读题，在高考考查中分值不一。微写作题为10分，一般150—180字；简答题一般为4—6分，分点给分；选择题为3—6分。当《红楼梦》以整本书阅读形式进入新教材以后，会占多大分值，有待探讨。

《红楼梦》整本书阅读这一学习任务群的考测和评价，是一个崭新的空间。历年的高考真题为我们设计考测和评价的形式和内容提供了参考。在新课标理念的指导下，结合《中国高考评价体系》，我们应当从以下几个方面

---

① 因为有一题多考的情况，所以绝对题数超过了真题总数。

探索、创新。

第一，设置灵活的问题情境。设置贴近学生生活和整本书文本的问题情境，引导学生合理组织自己的阅读内容，充分调动自己的识记、分析综合、鉴赏和语言表达能力，整合阅读成果。比如，设计文本情境，让学生替贾宝玉发一条朋友圈，这就是学科知识情境、文本情境和学生生活情境的巧妙结合。但要注意最终落实到文本，不要因为追求表面的热闹，架空文本阅读。例如北京卷在微写作的要求中始终强调"依据原著""符合原著故事情节""言之有据"等。立足文本进行考测，才能引导学生细读文本，领悟意趣。

第二，设计明确的考测任务。《红楼梦》的考测可以分为书面测评、实践活动等多种方式，不论什么方式，都要注意明确考测任务，让学生准确完成任务。对于实践活动考测，可以设计小说人物诗词朗诵会比赛、"金陵十二钗"人物书签展评、故事情节思维导图展评等多种方式，以有趣的实践带动文本阅读。

第三，注意应用性和创新性。对于《红楼梦》的考测应该关注学生的必备知识、关键能力、学科素养和核心价值，在题目能力层次上合理把控，不要一味设计识记层级的考题，多从分析综合、鉴赏评价、语言表达等层级上出题。比如2013年的湖北真题，当年也遭到误解，以为出题者考了一道识记题，其实，这是没有看出这道题的"内力"和"门道"。这是一道极为巧妙的题目，表面看像考识记，实则是考理解、鉴赏评价。

考测是检验整本书阅读成果的重要手段。但是，切忌以做题代替读书。有些教师苦于不知怎么引导学生阅读，用刷题的方式来完成这一学习任务群，这就背离了整本书阅读单元设计的宗旨。整本书阅读旨在让学生捧起书本读起来，养成读书的习惯，习得读书的方法，享受读书的愉悦，丰富自己的精神生活，提升自己的素养。阅读考测，只是一种评价方式，是无法替代整本书阅读的丰富过程的。

第二部分　模拟检测

检测一　前言与回目
（总分40分，时间40分钟）

1. 选择题（共2小题，6分）

（1）下面对《红楼梦》作者及时代背景的分析和描述，不正确的一项是（3分）

A. 曹雪芹，清代小说家，名霑，其作品《红楼梦》初名《石头记》，还未及完篇就以手抄本形式被传抄。

B.《红楼梦》的创作以民间创作为基础，也直接取材于现实社会生活，渗透着作者个人的血泪情感。

C. 曹雪芹祖辈随清兵入关，逐渐成为皇家内务府包衣（奴隶），曹家祖孙三代中四人任江宁织造长达60多年。

D. 曹雪芹由少年的富贵繁华，走入青年的潦倒艰难，晚年移居北京西郊，生活更穷苦艰辛。

（2）下面对《红楼梦》内容和艺术特点的理解和分析，不正确的一项是（3分）

A.《红楼梦》叙事既高度写实又充满理想光彩，既是悲凉慷慨的挽歌，又蕴蓄青春激情和幽深思考。

B.《红楼梦》展示了多重层次又互相融合的悲剧世界，正如鲁迅所说："悲凉之雾，遍被华林。"

C.《红楼梦》敢于塑造"真"的人物，塑造了成群的人物形象，这些人物在生活中大多是真实存在的。

D.《红楼梦》叙述了以贾府为中心的四大家族盛衰变化和以宝黛爱情悲剧为中心的众姐妹聚散的故事。

2. 简答题（共 4 小题，24 分）

（3）《红楼梦》的有些章回，在不同版本中回目是有差异的，这可能是由于作者在写作过程中进行了增删修改，也可能是在作品传承过程中由传抄者或整理者进行了改动。试着比较下面不同版本第三回的回目，你觉得哪组回目更好，还是你觉得各有所长？请结合整本书说说理由。（6 分）

  金陵城起复贾雨村 荣国府收养林黛玉

  贾雨村夤缘复旧职 林黛玉抛父进京都

（4）《红楼梦》第一回讲述了"石头补天"的神话故事，"顽石被弃"隐喻了贾宝玉什么样的命运？（6 分）

（5）作者在第一回讲述"绛珠还泪"的故事，有什么作用？（6 分）

（6）学校要举办"与经典相遇"的读书交流活动，并专设经典流动书亭，希望大家将自己最爱读的经典放在流动书亭进行交流。请结合自己假期通读《红楼梦》的体会，以及精读"前言"和"回目"的收获，给《红楼梦》设计一则腰封推介文字。要求简明连贯，鲜明生动，不超过 30 字。（6 分）

3. 微写作（10 分）

（7）《红楼梦》的回目工整典雅，既能概括章回的主要内容，又有诗化的意境、深长的韵味、优美的形式、和谐的音韵。请选择你喜欢的一组回目，写一段鉴赏文字，不超过 150 字。

检测二 前五回

（总分 40 分，时间 40 分钟）

1. 选择题（共 2 小题，6 分）

（1）下列对《红楼梦》第五回众女儿的簿册判词解说，不正确的一项是（3 分）

  A."二十年来辨是非，榴花开处照宫闱"直接概述贾元春的宫闱生活，"榴花开"隐喻其得宠受封、盛极一时的境遇。

  B."富贵又何为，襁褓之间父母违"介绍史湘云父母早逝的命运；"展眼吊斜晖，湘江水逝楚云飞"，概括其孤苦命运。

C."勘破三春景不长，缁衣顿改昔年妆"介绍妙玉出家为尼的归宿；"可怜绣户侯门女，独卧青灯古佛旁"写其空寂生活。

D."事败休云贵，家亡莫论亲"介绍巧姐在贾府败落后的坎坷遭遇；"偶因济刘氏，巧得遇恩人"叙其最终逢凶化吉。

（2）下面对第五回中《红楼梦》曲词的理解和分析，不正确的一项是（3分）

A."纵然是齐眉举案"用东汉梁鸿之妻为梁鸿举案齐眉奉上食物的典故，来预示薛宝钗与贾宝玉幸福美满的婚姻生活。

B."气质美如兰，才华阜比仙"写出妙玉高雅脱俗的气质和不同凡俗的才华，"天生成孤癖人皆罕"概括妙玉孤僻之性。

C."中山狼，无情兽"以"中山狼"喻指孙绍祖贪婪凶狠的本性；"侯门艳质同蒲柳"概述迎春误嫁而死的悲惨命运。

D."忽喇喇似大厦倾"形象概述了贾府最终败亡的结局；"家亡人散各奔腾"形象概述了贾府众儿女离散的悲惨结局。

2. 简答题（共4小题，24分）

（3）阅读下面判词，说说里面评判的是哪两位人物。她们各自的特点和命运是什么？（6分）

可叹停机德，堪怜咏絮才。
玉带林中挂，金簪雪里埋。

（4）阅读下面图册及判词，说说图册及判词所指人物是谁。其性格和命运是怎样的？（6分）

后面又画着一块美玉，落在泥垢之中。其断语云：

欲洁何曾洁，云空未必空。
可怜金玉质，终陷淖泥中。

（5）阅读《红楼梦》曲词［分骨肉］，说说曲词感叹的是何人，或者感怀的是何事，并结合曲词陈述得出结论的理由。（6分）

［分骨肉］一帆风雨路三千，把骨肉家园齐来抛闪。恐哭损残年，告爹

娘,休把儿悬念。自古穷通皆有定,离合岂无缘?从今分两地,各自保平安。奴去也,莫牵连。

（6）阅读下面这首《红楼梦》曲词,说说它包含哪些内涵。（6分）

〔聪明累〕机关算尽太聪明,反算了卿卿性命。生前心已碎,死后性空灵。家富人宁,终有个家亡人散各奔腾。枉费了,意悬悬半世心;好一似,荡悠悠三更梦。忽喇喇似大厦倾,昏惨惨似灯将尽。呀!一场欢喜忽悲辛。叹人世,终难定!

3. 微写作（10分）

（7）《红楼梦》第五回,将金陵十二钗的性格和命运用簿册的图画判词和《红楼梦》曲词的形式先展示出来。有人认为,这减弱了读者的阅读兴趣;也有人认为,这恰好激发了读者的探究欲望。请结合自己的阅读体验和思考,说说你的态度和看法。要求:结合原著,不超过180字。

检测三　前五回

（总分40分,时间40分钟）

1. 选择题（共2小题,6分）

（1）下列对《红楼梦》内容的说明,不正确的一项是（3分）

A. 甄士隐梦里听闻木石前盟的故事,观赏顽石幻化成的通灵宝玉。

B. 僧人对甄士隐说英莲是"有命无运、累及爹娘"之物,暗示了英莲一生命运悲苦。

C. 甄家丫鬟娇杏"命运两济",偶然违礼回头看了眼贾雨村,后被贾雨村娶为正房夫人。

D. 林黛玉是前科探花林如海和贾家女儿贾敏的后代,出身于钟鸣鼎食之家兼书香之族。

（2）下列对《红楼梦》内容的说明,不正确的一项是（3分）

A. 贾雨村在城外看到"身后有余忘缩手,眼前无路想回头"的对联,便认为智通寺里可能有"翻过筋斗来的"人。

B. 甄宝玉、贾宝玉因"女儿两个字，极尊贵、极清净的""女儿是水作的骨肉"的观点被贾雨村斥为色鬼。

C. 冷子兴用"百足之虫，死而不僵"的古语，描述贾家虽然比不上以前兴盛，但到底气象强过平常仕宦家。

D."纵然生得好皮囊，腹内原来草莽"表面是借封建正统思想维护者的口吻批评贾宝玉，实则是赞扬其叛逆精神。

2.简答题（共4小题，24分）

（3）下面两组描写黛玉容貌的句子，你更喜欢哪一组？请结合原著情节、人物特点或句式特点说明理由。（6分）

两弯似蹙非蹙笼烟眉，一双似喜非喜含情目。

两弯似蹙非蹙罥烟眉，一双似泣非泣含露目。

（4）阅读下面描写"宝黛初会"的文段，宝黛的表情、心理或语言彼此可以互换吗？为什么？（6分）

黛玉一见，便吃一大惊，心下想道："好生奇怪，倒像在那里见过一般，何等眼熟到如此！"

宝玉看罢，因笑道："这个妹妹我曾见过的。"

（5）比较下面两处黛玉的语言，说说你从黛玉前后两次不一样的回答中读出了哪些内涵。（6分）

贾母因问黛玉念何书。黛玉道："只刚念了《四书》。"黛玉又问姊妹们读何书。贾母道："读的是什么书，不过是认得两个字，不是睁眼的瞎子罢了！"

（宝玉）因问："妹妹可曾读书？"黛玉道："不曾读，只上了一年学，些须认得几个字。"

（6）阅读王熙凤这段评价黛玉的语言，说说你读出了哪些内涵。（6分）

天下真有这样标致的人物，我今儿才算见了！况且这通身的气派，竟不像老祖宗的外孙女儿，竟是个嫡亲的孙女，怨不得老祖宗天天口头心头一时不忘。（第三回）

3. 微写作（10分）

（7）阅读下面描写王熙凤出场的文字，说说妙在何处。要求：结合原著，不超过180字。

一语未了，只听后院中有人笑声，说："我来迟了，不曾迎接远客！"黛玉纳罕道："这些人个个皆敛声屏气，恭肃严整如此，这来者系谁，这样放诞无礼？"心下想时，只见一群媳妇丫鬟围拥着一个人从后房门进来。（第三回）

检测四　人物描写艺术

（总分40分，时间40分钟）

1. 选择题（共2小题，6分）

（1）下列对《红楼梦》描写人物的内容和艺术特点的理解和分析，不正确的一项是（3分）

A. 贾府男性中，贾政正经古板，庸碌无为，贾赦贪图享乐，贪婪成性，贾敬精神空虚，死于丹毒。

B. 贾母乐于享受富贵闲雅生活，但危难时也能独撑大义；王夫人木讷寡言，但有时也心狠手辣。

C. 王熙凤对贾母逢迎邀宠，对王夫人恭敬顺从，对姐妹、妯娌照顾有加，对奴仆则恩威并用。

D. 贾府女性中，元春身处皇宫，向往亲情；迎春木讷怯懦，误嫁致死；探春孤僻；惜春精明能干。

（2）下列对《红楼梦》描写人物的内容和艺术特点的理解和分析，不正确的一项是（3分）

A. 香菱善良乐观，曾得薛宝钗和林黛玉悉心教导，学会作诗，追求生活的诗意，但难逃命薄。

B. 鸳鸯深受贾母信任，贾母吃穿住行离不开她悉心打理。在贾赦提出强娶时，鸳鸯刚烈不屈。

C. 平儿精明能干，明察善断，是王熙凤的好助手。她善良温柔，能体贴下情，处事从容和缓。

　　D. 袭人温柔和顺，虑事周全，顾全大局。但她深受封建思想束缚，总想以仕途经济规劝宝玉。

　2. 简答题（共4小题，24分）

　　（3）警幻仙姑说贾宝玉"天分中生成一段痴情"，请复述原著一个情节，说说贾宝玉的痴情。（6分）

　　（4）宝黛共读西厢，黛玉起初说《会真记》读来"有趣"，而后宝玉引用《会真记》中的"我就是个'多愁多病身'，你就是那'倾国倾城貌'"，林黛玉又说这是"淫词艳曲"。黛玉所说的"有趣"指什么？"淫词艳曲"的评价又反映了黛玉什么理念？（6分）

　　（5）红学前辈王昆仑20世纪40年代写就的《红楼梦人物论》里，有一句关于王熙凤的名言，道是"恨凤姐，骂凤姐，不见凤姐想凤姐"。联系整本《红楼梦》，你觉得凤姐有什么可恨可骂之处？有什么可想之处？（6分）

　　（6）凤姐生日，贾母提议大家凑份子庆贺，下面两段语句分别描写了哪两位人物？两位人物各有什么特点？（6分）

　　又笑道："上下都全了。还有二位姨奶奶，他出不出，也问一声儿。尽到他们是理，不然，他们只当小看了他们了。"

　　临走时，也把鸳鸯二两银子还他，说："这还使不了呢。"说着，一径出来，又至王夫人跟前说了一回话。因王夫人进了佛堂，把彩云一分也还了他。

　3. 微写作（10分）

　　（7）学校的"悦读"读书会将要举办一次《红楼梦》读书笔记展，设置了"红楼女儿小评"这一栏目，希望大家从薛宝钗、林黛玉、史湘云、香菱、晴雯等女孩中选择一位写一则小评。请你选择自己熟悉的人物，给读书会提供一篇稿件。要求：依据原著情节，介绍人物特点，不超过200字。

检测五　宝黛钗情感纠葛

（总分 40 分，时间 40 分钟）

1. 选择题（共 2 小题，6 分）

（1）下列对《红楼梦》语言描写的理解与分析，不正确的一项是（3 分）

A."谁叫你送来的？难为他费心，那里就冷死了我"，林黛玉表面问雪雁，并嗔怪紫鹃，实则流露对宝钗关心宝玉喝冷酒的不满。

B."也亏你倒听他的话。我平日和你说的，全当耳旁风"表面批评紫鹃听从雪雁的吩咐，实则表达对宝玉听从宝钗之劝的不满。

C."你看这里的水干净，只一流出去，有人家的地方脏的臭的混倒，仍旧把花遭塌①了"，林黛玉不愿花被糟蹋，表达了对洁净的向往。

D."今儿好些？吃了药没有？今儿一日吃了多少饭"，宝玉一连串询问，关心黛玉日常饮食吃药等细节，对黛玉体贴细致入微。

（2）下面对《红楼梦》语言描写的理解与分析，不正确的一项是（3 分）

A."我很知道你心里有'妹妹'，但只是见了'姐姐'，就把'妹妹'忘了"，林黛玉这么说宝玉，是因为过于敏感、多心。

B."我虽然挨了打，并不觉得疼痛。我这个样儿，只装出来哄他们"，这段话体现了宝玉为了不让黛玉担心，掩饰自己的疼痛。

C."晚上把这药用酒研开，替他敷上，把那淤血的热毒散开，可以就好了"，宝钗还能详细地解释药的用法，可见其冷静沉稳。

D."昨夜说你们的眼泪单葬我，这就错了"，宝玉体悟了贾蔷和龄官的爱情，明白只能拥有一人的眼泪，这眼泪就是纯真的爱情。

2. 简答题（共 4 小题，24 分）

（3）阅读下面片段，你认为贾宝玉钟情林黛玉的主要原因是什么？（6 分）

宝玉道："林姑娘从来说过这些混帐话不曾？若他也说过这些混帐话，我早和他生分了。"（第三十二回）

（4）宝玉挨打后，宝钗和黛玉先后来看望，你从二者探望宝玉的言行举

---

① 遭塌，现写作"糟蹋"。

止中看出什么不同？（6分）

（5）宝玉挨打后，托晴雯给黛玉送去了半新不旧的两条手帕，林黛玉"体贴出手帕子的意思来"，宝玉为什么要给黛玉送旧手帕？（6分）

（6）宝玉诉肺腑，瞅了黛玉半天，方说出"你放心"三个字，宝玉的表白和现代人"我爱你"的表白有什么不同？（6分）

3. 微写作（10分）

（7）学校"悦读"读书会将举办一场阅读沙龙，主题是"曹雪芹笔下的爱情"，要求分享自己最喜欢的爱情故事或爱情主角，要求依据原著，言之有据。请你准备一则一分钟发言稿，不少于180字。

检测六　诗词曲赋

（总分40分，时间40分钟）

1. 诗歌鉴赏题（共4小题，18分）

阅读下面诗歌，然后回答问题。

咏菊

潇湘妃子

无赖诗魔昏晓侵，绕篱欹石自沉音。
毫端蕴秀临霜写，口齿噙香对月吟。
满纸自怜题素怨，片言谁解诉秋心。
一从陶令平章后，千古高风说到今。

（1）下列对诗歌内容和艺术特点的分析，不正确的一项是（3分）

A. 首联将咏诗之兴称为"诗魔"，且以"无赖"形容，再以动作"绕篱欹石"写出黛玉强烈的创作热情和专心致志的过程。

B. 颔联写"咏"菊过程，以"临霜"交代季节为秋天，以"对月"交代时间为夜晚，以"毫端蕴秀""口齿噙香"突出诗意才情。

C. 颈联借咏菊之素怨，含蓄透露黛玉多愁善感的性格，在菊花中寄托自己平素一腔怨叹，但又感叹知己难觅，少有人懂。

D. 全诗不见一个"咏",也不见一个"菊",但通过对诗人进行肖像描写、动作描写,含蓄委婉地道出咏菊的过程和情怀。

(2)尾联妙在何处?请结合全诗简要赏析。(6分)

阅读下面《题帕三绝》,然后回答问题。

眼空蓄泪泪空垂,暗洒闲抛却为谁?
尺幅鲛绡劳解赠,叫人焉得不伤悲!

其二

抛珠滚玉只偷潸,镇日无心镇日闲;
枕上袖边难拂拭,任他点点与斑斑。

其三

彩线难收面上珠,湘江旧迹已模糊;
窗前亦有千竿竹,不识香痕渍也无?

(3)下列对诗歌内容和艺术特点的分析,不正确的一项是(3分)

A. 第一首连用两个"空",紧接着发出疑问,表达了诗人对贾宝玉一往情深却不被其理解的无奈和迷惘心情。

B. 第二首用"珠""玉"比喻黛玉眼泪晶莹剔透,含蓄描写黛玉流泪的场景,又映衬她高洁不俗的品格。

C. 第一首中"鲛绡"用南海鲛人的典故,代称贾宝玉所赠手帕,"劳"字表达宝玉的体贴、黛玉的理解。

D. 第二首中"任"表达林黛玉面对不能自主的爱情,即便遭万劫亦不悔的坚定,和爱惜宝玉却不顾惜自己的情感。

(4)第三首是如何抒情的?请结合全诗简要赏析。(6分)

2. 简答题(共2小题,12分)

(5)海棠诗社,史湘云迟来,便兴起和诗,用随便的纸笔录出,众人看一句,惊讶一句,评价说:"这个不枉作了海棠诗,真该要起海棠社了。"请阅读下面的和诗,你认同众人的观点吗?为什么?(6分)

神仙昨日降都门,种得蓝田玉一盆。
自是霜娥偏爱冷,非关倩女亦离魂。

秋阴捧出何方雪，雨渍添来隔宿痕。

却喜诗人吟不倦，岂令寂寞度朝昏。

（6）看过林黛玉作的古风《桃花行》，宝玉说"林妹妹曾经离丧，作此哀音"。请结合下面诗歌，说说宝玉为什么这样评价。（6分）

胭脂鲜艳何相类，花之颜色人之泪；

若将人泪比桃花，泪自长流花自媚。

泪眼观花泪易干，泪干春尽花憔悴。

憔悴花遮憔悴人，花飞人倦易黄昏。

一声杜宇春归尽，寂寞帘栊空月痕！

——《桃花行》（节选）

3. 微写作（10分）

（7）史湘云偶填一首《如梦令》，逗起大家填柳絮词的兴致。众人评价：论缠绵悲戚，林黛玉的《唐多令》为尊；论情致妩媚，史湘云的《如梦令》为尊。如果你来品评，会推谁的柳絮词为尊？请表明自己的态度，并写一段评点文字。要求：依据原著，符合人物性格，不少于180字。

检测七　日常生活细节

（总分40分，时间40分钟）

1. 选择题（共2小题，6分）

（1）下面对《红楼梦》中描写贾政住处的内容理解和分析，不正确的一项是（3分）

A．"临窗大炕上铺着猩红洋罽，正面设着大红金钱蟒靠背，石青金钱蟒引枕"，从用度的角度展示贾府日常生活的富贵奢华。

B．"两边设一对梅花式洋漆小几。左边几上文王鼎匙箸香盒；右边几上汝窑美人觚"，从生活用品角度展示贾府生活的精致讲究。

C．"四通八达，轩昂壮丽""这方是正经正内室，一条大甬路，直接出大门的"，从空间方位的角度介绍贾政在家族的地位。

D."设着半旧的青缎靠背引枕""亦是半旧的青缎靠背坐褥""也搭着半旧的弹墨椅袱",连用"半旧"写贾府之衰和贾政之俭。

（2）下面对大观园的亭台馆阁等处的描写和分析,不正确的一项是（3分）

A.作者写潇湘馆,不仅正面写其馆内翠竹苍苔和"石子漫的路",还借刘姥姥之口,以贾母住处威武来衬托潇湘馆之窄。

B.作者写秋爽斋,抓住屋子里的名人法帖、宝砚笔筒、如树林一般的笔等陈设,间接写了探春的才华见识和不凡追求。

C.作者写蘅芜苑,花草冷翠,房屋如雪洞,供着书、茶奁茶杯,写出了薛宝钗寄居贾府,无人照拂,以至屋内寒酸。

D.作者在文中多次写怡红院,贾政曾在房内因镜子迷了方向,而刘姥姥误闯进来,也照镜子,前后呼应,文脉勾连。

2.简答题（共4小题,24分）

（3）浏览第三十三回"手足眈眈小动唇舌　不肖种种大承笞挞",说说宝玉为什么挨打。提示：可从贾府内在的封建礼制环境和外在的政治环境方面分析。（6分）

（4）说说下面两段文字写的是哪一处馆阁,前后两处描写有何异同？（6分）

忽抬头看见前面一带粉垣,里面数楹修舍,有千百竿翠竹遮映。众人都道："好个所在！"于是大家进入,只见入门便是曲折游廊,阶下石子漫成甬路。上面小小两三间房舍,一明两暗,里面都是合着地步打就的床几椅案。从里间房内又得一小门,出去则是后院,有大株梨花兼着芭蕉。又有两间小小退步。后院墙下忽开一隙,得泉一派,开沟仅尺许,灌入墙内,绕阶缘屋至前院,盘旋竹下而出。贾政笑道："这一处还罢了。若能月夜坐此窗下读书,不枉虚生一世。"（第十七回至十八回）

一进门,只见两边翠竹夹路,土地下苍苔布满,中间羊肠一条石子漫的路。……刘姥姥因见窗下案上设着笔砚,又见书架上磊着满满的书,刘姥姥道："这必定是那位哥儿的书房了。"（第四十回）

（5）阅读下面这段元妃省亲的场面描写，说说它营造了什么氛围。（6分）

茶已三献，贾妃降座，乐止。退入侧殿更衣，方备省亲车驾出园。至贾母正室，欲行家礼，贾母等俱跪止不迭。贾妃满眼垂泪，方彼此上前厮见，一手挽贾母，一首挽王夫人，三个人满心里皆有许多话，只是俱说不出，只管呜咽对泣。邢夫人、李纨、王熙凤、迎、探、惜三姐妹等，俱在旁围绕，垂泪无言。（第十七回至十八回）

（6）阅读下面这段描写，说说从刘姥姥的话中你读出了哪些社会内涵。（6分）

鸳鸯笑道："酒吃完了，到底这杯子是什么木的？"刘姥姥笑道："怨不得姑娘不认得，你们在这金门绣户的，如何认得木头！我们成日家和树林子作街坊，困了枕着他睡，乏了靠着他坐，荒年间饿了还吃他，眼睛里天天见他，耳朵里天天听他，口儿里天天讲他，所以好歹真假，我是认得的。让我认一认。"（第四十一回）

3. 微写作（10分）

（7）大观园是一个充满审美意味的人间乐园。宝钗扑蝶、黛玉葬花、湘云醉卧、香菱学诗、妙玉烹茶、晴雯撕扇、探春理家……一个个日常场景，或散发着生活的情趣，或折射着人物的性情、爱好和才华，或反映着封建贵族的生活状况，甚或揭示了封建社会价值体系对人的深刻影响，可谓小中见大，常中见深。请大家以"日常细节里见深意"为题，写一则读书笔记，选择你感兴趣的人物，从日常生活的场景中品读其人性、人情，或结合其生存方式探讨其中深藏的社会意义。要求：符合原著内容，不少于180字。

检测八 语言艺术

（总分40分，时间40分钟）

1. 选择题（共2小题，6分）

（1）下列对《红楼梦》内容和艺术特色的理解和分析，不正确的一项是

（3分）

A."史湘云接着笑道：'倒像林妹妹的模样儿。'"众人都笑着不肯说，唯独史湘云说出戏子龄官像林黛玉，可见湘云心大、率真。

B."果然接过来，'嗤'的一声，撕了两半。接着又听'嗤''嗤'几声。"作者描写晴雯撕扇的动作、声音，突出晴雯的泼辣任性。

C."和尚道士的话如何信得？什么是金玉姻缘，我偏说是木石姻缘！"宝玉梦中喊出这句话，为宝黛钗爱情婚姻悲剧埋下伏笔。

D.抄检大观园中，司棋被抄出与表弟私相传递的东西，她的主子惜春第二天就将东西请尤氏过目，要撵走她，可见惜春的冷漠。

（2）下列对《红楼梦》内容和艺术特色的理解和分析，不正确的一项是（3分）

A."登时放下脸来，喝命：'带出去，打二十板子！'"王熙凤严惩迟到的下人，有杀伐决断，所以能威重令行。

B."且说贾妃在轿内看此园内外如此豪华，因默默叹息奢华过费。"作者以贾元春心理活动烘托大观园的奢华。

C."这时下雨。他这个身子，如何禁得骤雨一激！"宝玉对此时并不认识的芳官担忧怜惜，可见其体贴细腻。

D."将那成窑的茶杯别收了，搁在外头去罢。"妙玉捧茶，贾母喝了半盏递给刘姥姥喝，妙玉嫌脏欲扔茶杯。

2.简答题（共4小题，24分）

（3）阅读下面文段，说说众人论金麒麟表现了每个人怎样的特点。（6分）

贾母因看见有个赤金点翠的麒麟，便伸手拿了起来，笑道："这件东西好像我看见谁家的孩子也带着这么一个的。"宝钗笑道："史大妹妹有一个，比这个小些。"贾母道："原来是云儿有这个。"宝玉道："他这么往我们家去住着，我也没看见。"探春笑道："宝姐姐有心，不管什么他都记得。"林黛玉冷笑道："他在别的上还有限，惟有这些人带的东西上越发留心。"宝钗听说，便回头装没听见。（第二十九回）

（4）阅读下面文段，空白处应该填什么动词？请结合小说，说明理由。（6分）

小厮们不敢违拗，只得将宝玉按在凳上，举起大板打了十来下。贾政犹嫌打轻了，一脚踢开掌板的，自己夺过来，咬着牙狠命（　）了三四十下。（第三十三回）

（5）比较下面两段文字，你从中读出了人物什么样的生存环境？（6分）

贾环道："我拿什么比宝玉呢。你们怕他，都和他好，都欺负我不是太太养的。"说着，便哭了。（第二十回）

探春没听完，已气的脸白气噎，抽抽咽咽的一面哭，一面问道："谁是我舅舅？我舅舅年下才升了九省检点，那里又跑出一个舅舅来？我倒素习按理尊敬，越发敬出这些亲戚来了。……何苦来，谁不知道我是姨娘养的，必要过两三个月寻出由头来，彻底来翻腾一阵，生怕人不知道，故意的表白表白。……"（第五十五回）

（6）阅读下面文段，任选一则材料，说说你读出了哪些社会内涵。（6分）

刘姥姥便伸箸子要夹，那里夹的起来，满碗里闹了一阵好的，好容易撮起一个来，才伸着脖子要吃，偏又滑下来滚在地下，忙放下箸子要亲自去捡，早有地下的人捡了出去了。刘姥姥叹道："一两银子，也没听见个响声儿就没了。"（第四十回）

刘姥姥笑道："怨不得姑娘不认得，你们在这金门绣户的，如何认得木头！我们成日家和树林子作街坊，困了枕着他睡，乏了靠着他坐，荒年间饿了还吃他……"（第四十一回）

3. 微写作（10分）

（7）有人说，《红楼梦》的语言距离我们的时代较远，小说中有不少文言词语，如"锦衣纨袴①""饫甘餍肥""茅椽蓬牖"等，读来并不好懂，所以读不下去。还有人说，《红楼梦》中有大量诗词，给阅读造成了困难，所以读不下去。你怎么认为？请结合原著，表达观点，不少于180字。

---

① 纨袴，现写作"纨绔"。

检测九　后四十回

（总分 40 分，时间 40 分钟）

1.选择题（共 2 小题，6 分）

（1）下列对《红楼梦》内容和艺术特色的理解和分析，不正确的一项是（3 分）

A. 黛玉在生命临近终点的时刻，焚毁了诗稿和题诗的旧帕，意味着她超凡诗才和脱俗爱情的毁灭。

B. 凤姐办理贾母丧事，贾府被查抄，王夫人控制财权，邢夫人不理解，凤姐处处被掣肘，大失人心。

C. 贾薛两家商议宝玉和宝钗的婚事，为的是让即将起身外任的贾政放心，以宝钗的金锁给宝玉压邪气。

D."我的身子是干净的，你好歹叫他们送我回去。"黛玉临终遗言表现了孤标傲世的品格和决绝的态度。

（2）下列对《红楼梦》内容和艺术特色的理解和分析，不正确的一项是（3 分）

A."咱们一日难似一日，外面还是这么讲究"，王熙凤说家计艰难，道出贾府经济衰颓的现状。

B."黛玉略换了几件新鲜衣服，打扮得宛如嫦娥下界"，写黛玉衣着，在前八十回是少见的笔墨。

C."凤姐把岫烟内外一瞧……未必能暖和"，这一情节与黛玉关心岫烟的情节相仿，写熙凤善良。

D."这日子过不得了！我姊妹们都一个一个的散了"，写宝玉听说探春远嫁，为姐妹离散而痛苦。

2.简答题（共 4 小题，24 分）

（3）阅读下面写宝玉心理活动和行为的语句，作者续写得好吗？为什么？（6 分）

宝玉听了，才知道是贾政升了郎中了，人来报喜的。心中自是甚喜。……

宝玉此时喜的无话可说,忙给贾母道了喜,又给邢、王二夫人道喜……(第八十五回)

(4)阅读下面宝钗面对金玉姻缘的态度,你觉得续写得合理吗?结合人物特点阐述理由。(6分)

宝钗也知失玉。因薛姨妈那日应了宝玉的亲事,回去便告诉了宝钗。薛姨妈还说:"虽是你姨妈说了,我还没有应准,说等你哥哥回来再定。你愿意不愿意?"宝钗反正色的对母亲道:"妈妈这话说错了。女孩儿家的事情是父母做主的。如今我父亲没了,妈妈应该做主的,再不然问哥哥。怎么问起我来?"(第九十五回)

(5)阅读下面写黛玉之死的场景,你觉得作者续写得好吗?为什么?(6分)

探春过来,摸了摸黛玉的手已经凉了,连目光也都散了。探春紫鹃正哭着叫人端水来给黛玉擦洗,李纨赶忙进来了。三个人才见了,不及说话。刚擦着,猛听黛玉直声叫道:"宝玉,宝玉,你好……"说到"好"字,便浑身冷汗,不作声了。紫鹃等急忙扶住,那汗愈出,身子便渐渐的冷了。探春李纨叫人乱着拢头穿衣,只见黛玉两眼一翻,呜呼,香魂一缕随风散,愁绪三更入梦遥!……一时大家痛哭了一阵,只听得远远一阵音乐之声,侧耳一听,却又没了。探春李纨走出院外再听时,惟有竹梢风动,月影移墙,好不凄凉冷淡!(第九十八回)

(6)阅读下面这段文字,说说贾母在贾府危难时显出了哪些感人的地方。(6分)

(贾母)素来最疼凤姐,便叫鸳鸯"将我体己东西拿些给凤丫头,再拿些银钱交给平儿,好好的服侍好了凤丫头,我再慢慢的分派"。又命王夫人照看了邢夫人。又加了宁国府第入官,所有财产房地等并家奴等俱造册收尽,这里贾母命人将车接了尤氏婆媳等过来。……贾母指出房子一所居住,就在惜春所住的间壁。又派了婆子四人丫头两个服侍。(第一○六回)

3. 微写作(10分)

(7)小说第一一九回的回目是"中乡魁宝玉却尘缘 沐皇恩贾家延世

泽",让宝玉中举后出家,让贾家被查抄后又蒙朝廷圣恩仍袭世职,这样的结局颇有争议。有人说这样续写不合理,有人说大团圆结局很好。你怎么认为?请结合原著陈述理由,不少于180字。

检测十　主题意蕴

（总分40分,时间40分钟）

1. 选择题（共2小题,6分）

（1）下面对《红楼梦》内容和艺术特点的理解和分析,不正确的一项是（3分）

A.《红楼梦》以家族悲剧为纵线,以众女儿的命运悲剧为横线,叙述贾府盛衰过程中贾宝玉和姐妹的聚散命运。

B.《红楼梦》意蕴丰富,有繁华成空的感叹,有人生无所归依的无奈,有对"闺阁女子"悲剧命运的怜惜。

C.《红楼梦》写了一场由女性的光彩所映照着的人生幻梦,表达了对女性所代表的美最终毁灭的哀悼。

D.《红楼梦》中美好的女性、可贵的爱情最终被毁灭,这令人叹惋的悲剧主要是由难以预料的命运导致的。

（2）下面对《红楼梦》内容和艺术特点的理解和分析,不正确的一项是（3分）

A. 贾宝玉集中体现小说核心主题：新的人生追求与传统价值观的冲突,以及追求不能实现的痛苦。

B. 女娲补天的神话揭示了贾宝玉的本质特征——他是一个无材补天的"废物"。

C. 宝玉的"情"是对美丽女性的纯粹情感,完全是精神性的爱慕,而不带有一丝"欲"的成分。

D. 宝玉是一个天生的"情种",七八岁时就说"女儿是水作的骨肉",情是他生命唯一的意义。

2. 简答题（共4小题，24分）

（3）阅读下面文段，说说探春有哪些性格特点，你从她的语言中读出了贾府哪些信息？（6分）

探春道："我的东西倒许你们搜阅；要想搜我的丫头，这却不能。我原比众人歹毒，凡丫头所有的东西我都知道，都在我这里间收着，一针一线他们也没的收藏，要搜所以只来搜我。你们不依，只管去回太太，只说我违背了太太，该怎么处治，我去自领。你们别忙，自然连你们抄的日子有呢！你们今日早起不曾议论甄家，自己家里好好的抄家，果然今日真抄了。咱们也渐渐的来了。可知这样大族人家，若从外头杀来，一时是杀不死的，这是古人曾说的'百足之虫，死而不僵'，必须先从家里自杀自灭起来，才能一败涂地！"说着，不觉流下泪来。（第七十四回）

（4）阅读下面文段，回答文后问题。（6分）

湘云笑道："还是这个情性不改。如今大了，你就不愿读书去考举人进士的，也该常常的会会这些为官作宰的人们，谈谈讲讲些仕途经济的学问，也好将来应酬世务，日后也有个朋友。没见你成年家只在我们队里搅些什么！"宝玉听了道："姑娘请别的姊妹屋里坐坐，我这里仔细污了你知经济学问的。"袭人道："云姑娘快别说这话，上回也是宝姑娘也说过一回，他也不管人脸上过的去过不去，他就咳了一声，拿起脚来走了。……幸而是宝姑娘，那要是林姑娘，不知又闹到怎么样，哭的怎么样呢。……"宝玉道："林妹妹从来说过这些混帐话不曾？若他也说过这些混帐话，我早和他生分了。"（第三十二回）

史湘云说"没见你成年家只在我们队里搅些什么"，根据你阅读整本书的收获，你觉得贾宝玉为什么要待在女儿队里？从宝玉对史湘云说的话中，你看到了他怎样的态度？

（5）阅读下面文段，这两段文字表现了贾宝玉怎样的思想观念？请结合文本简要分析。（6分）

家里姐姐妹妹都没有，单我有，我说没趣；如今来了这们一个神仙似的妹妹也没有，可知这不是个好东西。（第三回）

我只恨我天天圈在家里,一点儿做不得主,行动就有人知道,不是这个拦就是那个劝的,能说不能行。虽然有钱,又不由我使。(第四十七回)

(6)《红楼梦》叙述了多重悲剧,请用简洁的语言概述你读到的悲剧。(6分)

3. 微写作(10分)

(7)《红楼梦》第一回说"其中只不过几个异样女子,或情或痴,或小才微善"。请从"情""痴""才""善"中任选一个关键词,以小说中的女子为例,说说这个关键词的内涵,不少于150字。

第三部分　参考答案

一、历年高考真题

1. 江苏省

(1)2008年　"金玉良缘"指薛宝钗有金锁,贾宝玉有宝玉,两人应结成姻缘。"木石前盟"指林黛玉前身为绛珠仙草,贾宝玉前身为女娲炼石补天余下的石头化成的神瑛侍者,两者有恩有义,今世应结成姻缘。也可答:薛宝钗名字中有金,贾宝玉名字中有玉,两人结为婚姻为金玉良缘。林黛玉名字中有木,贾宝玉名字中有玉,前生有约,两人结为婚姻为木石前盟。

(2)2009年　①介绍贾府的历史与人物;②点出贾府存在的危机;③介绍主要人物贾宝玉的特点。

(3)2010年　E项正确。"子系中山狼","子系"运用拆字法暗指迎春丈夫孙绍祖,"中山狼"用典比喻孙绍祖的忘恩负义。"得志便猖狂"指孙绍祖家境困难时曾攀结贾府,后来在京袭了官,则本性暴露,将抵债出嫁的迎春折磨致死。这正是迎春悲苦一生的概括。

(4)2011年　判词指花袭人。"优伶"指蒋玉菡,"公子"指贾宝玉。

（5）2012 年　黛玉辞世，宝玉、宝钗成亲。发生在潇湘馆。

（6）2013 年　惜春，迎春。惜春的态度是立逼凤姐带了去，或打或杀或卖，一概不管。迎春的态度是"含泪"劝司棋离开。

（7）2014 年　"葬花魂"的依据：小说中有黛玉葬花的重要情节，表达女性精神在一个时代的毁灭。"葬诗魂"的依据：小说中多有黛玉吟诗的情节，表达对诗意消亡的哀悼。

（8）2015 年　刘姥姥。朴实善良，善解人意；老于世故，精明狡黠；幽默风趣，谈吐诙谐。

（9）2016 年　"元妃省亲"前，贾政带着宝玉给各个景点题匾额、对联，宝玉文思泉涌，贾政称其为"孽障"，表面上是责怪，实际上是欣赏；"宝玉挨打"时，贾政认为宝玉在外流荡优伶，在家淫辱母婢、荒疏学业，斥之为"孽障"，表达了强烈的痛惜之情。

（10）2017 年　黛玉在行酒令时"失于检点"，宝钗私下提醒；宝钗教导黛玉要做女性"分内之事"，不要看杂书；宝钗关心黛玉的身体健康。

（11）2018 年　处变不惊，性格坚强；处置果断，能力出众；分配得当，处事公平；轻财重义，顾全大局。

（12）2019 年　容貌妍丽，行止娴静；才能出众，处事得体；善解人意，关怀他人。

（13）2020 年　诗句浅白，表明其学识浅薄；诗句能领起全篇，表明其聪明颖悟，有一定领导才能；诗句意境肃杀，表明其心怀忧惧。

2. 北京市

（1）2017 年　示例：林黛玉，是一朵清新雅致的芙蓉。她在群芳开夜宴之时，掣的花名签正是"芙蓉"。她超逸脱俗，如芙蓉出清水。她不忍心花朵落入污淖，任人践踏，于是以绢袋收装，埋入花冢，表达自己"质本洁来还洁去"的人生向往。她多愁善感，常常伤感自己无父无母、无兄无弟、无依无靠，临风洒泪。她常常忧宝玉之忧，独自抽泣，如芙蓉泣露，一片风露清愁。

（2）2018 年　示例：薛宝钗，是一个令人敬服的女孩子。她博学多识，颇有诗才，在诗社表现出众；她性格端庄平和，随分从时，沉着稳重，待人接物不偏不倚；她善良体贴，疼惜史湘云，关心林黛玉，帮助邢岫烟。贾府上下都很喜爱她。但是，她也有可悲之处。她谨守封建道德礼教，压抑了自己的情感，最终"金簪雪里埋"，让自己成了封建道德规范的牺牲品。

（3）2019年　示例：晴雯，是天上飘飞的彩云，任情自由；是雨后初晴的蓝天，磊落洁净。丫鬟坠儿偷了虾须镯，晴雯虽然病卧在床，也气得忍不住用一丈青乱戳；王善保家的带人抄检大观园，晴雯把箱子里所有的东西一下子倒出来；怡红院丫鬟秋纹为得了王夫人的打赏高兴，晴雯不屑地嘲讽。晴雯，就是这样心清如水的女儿。

（4）2020年　示例：我认为阅读《红楼梦》虽然花时间，但也不能用读缩写本或连环画代替。因为《红楼梦》原著描写了许多经典场景，如"共读西厢""黛玉葬花""宝钗扑蝶""湘云醉卧"等，作者运用了雅俗共赏的语言，描写了诗一般的意境，在文字中透露出人的性情。这种涵泳文字的审美意趣，是缩写本或连环画所没有的。

（5）2021年　"非常喜事"指元妃省亲（贾元春才选凤藻宫）。画线部分是小说后续情节发展的暗示，暗示了青春少女的红颜薄命以及封建家族走向败落的悲剧。例如小说写林黛玉泪尽而亡、贾府最后被抄家等。

3. 福建省

（1）2007年　三月桃花开时，宝玉在大观园里偷偷阅读《西厢记》，黛玉发现后也认真阅读记诵起来。二人还各借《西厢记》词句表白、打趣：宝玉自比张生（我就是个"多愁多病身"），比黛玉为莺莺（你就是那"倾国倾城貌"）；黛玉说宝玉是"银样镴枪头"。

（2）2009年　儿媳秦可卿死后，贾珍想把丧事办得体面些，可偏偏此时妻子尤氏犯病，不能料理事务。这时，贾宝玉向他推荐了王熙凤。于是贾珍便向邢夫人和王夫人提出请求，王熙凤也表示愿意到宁国府协理丧事。

（3）2010年　B项错误。将"宝钗"误说成"黛玉"，将"莺儿"误说成"晴雯"。

（4）2011年　A项正确。

（5）2012年　A项正确。

（6）2013年　原因：宁国府半夜派焦大送客回家。怎样处治：①贾蓉骂了几句，叫人将焦大捆起来。②众人将他掀翻捆倒，拖到马圈里。③用土和马粪填了他一嘴。

（7）2014年　贾宝玉。两件事：①众清客交口称赞大观园。②大观园题匾额对联，宝玉施展了诗才。结果：几个小厮将宝玉所佩之物尽行解去。

（8）2015年　B项正确。

4. 湖北省

（1）2012年　示例：林黛玉见宝玉惊疑似曾相识　贾宝玉识黛玉笑说久别重逢

（2）2013年　B项错误。该对联表达的是封建正统思想对世事人情的重视，而宝玉是一个厌恶仕途经济学问的人，自然不会喜爱这副对联。

（3）2015年　C项正确。

二、模拟检测

1. 检测一

（1）B。《红楼梦》的创作不同于《水浒传》，它没有以任何民间创作为基础。

（2）C。所谓"真"的人物，就是虽然不是真实存在，但却是现实世界中某种人物的真实的写照，反映那种人物的真实面貌。

（3）示例：两组回目各有所长。第一组回目中"荣国府收养林黛玉"更好，因为"收养"两个字读来令人心酸，让我们看到了林黛玉寄人篱下的孤独和凄凉。第二组回目中的"贾雨村夤缘复旧职"更好，因为"夤缘"二字形象地刻画了贾雨村阿谀逢迎、经营关系的形象，将其性格的丰富性和复杂性表达出来，比"金陵城起复贾雨村"的客观叙述更有利于展现人物形象。

（4）示例：顽石因无材补天，不堪入选，被弃在青埂峰下，自怨自叹，日夜悲号惭愧，隐喻了贾宝玉按照封建正统思想的标准衡量，也不堪入选，无材以济世安邦或光宗耀祖。

（5）示例：①通过"绛珠还泪"的神话故事，讲述宝玉和黛玉的前世姻缘，为宝黛爱情张本。②"绛珠还泪"的故事中，神瑛侍者给予绛珠仙草的是甘露之惠，清净纯洁，而绛珠仙子要将一生所有的眼泪还他，这预示了宝黛爱情不同于俗套的爱情故事，彼此是情感的酬报，是心灵的共融。③"绛珠还泪"的"绛珠"是血泪的意思，这含蓄地告诉我们，宝黛爱情终将是一场悲剧。

（6）示例：①曹雪芹的未完之作！让无数读者痴迷不已！②字字看来皆是血，十年辛苦不寻常。我们怎能错过？

（7）示例：我喜欢第十九回的回目"情切切良宵花解语　意绵绵静日玉生香"。它用典雅的文字告诉我们这一章回讲述了花袭人劝导宝玉、林黛玉与贾宝玉共处的天真浪漫的美好时光，给人以美感。而且它采用了叠音词"情切切""意绵绵"，读来朗朗上口，有音乐的美感。

2.检测二

（1）C。这首判词是介绍贾惜春的。

（2）A。这首曲词预示宝钗和宝玉不幸的婚姻。

（3）示例：评判的是薛宝钗和林黛玉。薛宝钗德行贤淑，端庄守礼，但最终生活孤独凄寂，犹如金簪埋在冰冷的雪里。林黛玉聪敏多才，擅长写诗，最终却早早病逝。

（4）示例：这首判词指的是妙玉。前两句写了妙玉的性情志趣和人生追求，她向往高洁不俗的人生，想要达到皈依佛门的清净脱俗的境界，但又无法做到。后两句慨叹妙玉的不幸命运，明明向往的是高洁品性和境界，最终却只能被污浊的现实吞没。

（5）示例：这首曲词是探春远嫁时告慰父母的曲词。"一帆风雨路三千"写探春出嫁之远、路途之艰难，"把骨肉家园齐来抛闪"写出探春远嫁之悲苦孤独，"恐哭损残年"写出探春对父母的忧心。"自古穷通皆有定，离合岂无缘"写出探春远嫁时对父母的安慰，显出了自己豁达的心胸。"从今分两地，各自保平安"暗示其出嫁则一去不回。"奴去也，莫牵连"既有对父母的宽慰，也流露出自己的旷达情怀。所以，这首曲词以探春的口气，概括了她远嫁不归的悲苦命运和与亲人分离的悲苦心境。

（6）示例：①概括了王熙凤的悲惨结局。②概括了贾府一败涂地的情景。③抒发了世事变化无常的感慨。

（7）示例：我觉得《红楼梦》第五回虽然将贾府和众女儿的命运通过图画判词和曲词预先进行了介绍，但是作者采用了含蓄委婉的手法，如谐音法、拆字法、隐喻法、图画法，使其内蕴含而不露，本身就给读者留下了不少悬念，促使读者去解谜，这反倒增强了读者的阅读兴趣。

3. 检测三

（1）C。娇杏起初是贾雨村的侧室，后雨村嫡妻染病过世，才扶正。

（2）B。斥其为色鬼的是冷子兴，贾雨村认为他们是"正邪两赋而来"的人。

（3）示例：我更喜欢第一组。从原著情节看，黛玉原为还灌溉之情，"含情目"与灌溉之情呼应；从人物特点看，黛玉虽然爱哭，但也天真诙谐，所以"似喜非喜"更符合她多元的性格；从句式特点看，"蹙"与"喜"都是情绪的外显，对仗工整。/我更喜欢第二组。从原著情节看，黛玉下凡原为还泪，"泣""含露目"恰照应还泪之说；从人物特点看，黛玉多愁善感、整天哭泣，"泣""含露目"则符合其爱哭的特点；从句式特点看，"罥烟眉"与"含露目"对仗，"烟""露"都是具体物象，对仗更工整。

（4）示例：不可以互换。黛玉初到贾府，抱着"步步留心，时时在意"的谨慎态度，在众人面前，处处以大家礼仪要求自己，不可能"笑"着告诉大家"我曾见过"，只能在心里暗暗吃惊；宝玉是饱受贾母宠爱的贾府公子，真率自然，才会立即笑着说"曾见过"。

（5）示例：黛玉出身书香之家，自幼读书，被父母假充养子之意，所以她以"只刚"两字回答贾母，应该是实话实说，也可能是因谦虚谨慎而低调回答。但面对宝玉再问，她以贾母的"些须认得几个字"回答，一者受贾母对女孩读书所持态度影响，二者黛玉听母亲说宝玉"极恶读书"，如实回答则欠妥，同样见出黛玉的聪敏谨慎。

（6）示例：①赞美林黛玉容貌标致、气派不凡。②赞叹贾母气派不凡，讨好奉承贾母。③赞美迎探惜三位嫡亲孙女气派不凡。

（7）示例：王熙凤出场，妙在"未见其人，先闻其声"，人未到，笑声已传来，在诗礼簪缨大家，敢这么无视礼仪，可见其泼辣的性格；妙在作者不直接介绍，而借用黛玉所听所想来间接描写，以主观之眼来突出王熙凤与众不同；还妙在，在黛玉的心理活动中，以在场其他人的"敛声屏气"反衬王熙凤的"放诞无礼"。作者层层渲染，淋漓尽致地写出了熙凤泼辣直率的性格、饱受宠爱的地位和管家的独特身份。

4. 检测四

（1）D。探春精明能干，为了摆脱庶出之女名分的不幸而挣扎、拼搏。惜春孤僻冷漠，对家中糜烂生活采取回避自保的态度。

（2）A。薛宝钗拒绝了教香菱学诗，认为香菱"得陇望蜀"，刚进大观园，先去拜访各处各人，才是正理。

（3）示例：宝玉不忍心践踏大观园的桃花，当桃花花瓣落在了衣服上时，竟然不忍心把花瓣抖落，而是用衣服兜了花瓣，把它们葬到沁芳溪水中去。宝玉对自然的花朵尚且如此体贴细腻，可见是一个痴情的人。

（4）示例：黛玉评价《会真记》"有趣"，是有感于张生和莺莺自由自主的爱情，是沉醉于典雅诗意的曲词之美；而她说《会真记》的句子是"淫词艳曲"，表达了黛玉对封建礼法的遵守，对高洁人格的持守，对世俗淫滥之行的鄙弃。

（5）示例：凤姐可恨可骂之处是心狠手毒，逞威弄权，滥施刑罚，贪利敛财，心机颇深，谋略周密。如王熙凤毒设相思局害死贾瑞，铁槛寺弄权，拆散张金哥与守备儿子的婚事等。

凤姐的可想之处是：她语言幽默诙谐，能言善道，逗得贾母和众人开心；她擅长理家，不辞辛劳，协理宁国府，对症施治，责任到人，赏罚分明，颇有治理之才；她善良，富有同情心，对秦可卿体贴照顾，对邢岫烟妥善安排。这些是她可想可爱的地方。

（6）第一位是王熙凤，其特点是精于算计，心思周密。第二位是尤氏，其特点是善良体贴，顾恤人情。

（7）示例1：薛宝钗，品行端庄，稳重大度，随分从时。她博学，懂绘画、诗歌、禅理、医学等；她善良，出资帮助湘云办诗社，心疼邢岫烟，还给生病的黛玉送燕窝；她善理人际关系，有管理才能，协理大观园时，善于发现和推荐人才。她多次受到贾母的称赞，稳重大度。她也是命薄之女，在封建礼教的束缚下，压抑了自己青春的向往，最终嫁给宝玉，也是悲剧人物。

示例2：林黛玉，清新脱俗，品格高雅，富有诗才。她真诚热情，教香菱学诗；她善良，大燕子没回房间前，帘子也不准放下；她平等待人，对丫鬟紫鹃情同姐妹；她懂得人情世故，却不屑于去迎合别人。她虽然有些敏感，爱使小性子，但这是寄人篱下的处境造成的。

5. 检测五

（1）B。应该是雪雁听从紫鹃。

（2）A。林黛玉所不满的是宝玉的泛情主义。黛玉说宝玉"见了'姐姐'，就把'妹妹'忘了"并不完全是敏感多心。

（3）示例：宝玉和黛玉在思想上是共通的，都不屑于仕途经济学问，这是宝玉最终钟情于林黛玉的主要原因。

（4）示例：宝钗"托"着一丸药前来，冷静地告诉袭人药的敷法，表达心疼时欲言又止，可见宝钗的看望是以礼节情；而黛玉眼睛肿得像桃儿一样，满面泪光，可见黛玉是真情自然流露，疼惜宝玉。

（5）示例：①知道黛玉会为自己的伤痛继续伤心哭泣，送旧手帕，是安慰黛玉，让她不要再哭泣了，表达了宝玉对黛玉的一片呵护之情。②同时，旧手帕是宝玉的贴身之物，借私赠物件来表白自己的情感，以让黛玉"放心"。

（6）示例："你放心"，是对对方的承诺、誓言，是利他的，主语是"你"。"我爱你"，是自我感情的单向宣泄，是为己的，主语是"我"。

（7）示例：我最喜欢《红楼梦》中龄官对贾蔷的爱情，因为龄官是一个不曾在爱情中迷失自我的奇女子。在爱情中，龄官极痴，却从不失去自我的个性和尊严。贾蔷买了笼中雀儿来哄龄官开心，这雀儿能表演跳戏台。龄官看到，不仅不开心，反而由此想到自己身在贾府，就如同困在牢笼，和笼子里的雀儿有什么区别呢？她责备贾蔷不体谅她的处境，不管她现今的病到底怎么样。她看似对贾蔷挑剔，但当贾蔷要去请大夫来给龄官看病时，她又心疼贾蔷在大毒日头下奔走。龄官，爱得痴，爱得真，但又爱得不泯灭自我。这种能在爱情中保持自我人格的女子，可敬可叹！

6.检测六

（1）D。全诗主要进行动作描写，而没有肖像描写。

（2）示例：① 运用典故。运用了陶渊明"采菊东篱下，悠然见南山"的典故，对菊花的高洁品格和不屈的精神进行了赞颂。② 托物言志。借菊花傲霜的高风亮节来寄寓自己追求高洁不群品格和不屈人格的情怀。③ 收束前三联，升华诗歌主题，点出了题目"咏菊"的深刻内蕴，是托菊而喻己，是对高风亮节品格的向往和表白。

（3）A。黛玉并不是为宝玉不能理解自己而无奈，赠帕就是二者心灵相通的一个重要情节。这是黛玉对感情不能自主、宝玉挨打自己却无能为力的一种伤感、无奈、迷惘。

（4）示例：① 第三首运用典故，借典抒情。"湘江旧迹"用了娥皇、女英哭舜的典故，来代指黛玉的泪痕，"窗前亦有千竿竹，不识香痕渍也无"继续用娥皇、女英因哭舜而染泪成斑竹的典故，含蓄委婉、典雅深沉地表达了黛玉对宝玉挨打后的担忧和疼惜。② 第三首用了夸张、比喻的手法抒情。"彩线难收面上珠"，以珍珠比喻眼泪，"彩线难收"则用了夸张手法，言泪之多，形象地表达了黛玉对挨打后的宝玉的深切疼惜。

（5）示例：我认同众人的观点。首联用"蓝田玉"之典，写出白海棠晶莹洁白的风骨；颔联借"霜娥""倩女"的典故写出雨后白海棠的脱俗清高、凄清孤寂，极富神韵；颈联以"秋"和"雨"作陪衬，再次渲染其高洁雅致、孤寂清愁；而最后一联，写出诗人赏白海棠诗兴盎然、乐观积极的情感，给白海棠增添了活泼的精神。所以，这首诗写出了白海棠的色彩、情味、精神、灵魂，成为海棠社的代表之作。

（6）示例：从意象选择看，诗歌节选部分用"胭脂""泪""杜宇""月"等意象来描写桃花凋零的凄凉萧瑟意境，尤其是泪、杜鹃鸟的叫声、寂寞的月痕，渲染了凄清氛围，和林黛玉多愁善感的性格是吻合的。从语言运用上看，多用"尽""憔悴""花飞""人倦""寂寞""空"等词语，描绘了桃花飘落的寂寞伤感场面，符合林黛玉的风露清愁的韵味。从情感的角度看，节选部分抒发了作者对美丽的桃花徒自凋零的伤感，且借花喻己，表达自己曾经离丧、孤独无依的愁苦心绪。这和林黛玉无父无母、寄人篱下的人生经历以及多愁善感的性格也是吻合的。

（7）示例：薛宝钗的《临江仙》在咏柳絮的词作中堪为尊，将前面的颓丧调子推翻，翻出了"好气力"，读来昂扬乐观。"白玉堂前春解舞"一开篇就以"舞"来写柳絮的飘飞，一改林黛玉的"粉堕""香残""飘泊亦如人命薄""嫁与东风春不管"的颓丧情调。"蜂团蝶阵"以蜂蝶的翻飞增添了满眼生机。"岂必委芳尘"又以反问的语气表达了柳絮不一定会随花朵零落泥中的信念。下片"万缕千丝终不改，任他随聚随分"以"任"表达了淡看聚散分离的达观情怀，"韶华休笑本无根"更是笑对无根的命运，没有丝毫的丧败。"好风凭借力，送我上青云"，言柳絮要依靠风，飞上青云，在柳絮的积极昂扬中融入了宝钗自己从容大度、乐观积极的人生态度，读来很有感染力。

7. 检测七

（1）D。"半旧"见出贾府的富贵延续已久，许多精致的用品是由历代祖先传承而来，并不是贾府衰颓，从第四十回贾母论蝉翼纱可以见出。

（2）C。写出了薛宝钗低调稳重、藏愚守拙的特点。

（3）示例：宝玉挨打，有三方面原因：①宝玉在外流荡优伶、表赠私物，因琪官得罪了忠顺王府，既反映了当时朝廷贵族之间的派系之争，也反映了以贾政为代表的封建正统思想维护者对宝玉结交优伶的叛逆行为的不满。②宝玉在家荒疏学业，宝玉被打正反映了封建家长贾政与不满仕途经济学问的叛逆者宝玉之间的尖锐冲突。③在家淫辱母婢，这当然是贾环的夸大与诋毁，这反映了贾府这样的世家大族嫡庶之间的斗争。

（4）示例：这两处写的都是潇湘馆。都写出了潇湘馆翠竹遮映、石子铺路的清幽宁静的意境，但第十七回至十八回从园林艺术的角度描写，并为后文居住者爱读书埋下伏笔，第四十回则增添了对居住者屋内摆设的描写，侧面写出了居住者超凡脱俗、喜爱读书的个性特征。

（5）示例：这段场景写得庄严肃穆，见出等级森严。省亲本是亲人相聚，却偏偏反复写"垂泪""呜咽对泣""垂泪无言"，在庄严热闹中透出了悲凉氛围，让我们在繁华中见出了衰颓，在欢乐中看到了悲哀。

（6）示例：读出了刘姥姥生活的贫穷艰辛。同是木材，在贾府被制成了享乐的生活用品，而在刘姥姥这儿是维持生计的来源。两相对比，让我们看到了当时贾府的奢侈浪费、整个社会民生凋敝的现状，也看到了贫富的悬殊。

（7）示例：
　　　　　　　　日常细节里见深意
　　　　　　　　——我看宝钗之可叹

每当想到宝钗，我脑海中就浮现出一位年轻女子，蹑手蹑脚，跟着蝴蝶一路来到池中滴翠亭上，香汗淋漓，娇喘细细。多么天真可爱的女子啊！谁说宝钗只有世故沉稳？扑蝶的瞬间，她青春的活力尽情散发，让我们看到了她内心深藏的本真。

然而，大多数时候，我们看到的宝钗，都处事圆熟、沉着稳重。宝钗生日，点戏却专点贾母爱看的热闹戏；湘云一片热情起诗社，宝钗却为其全盘考虑；黛玉行酒令说了违背礼教的曲词，宝钗则劝黛玉不要读杂书……

一个本来天真烂漫的少女，为什么时时处处都表现得这么老到成熟？记得薛宝钗在劝黛玉不要读杂书的时候，有一段自叙："你当我是谁，我也是个淘气的。从小七八岁上也够个人缠的。……后来大人知道了，打的打，骂的骂，烧的烧，才丢开了。"看到这里，我总是忍不住心酸！这是多么强大的封建家长的力量，硬是将小儿女的天真本性给压抑了，扭曲了。原来宝钗的成熟背后，深藏的是封建价值体系的坚守者对人性的残酷压制。

8.检测八

（1）D。司棋是迎春的丫鬟。

（2）C。应该是龄官。

（3）示例：作者描写众人谈论金麒麟，语言通俗，形象地突出了人物不同特点：贾母年纪大，记性也不好，所以说"好像我看见谁家的孩子也带着这么一个的"；宝钗心思细密，凡事留心，所以不仅知道史湘云有金麒麟，连大小都清楚；探春敏锐，知道宝钗有心的特点；宝玉不拘细事，所以没注意过湘云有麒麟；黛玉言辞犀利，心里放不下"金玉之论"，所以冷笑。

（4）示例：应填"盖"。"盖"即用尽全身力气压下去，打得用力，且声调是第四声，干脆利落，形象贴切地表达了用力之猛、愤怒之大、冲突之激烈，深刻揭示了贾政与宝玉之间激烈的思想冲突——封建正统思想的维护者同叛逆者的激烈冲突。

（5）示例：探春和贾环同为贾政的妾赵姨娘所生，是庶出。从姐弟俩的语言中，可见贾府等级森严，嫡庶差异给他们的生活带来了不少屈辱。

（6）示例：第一则，一个鸽子蛋一两银子，掉在地上，刘姥姥要捡起来，结果"早有地下的人捡了出去了"，作者以小见大，借一只小小鸽子蛋反映了贾府生活的富贵奢华。/第二则，刘姥姥要换木头酒杯，凤姐让人拿来黄杨根整抠的套杯，刘姥姥将黄杨误认作黄松，说"困了枕着他睡，乏了靠着他坐，荒年间饿了还吃他"，道出了普通农民生活的贫苦辛酸。树木在贾府被做成宴饮享乐的用具，在老百姓那里却是生活的依靠甚至是充饥的食物。两相对比，让我们看到了封建贵族与普通百姓之间贫富悬殊。

（7）示例：我认为《红楼梦》的诗词和文言词句自然地融入了故事的叙述和人物的描写，使小说语言更典雅秀丽，耐人寻味。这些诗词与文言词语，不是强加的点缀或卖弄，读来并不晦涩酸腐，而是恰切妥帖地为表现人物服务，符合封建贵族尤其是诗书翰墨之族具有深厚的审美修养和文学积淀的特点。并且诗词符合不同人物的声调口气，反映了当时宗室文人吟诗作赋的雅兴和风潮，令人读来口齿生香。例如林黛玉作为诗社之魁，自然喜欢吁嗟音韵，吟葬花，咏柳絮，题旧帕；而刘姥姥是乡村老妪，自然只能说"食量大如牛"的乡俗野趣之语。所以，《红楼梦》的语言，是随着人物的身份、地位、学识、修养来调度的，不仅不会造成困难，还能帮助我们更好地理解人物形象。

9. 检测九

（1）B。邢夫人控制财权，王夫人不理解。

（2）C。"黛玉"应该改成"宝钗"。

（3）示例：宝玉为贾政升职而甚喜是不合理的。第十六回元妃才选凤藻宫，"众人如何得意，独他一个皆视有如无，毫不曾介意"，可见宝玉对功名利禄一向是不屑一顾的。

（4）示例：宝钗回答薛姨妈征询婚事的问题，是符合宝钗的性格特点的。她尊崇封建礼教，认为婚姻之事应由母亲或哥哥决定。

（5）示例：黛玉之死的场景描写有形象贴切的地方，如环境描写"竹梢风动，月影移墙"，写出潇湘馆的凄凉萧瑟意境，烘托了黛玉之死的孤寂凄清。但也有写得不妥的地方，如对黛玉的肖像描写"目光也都散了"、动作描写"直声叫道""两眼一翻"等写得太实，不符合绛珠仙子脱俗的气质。而秦可卿之死、晴雯之死都是通过旁人的梦境来写，正符合太虚幻境薄命司之仙境缥缈意味。

（6）示例：面对家族危难，贾母从内到外、从上到下、从物到人——作了妥善安排，展现了贾母临危不乱的气度、独撑大厦的大义。

（7）示例：我觉得安排贾宝玉参加科举考试，是不符合贾宝玉一贯的性格的。他一向视劝自己读仕途经济之书的话为混账话，甚至因为宝钗劝导自己读书而将除四书以外的书都焚毁了，还骂文臣武将沽名钓誉，是国贼禄鬼，即便遭父亲痛打，还说就算"为这些人死了"也值得。可见，宝玉是不满于封建正统思想的，他不可能走向科考考场。贾家被查抄后又承袭世职，也是不符合作者的创作本旨的。作者在文中曾借秦可卿托梦、小红话语和贾探春预言，反复暗示贾府的败落，第五回也在判词和《红楼梦》曲中多次暗示，所以贾府的败落是作者所要反映的家庭悲剧，仍承袭世职就冲淡了悲剧意味。

10. 检测十

（1）D。以男性为代表的社会统治力量和正统价值观导致了女性和爱情的毁灭。

（2）C。宝玉对女性的爱慕中，也残留着纨绔公子的一丝"欲"的气息。

（3）示例：探春性格刚烈，对下人管理严明，但又能在关键时刻维护下人的利益。她还对家族未来衰颓的趋势和原因有敏锐的洞察、超前的预见和深邃的思考。贾府信息：①像贾府这样的大族人家，终究会走向衰颓。②家族的灭亡主要不是由于外力，而是由于内部的人心涣散、人与人的明争暗斗。

（4）示例：原因：对高洁脱俗的人生境界的向往，逃避男性社会走仕途、振兴家业的责任。态度：厌弃仕途经济，对封建正统思想极为不屑，试图反抗。

（5）示例：第一段表现了宝玉对男尊女卑思想的否定，追求人与人的平等。第二段表现了贾宝玉对自由生活的向往。

（6）示例：一是赫赫扬扬的百年家族由盛而衰的家族悲剧，二是充满诗意的青春女子由聚而散的人生悲剧，三是以思想共通为基础的宝黛爱情最终被封建家长毁灭的爱情悲剧，四是作者无材补天济世、振兴家业的个人悲剧。

（7）示例：我选的关键词是"才"。《红楼梦》里的林黛玉是富有诗才的女子。她痛惜花朵的凋落和生命的易逝，吟咏一首《葬花吟》就让宝玉恸倒在山坡上；她帮宝玉代写一首《杏帘在望》，就被元妃评为众诗之首；她和众姐妹起诗社，咏白海棠，被李纨评为"风流别致"；她的《桃花行》，让贾宝玉深切体味到她人生的哀音。林黛玉将短暂的生命凝聚成韵味独特的诗歌，在大观园中以诗意的方式展现了对高洁人生境界的追求。